宗教と
その真理

Muneyoshi Yanagi
柳 宗悦
若松英輔 監修・解説

AKISHOBO

宗教とその真理

本書は、『柳宗悦全集　第二巻』（筑摩書房）を底本とし、本文を現代仮名遣いに改め、基本的に漢字は新字体にした。送り仮名は今日一般的に使われる付け方に、一部の副詞、接続詞、代名詞、助動詞は仮名に改めた。底本にある振り仮名以外にも可読しづらいと思われる漢字に一部振り仮名を付けた。人物名などの固有名詞は現在一般的に流通している表記に準じた。

我孫子での四年の生活の思い出に
この書を余の姉直枝子夫人に贈る

柳 宗悦（大正 9 年頃）

「聖フランチェスコと貧女との婚姻」（ジョット筆）

序にかえて

知友に

長らく余が愛し企てた神秘道に関する著作が、完成されるはずの期日は再び延引されてしまった。未だにそれを上梓する喜びを得ないのを、約束した自分は心苦しく感じている。

しかし余の怠惰がこの企てを遅延させたとは思われたくない。久しく読書し思索した今日書くべき内容の系統はすでに明らかにさえされている。しかし読書は読書を誘い反省は反省を追って、限りなく範囲も内容も広げられた。書かねばならず想わねばならぬ幾つかの事項をそのままにおくのは心残りである。かかる躊躇がその完成を長く遅滞させた。

ただキリスト教に現れた神秘道に基づく概況ならすでに早く纏《まと》め得たものを、東洋の思想に近づいて以来かかることをしてはならぬとさえ考えられた。余は深く恐ろしい思想に次々に接した。

思索は思索を追って筆の運びは鈍ってきた。思索が時間を奪うにつれて、余の前に開かれた霊の世界は神秘の深さをいや増してきた。自分は驚異の念に充ちてさまざまな真理を身に味わおうと求めた。かくて幾分の味わいを得たと思うものを一つひとつに綴《つづ》っていった。それらの部分の集まりからできたものがこの一冊である。

この断片を組織ある本に変えて出すのは違約の罪を幾分か償いたい心によるのである。しかしここに集められたあるものは、後に余の本のある章を形造ると思う。ともかくすべては同じ心の発現ゆえに、この一書もなお余の未来の企ての暗示になり得るかと望んでいる。しかし系統は無いにしても互いは互いを補遺してひとつの言いたい心を言い表すであろう。貧しい切れぎれのものではあるが、真理を求める心の表れが何事かを人の心に訴えると信じている。

自分は真理の宗教に奉仕する一個の篤《あつ》い信徒だ。公明な真理はいつか万民の共産にされねばならぬ。かつて宗教はことごとく排他の宗教であった。その真理はある宗派に限られた所有であった。しかし真理が普遍であるならば、自他の間に挟まるこの障壁はいつか破られねばならぬ。余の努力は真理のうちに人々の愛を結ぼうとするのである。互いの理解に共有の宗教を産もうとするのである。これはいつか果たされねばならぬ明確な要求である。人は久しいあいだ東西の結合を夢みた。しかしこの理想はまず宗教的真理の上に安定されねばならぬ。理解はまず愛を心とする信徒から出発すべきはずである。余はかかる要求のもとに種々な宗教の真理を尋ねたのである。

既定宗教徒からすれば余は異端者の一人であると言われるかもしれぬ。しかし名目はいずれでもいい。余は真理への信徒であるのみで充分である。余は例えばキリスト教の存在がただちに仏教の非認であるとは思わぬ。一宗の存在がただ他宗の排斥によって保たれるのは醜い事実であろう。多くの宗教はそれぞれの色調において美しさがある。しかも彼らは矛盾する美しさではない。野に咲く多くの異なる花は野の美を傷めるであろうか。互いは互いを助けて世界を単調から複合の美に彩るのである。余はこの美を描こうとしてこれら幾つかの論篇を書いた。ある者はいずれの宗教にも徹し得ない愚に終わると言うかもしれぬ。しかしいずれかに限るのが道に徹する謂《いい》ではない。もし要求が二つの教えをともに愛そうとするなら、それも真理への新しい道であろう。要求はいつも新しい真理の創造者であった。未来の宗教は深く個人の要求に基づく宗教であらねばならぬ。余は二つの教えを矛盾なく理解し得る道があり得ると信じている。しかもかかる道を徹することに未来の宗教が生まれると信じている。余が異なる宗教のいずれにも近づこうとするのは、その中位にとどまろうとするためではない。ひとつの新しい要求による道を徹したいがためだ。ただ在来の道を踏んで一宗に真理を限ることそかえって相対に終わる不徹底な態度であろう。

真理そのものは不易である。しかしものの見方は日に日に新たであっていい。異なった個性を経て滲《にじ》み出るからにはその真理は異なった香りをもたらすはずだ。真理を活き活きさせるのは新しい要求の力だ。新しい真理とは新しく身に味わわれた真理との謂であろう。

余の思想は長らく固定する苦しみを経た。しかしある日俄然としてそれが打ち破られる自由を感じた。余の蒙《もう》を啓いたのは実に次の問答であった。

「智門祚禅師に僧問う、蓮華未だ水を出でざる時如何、師曰く、蓮華。曰く、水を出でて後如何、師曰く、荷葉」(碧巌録第二十一則)

感じ得た何ものかが果たして禅意に適うかを自分は知らない(おそらくその密意はなお別個にあるのであろう)。しかしこの問答に接して以来余の思想は流るるごとく新しい方向へ向いた。余は不信の暗示をここに得てひとつの見知らない世界に入った。余はさまざまな宗教的真理をともかくこの得た鍵によって開いてみた。なお開かねばならぬ部分が無限に残されている感が切にする。もとより余はここに満足する者ではない。かかる見方にのみ没するとき余の思想は再び凝固の苦しみを嘗《な》めるであろう。余は早くかかる見方をも打ち破りたい気にかられている。しかし感じ得た現在の真理は幾分かの価値を残して未来への準備を造るであろう。これはある見方から見たら、かくも考えられるであろうとの心を伝えるに過ぎない。余は謙遜な心のうちにこれをひとつの本に編んだのである。

各篇は独立の題材であるが、むしろある見方によってさまざまな問題に触れてみた結果、多少の重複があることは免《まぬか》れ得ない。しかしこれは単な繰り返しであるよりも、ある見方を徹するための必要な結果であった。むしろ余の見方がどれほど究竟《くきょう》の理解に堪え得るかの試練であった。重複もかくして余の努力の証となるであろう。

さてここに集めたものはごく旧稿を別にしてすべてある宗教的真理を取り扱った論文である。宗教的真理とは究竟の真理という意味であって、ただちに神または実在を暗示する真理との謂である。したがって内容は「絶対値」を含むがゆえにある仮定の上に立つ真理ではない。人は自然律のごときものを絶対的真理と呼ぶかもしれぬが、かかる科学的真理と余の言う宗教的真理とは別事であると分かってほしい。同じ信と呼んでも神を信ずるのと自然律を信ずるのとは全然別個の意味がある。宗教的真理は味わうことによってのみ知らるるのである。ただちに体験が真理の如実な理解である。分別の理知は未分の真理のまったき把捉にはならぬ。絶対はすでに差別の挿入を許さぬからである。これらの論文は余自らが理知を超えて信念に活きたいために書かれたのである。単な知識の提供が余の本旨ではないと知ってほしい。

真に絶対なものは対辞を容れぬ。対辞を許さぬ内容はすでにかくかくであると断ずることはできぬ。論理の法則に基づいて知識は「彼乎是乎」either or の取捨に終わる。知の差別を容れぬ内容はこれに反して「非彼非是」neither nor の無限の連続である。すべての相対的断案が否定されて後現れる真理である。したがって絶対未分の表示である宗教的真理は自ら否定的表現に委託される。さもなくば象徴によってこれを暗示するよりほかはない。宗教的否定が必然余の心を引いた問題である。一般に「否定」とはただ消極的意味に終わるものとして愛を受けないでいる。しかし積極も清極の対辞なら、人々の愛するその積極はなお相対的内容に過ぎぬ。真意は積極消極をもとに絶する「非彼非是」の否定である。否定とは相対からの離脱である。ゆえに肯定の対辞としての否定という意では決してない。

これらの論文は直接間接神秘道の諸相を画《えが》いている。したがって余が信ずるこの道へ人々の注意を促すなら、余がこの一冊を出した趣旨も充たされるわけである。

諸友よ、余は今ある転期に近づいたのを心に感じている。これら純に思索し得たものをいっそう切実な生活に活かすために、余は余の生涯の方向を変えることを迫られている。これらの思索は実にその準備であった。

想えばこの書が街頭に出ずる頃、余は満三十の新年を迎えるのである。歳三十は霊の歴史が記録する恐ろしい時期である。余はこれらの論文を省みて過去のものとはいえ慚愧《ざんき》の至りに堪えぬ。余は謙譲な意をもってこの一冊を静かに神の御手に委ね、彼の審判を待とうと思う。

一九一八年十二月一日

我孫子にて

柳 宗悦

凡例

これらの論文はことごとく改竄《かいざん》し増訂した。あるものはほとんど稿を改めて書いた。

これらのうち「個人的宗教」、「自我についての二三の反省」、「宗教的時間」及び「聖貧」の四つは帝國文学に寄稿したものであって、残りのものはすべて『白樺』から再録した。そのうち「規範と経験」は一部をかつて読売新聞に掲載した。「神に関する知識」は、もと「神の本性について」と題してその大部分を大阪の雑誌『表現』に寄稿し、のち追補してさらに『白樺』に「神の理解」と題して再録したのである。これは元来講演の内容であったものを、後に書いたのであるが、ただ序論にとどまって完結しなかったのである。しかしその部分が神に関する知識の問題を取り扱って一章をなしているゆえ、右のごとくさらに改題してこの本に入れたのである。「聖貧」は「種々なる宗教的否定」の一章として書くべきものを、別に離して先に書いたため、今その順次においてみて多少文脈が異なっているのは心残りである。

「無限の意味について」の一章は、もと「宗教的無限」と題して、その終わりの一部に時間的無限をも取り扱ったのである。しかしこの部分を後に切り離して単独に「宗教的時間」の一章を書いたため、原文のすべてを再録するのは重複の恐れがある。ゆえにその時間の部分を棄てて前半のみをここに入れたのである。したがって全体としては不備であるが、なお「宗教的時間」の一章の補遺になり得るかと思う。

これらの論文の中にしばしば「即如」という新語がある。この語義については「宗教的究竟語」の一章を読んでほしい。なお即如と神との両語が交互に用いられている個所があるが、後者はただ一般の用語として通じやすいところにのみ多く用いたのである。いっそう厳密な思索を要求する場合には主として即如の新語をこれに代えたのである。

口絵はジョットの筆になるアッシジ上院の壁画の四つの象徴画の一枚、「聖フランチェスコと貧女との婚姻」を描いた画である。「聖貧」の一章はこの絵に現れた主題の解説ともなるであろう。

この書の出版に関して有島武郎、足助素一両君の好意を受けたことを感謝したい。

宗教とその真理◎目次

序（第二版より）

この書が市に出てからまだ旬日を経ないのに、第二版の序文を書くようになったことを深く読者に感謝する。

この本に収められたもののうち、一番古いのは、「哲学におけるテンペラメント」であって、数えれば五年半も前にかえる。想えばこの一篇は余の思想の出発であった。余は理知を超えた何ものか永遠なものを乞い求めて、それを哲学の根底とみなした。哲学を永遠ならしめるものは純論理の力ではなく、特殊な個人的テンペラメントであると余は厚く信じた。したがって余は哲学と芸術との親交に新たな美を甦らせたいと求めた。余の第二の論文「哲学的至上要求としての実在」はかかる心の産物であった。余はこれによって余の思索が新たな世界に入るのを覚えた。

かくて実在の問題は必然神の問題を招いた。いかにして何らの独断を加えず神の認識を得べきであるか、余は新たな自由な出発によって神の意味に接したい心にかられた。必然神の語に連想される伝習の思想を拭い去らねばならぬ。余が「神」の字よりも「即如」の字を要したのもかかる要求のためであった。

理知によらず、独断によらず、自由な思想を求めた余にとって、自由宗教であった神秘道がいかばかり厚く温かく思われたかは自然であろう。余はまずキリスト教に現れた神秘道に関する著書及び神秘の文学を少なからず耽読した。しかし神秘の古郷である東洋の思想に帰らねばならぬ必要はまもなく迫った。余は多くの異常な思想に触れて、尽きない思索の圏内に入った。余は即如を理解する道を求めた。何人《なんぴと》も神秘を味わうことにおいて経験するいわゆる「否定道」が、また余の最初に通過せねばならぬ道であった。余は否定の道を尋ね歩いた。この本に収めた始めの部分の論文はこの旅の記録であり、余の思想の足跡であった。

余はまた新たな道を辿り始めた、しかしこのことは次の著書が物語るであろう。余の心の旅のこの短い叙述も、読者にとって何らかの意味があるかと思って、これらの言葉をここに添えた。

この第二版においては多くの誤植を訂正した。重ね重ね校正の労をとってくれた橋木基君に深く感謝する。

著者

一九一九年三月十五日

宗教的「無」

「趙州和尚に僧問う、狗子に還って
仏性有りやまた無しや。州曰く、無」
（無門関第一則）

かつては生まれながらに親しみがあったこの思想も、今は西欧の文化に育つすべての思索者によって、卑下せられ非難せられ、ただちにこれが東洋宗教の拭い得ない欠損であるとまで評されている。不幸にもわれわれ固有の宗教、特に仏教または道教のごときは、その教理が消極的否定的というゆえをもって、今はその故郷にすら愛される悦びを得ないでいる。それが宗教的真諦として人々の心に覚醒を促した日はすでに過ぎ去ったとまで言われている。再び「無」を説く者があるなら、彼はただ亡びゆく昔に戻る者とさえ思われるであろう。この著しい宗教的瞑想も今はただ歴史に現れた思想としてのみ反省される。研究を旨とする学者はその周囲に集ってはくる。しかしそれが犯し得ない真理としてまた宗教として彼らに活きているのではない。正当な理解が彼らの批判から、いわんや一般の非難から求め得られようとは期し難い。目して鮮明な欠陥とするところを、余が捕えて強く弁護しようとするのは一見奇異な企てと思われるかもしれぬ。しかし問題はわれわれには特殊の愛着がある。ちょうど人々が生い立ちの故郷を慕うように、この問題に戻るときわれわれは心の故郷に帰る想いがある。そこには今もなお神秘な思想の泉が湧いている。泉は幾千年を流れている。しかし湧き上がる水は日に日に新しい。真理はいつも時間を超える。ただわれわれの優秀な祖先が感じぬいていたその真理が、今弁明の形で保たれようとするのはむしろ寂しい事実である。われわれの任務はすべての外来の教養を容れて、しかも賦与された固有の使命を果たすにある。われわれはいつかわれわれ自身に帰ってそこに真理を安定させねばならぬ。

この「無」の真理こそ特に東洋の色彩に鮮やかである。しかもその宗教のさまざまな脈絡はこの頂《いただき》を中心に集っている。これに達するときわれわれは一般の予期を超えて宗教的思想の至極にたずさわるのである。でき得るなら活き活きとこの「無」の内容を捕え得たい。捕え得たものを暗示し得たら、それが宗教的真理として人の心を引きつける力があると信じている。

心はおのずから無限を求める。これは私の行いではない。何ものか抑え得ない力が心にかく迫るのである。宗教心とはこの無限への憧憬であり帰依である。すべて信仰の感激はこの無限に交わる刹那の体験である。宗教は密《みつ》に絶対を抱く。絶対の直指にこそ宗教がある。

われわれは省みてこの無限の深さを想う。このとき心に読まれる至上の真理がある。かかる真理はただちに無限なものの暗示である。言葉がこれを伝え得るなら、その言葉には絶対の意を含めねばならぬ。すべて宗教的真理と言われるものは必ず絶対の俤《おもかげ》を伝えねばならぬ。絶対の性を失うとき、真理はすでに宗教の域を離れるのである。かかる要求によって示すべき絶対の相を、我らの祖先は「無」あるいは「空」と呼んだ。もとよりその意は絶対と同義である。絶対の意を離れては理解し得ぬ言葉であると知らねばならぬ。いかにして彼らがかかる文字を愛したか。「無」とは宗教的にいかなる意を含むのであるか。これらの問いに以下の数葉は答えるであろう。

一

言葉は畢竟《ひっきょう》何事かを定義する。定義は一個の局限である。何事かを断じるとき、われわれはある特殊の性質をそこに固定する。ある色を緑であると呼ぶときともにそれを赤であると言うことはできぬ。さてあらゆる断定が一個の限界を示すならそれはいかにして無限の表示たり得るであろうか。論理の規矩が思惟を支配する間かかることはすでに許されていない。法則によれば論理は肯定否定の二律を予想し、その断案はいずれかの取捨に終わらねばならぬ。答えはいつも「然」かあるいは「否」かを要求する。論理は徹底して矛盾を排斥する。「然」であり同時に「否」というがごときはそれ自身背理である。ゆえに「然」を選ぶとき「否」は棄てられねばならぬ。一方が真である場合他方は必ず偽である。両者同時に真でありまた偽であることはできぬ。有はいつも有であって同時に無を意味することはできぬ。善なる字が同時に悪なる意を兼ね含むことは許されない。

さてこれらの法則からいかなる性質を帰納し得るであろうか。まず選ばれたある肯定すなわち「然」は必ずその否定「否」の対辞 Antithesis である。「然」は「否」に対しての「然」である。両者は必ず相対的関係に成立する。しかも矛盾律及び排中律が示すように、両者を同時に肯定もしくは否定し得ないゆえに、必ず「然」を選ぶときは「否」は棄てられねばならぬ。両者は反発し矛盾して決して同一たることはできぬ。そのいずれにも属せぬ調和というがごときものはもとより是認し得ないのである。

さて言葉が一個の限定であり、示された内容が相対であり、しかも必然一方の排斥に終わるなら、いかにして無限であり絶対であり調和である至上の真理を示し得るであろうか。事実によればかかる企てはまったく不可能である。あらゆる反律を包含ししかも二元を離脱する絶対は言語のよく尽くし得るところではない。いかばかり高遠な字句も畢竟相対の意にとどまるのである。相対的字義をもって絶対的内容を披瀝《ひれき》しようとする企てはそれ自身矛盾である。われわれは字義の持つ有限な範囲について明晰な理解を持たねばならぬ。

すべての深い体験者はいかなる言語の表明よりも、内心直下の事実がいっそう切実であり自由であるのを知りぬいていた。言語によって完全に絶対の面目を伝えようとする望みは棄てねばならぬ。いかなる字句も単に複写にとどまる相対的内容の指示に過ぎぬ。字義は束縛であるが絶対は自由である。真に美《うる》わしい自然に対してわれわれはいつも叙景の貧しさを知っている。何事にもあれ真を画《えが》こうとするとき人はその筆の短いのを憾《うら》むのである。

宗教はいつも言葉を超える。人々は神を「至善」と呼ぶであろうか、またこの言葉が永遠の真理を伝えると思うであろうか。しかし「至善」は「より善」または「善」への単な比較に終わる。いわんやただ「悪」への対辞に過ぎぬ。「大」は単に「小」の否定に過ぎなく、「有」もまた「無」の対立である。善悪大小の区別すら容れぬ真の神性が、かかる言葉によって表明し得られたと誰が言い切るであろう。しょせん絶対の内容は字義を超える。言葉によって表明し得るものはなお皮浅な内容に過ぎぬ。そこには何の自由もなく開放もない。宗教は言語を容れぬ。すべての言葉は不足である。あらゆる断定はそれが肯定にしろ否定にしろむしろ神の名を汚すに過ぎぬ。すべての言葉は中止されねばならぬ。神は「至善」であると言うよりも「善ならずまた悪ならず」とこそ言われねばならぬ。ともに「否」にも非ず「然」にも非ざる論理的矛盾こそかえって無限なものの暗示である。強いて究竟《くきょう》なるものを説こうとするならいっさいの断案はことごとく否定されねばならぬ。これが宗教的思索者の選んだいわゆる「否定道」'Via Negativa' である。

ここに否定とはもとより単な肯定の対辞ではない。肯定否定をともに否定し去る否定である。知的理解に基づく宗教的思想がその究竟においてこの否定道を選んだのは必然の結果と言わねばならぬ。絶対なものは是にも非ず彼にも非ず、またその中位にも非ず同一にも非ず、いっさいのものに非ざる一物である。いっさいの言葉を超える内容に対してはしょせんすべての言葉を否定し去らねばならぬ。これが否定道の必然な理由である。

大珠慧海の「頓悟入道要門論」に、

「善悪、有無、内外、中間に住せず、空に住せずまた不空にも住せず、定に住せずまた不定にも住せず。即ち是れ一切の処に住せず。ただこの一切の処に住せざる、即ち是れ住処なり。かくの如きを得る者を、即ち無住心と名づく、無住心とは仏心なり」と。

すべての深い思索者はかくのごとくに説いた。われわれは真に言い得る言葉を持たぬ。言い得るならそれらの言葉の否定よりほかにはない。絶対なものはかかる否定の限りない発展である。龍樹が「生ぜずまた滅せず、常ならずまた断ならず。一ならずまた異ならず、来ならずまた去ならず」と言った「八不」が真相である。即如に関する否定はことごとく真理である。エリウゲナは「存在しないものは存在するものに優る」と言ったがこれは深い洞察であろう。いっさいを否定し否定をも否定し去ったとき無限の意味が僅かに暗示されるのである。古くウパニシャッドが告げたように梵は「否々」とよりほか言うことはできぬ。

絶対の暗示である限りすべての宗教的真理は絶言絶慮である。「証智の所行は言説の相を離れ、分別の相を離れ、名字の相を離れる」と経は説いた（楞伽経無常品）。いっさいの知解は不二なものを差別の相に導くに過ぎぬ。断定は相対であり言葉は対辞である。真理は味わわるべきであって知ることはできぬ。理知が為し得るのは分析である。大であるかあるいは小であるかにある。しかし真理は非大非小である。否、さらに非非大、非非小である。かくのごとく百非を重ぬるともなお尽き得ない否定が真理の実性である。「三論」においていわゆる「百非を絶す」とはこの謂《いい》である。何ものか残るところがあってはなお不浄である。「無所得」の境が体験の境である。「諸法究竟して所有なし、是れ空の義」と言われている（維摩詰経弟子品）。今日の言葉にすればば「直観」である、「思惟以前」である。

次のような否定はかくのごとくにして理解を受けるであろう。「如来滅度の後、有と無とを言わず、また有無と非有及非無とを言わず。如来現在の時も、有と無とを言わず、また有無と非有非無とを言わず」（中観論涅槃品）。同じ品にまた言う、「得も無くまた至も無く、断ならずまた常ならず、生ぜずまた滅せず、是を説いて涅槃と名づく」。

維摩詰所説経に「われ仏を観《み》たてまつるに……一相ならず、異相ならず、自相ならず、他相ならず、無相に非ず、取相に非ず、此岸ならず、彼岸ならず、中流ならずして而《しか》も衆生を化す。寂滅を観じてまた永滅ならず、此ならず、彼ならず、此を以てせず、彼を以てせず、智を以て知るべからず、識を以て識るべからず、晦も無く、明も無く、名も無く、相も無く、強も無く、弱も無く、浄に非ず、穢に非ず、方に在らず、方を離れず、有為に非ず、無為に非ず、示すことも無く、説くことも無く、施ならず、慳ならず、戒ならず、犯ならず、忍ばず、恚《いか》らず、進まず、怠らず、定らず、乱れず、智ならず、愚ならず、誠ならず、欺かず、来らず、去らず、出でず、入らず、一切の言語道断なり」(見阿閦仏品)。

即如は二元を超える。ともに二元を否定してのみ僅かに彼を示し得るのである。すべての対辞が尽きたとき自律なものが暗示される。宗教的に否定とは絶対を直下に指す謂である。

二

かかる否定はもとよりあらゆる肯定及びその対辞としての否定が不満足であるという理解の後に現れたのである。百非を絶するこの否定道はその極致において一字「無」または「空」と言うよりほかはない。宗教的に「無」とは究竟なるものとの謂である。言い得ずして僅かに言い得る最後の言葉であると知らねばならぬ。

しかも常識は否定のゆえに「無」の思想を難じている。真理は陰であるよりも光でありたい、神とは神が有るとの謂である、無であるならば認め得る神は無いとさえ思っている。何人《なんぴと》も彼らが愛するものの内容から空無の意を棄て去るのに躇《ため》らいはない。彼らはたやすく実有の念を想うからである。空無が単に実有の否定に終わるなら彼らの思想にも意味がある。しかしその実有も空無の対辞である限り畢竟相対に終わるのである。単に有の否定である無がわれわれの霊の住むべき世界でないのは自明である。しかしこれがゆえに無の対辞である有を満足し得る世界とみなすのも錯誤である。卓越した詩人が善をすら選ばず「善悪の彼岸」をと希《こいねが》ったその心をいかに理解しようとするのであろう。われわれの多くの教父らは等しい要求を抱いて世界の真諦に触れようと迫った。彼らが欲したものはもとより「有」の対辞としての「無」ではない。またかかる「有」でもない。かかる差別の彼岸をと彼らは求め尋ねた。

人々は「無」に対して「有」を選ぶ。しかしかかる「有」は二元に落ちた有である。無に対してのみあり得る有である。むしろ無を想わずしては想い得ぬ有である。有無の二つはいつも並在し対立する。彼らが有を無に対して誇る限り、積極というゆえをもって消極を卑下する限り、その内容に絶対値を求めることは不可能である。有はここに自律する有ではない、単に無の対辞に終わる相対的有である。相対に堕《だ》すゆえにかかる有は宗教に堪え得る有ではない。神を「有」なりと言うのは神を有限であると言うに等しい。かかる「有」としての神は宗教的に認め得る神ではない。真に「有」が宗教的真諦たるためには、それは何らの対辞をも有せぬ「有」であらねばならぬ。しかし無に対比せずして誰《たれ》かよく有と言い切るであろう。いかなる言葉がよく「絶対有」を示し得るであろう。言葉はすでに約束である。約束は条件である。条件は自律ではない。自律するもののみ絶対たり得るのである。絶対は独立自全である。何ものにも依存するのではない。あらゆる相対を断ち二元を脱し差別を離れるのである。善悪、真偽、有無というがごときは相対二元の関係であって絶対値としての宗教的真諦からは遠く離れている。即如においては善不善の言葉すら未だ分かれないのである。このとき分別はすでに何事の意味をも持たぬであろう。分別すべき何ものもないからである。経に「諸法は因生に非ず無に非ずまた有に非ず、能所の分別を離る。我はこれを無生なりと説く」と（楞伽経無常品）。「無」とは有無もなきの「無」である。

有無に彷徨《さまよ》うことは絶対を求める者の耐え得るところではない。われわれの偉大な宗教家が「無」と呼んだものは人々の言う有に対する無では決してない。宗教的に「無」と呼ぶときそれは対辞を許さぬ無である。有無を絶したその無である。有なくして認め得る無である。自律な無である。一字「無」であると言ったのはすべての言葉が不足するゆえである。言葉を否定した無である。無とすら言い得ぬその無である。無を人々が罵《ののし》るとき、彼らはこの無を心に浮かべ得ないでいる。罵られるものは有に対しての無に過ぎぬ。有無を超えるものは彼らが言い及び得ぬ内容である。

宗教的に「無」とは有の否定としての無ではない。肯定も否定もともに無きの「無」である。無をすら容れぬ「無」である。あらゆる相対差別からの離脱である。でき得るなら「無」の一字すら用いたくない。「無」もまた仮名である。無に堕するとき人はその本意を忘れるのである。「無」においてすべては尽きる。廓然として取捨するところがない。すべては自然のままである。不二未分である。ひとつの思想だに入り得ない。言葉すらないその境である。言葉以前である。沈黙が「無」である。「神についてわれわれが言い得る最良のことは彼について沈黙することである」と聖アウグスティヌスは書いた。禅は自ら「不立文字」の教えと言い、老子も「不言之教」と書いた。荘子も「大弁不言」、「弁也者不見也」と戒めている。「神秘」の語義は口を閉じ耳を塞ぐの謂である。真の宗教は実に言葉を容れぬ。離言自証にのみその味がある。これが不言の言である。

維摩詰所説経の入不二法門品に最も劇的な光景がある。維摩が三十二人の菩薩に向かっていかにして不二の法門に入るべきかを尋ねる。各々の者が説きおわったとき最後に文珠菩薩が言う、「いっさいの法において、言もなく、説もなく、示もなく、識もなし、諸々の問答を離るる是を不二法門に入ると為す」と。答えおわって彼が維摩自らの答えを求める。「時に維摩詰、黙然として言無し」と記されてある。この一黙にこそ千雷の響きがある。どこに黙した維摩のごとく不二法門を鋭く説き得た者があるであろう。

北本涅槃経第四に言う、「世尊涅槃に入るに臨み、文珠再び法輪を転ぜんことを請わず。世尊咄《はな》して曰く、我四十九年かつて一字を説かず。汝再び法輪を転ぜんことを請わず、我かつて法輪

を転ぜしや」と。世尊の頌《しょう》に、

「某夜に正覚を生じてより、某夜に涅槃するに至るまで、この二つの中間において、我すべて説くところなし」（大乗入楞伽経無常品）。

また同じ経に彼は説いて言う、「大慧よ、一切の言説は、文字に堕すれども、義は即ち堕せず、そは有を離れ無を離れ、生なく体なきを以てなり。大慧よ、如来は文字に堕するの法を説き給わず。……もし人あり法を説いて文字に堕するあらば、皆これ誑説なり。何となれば諸法の自性は文字を離るるを以てなり。これゆえに大慧よ、我が経中に我は諸仏及び諸菩薩と与《とも》に、一字を説かず一字を答えずと説く。何となればいっさいの諸法は文字を離るるがゆえに、義に随《したが》わずして分別して説くに非ざればなり」。「真実の法は無異無別不来不去にして、いっさいの戯論皆ことごとく息滅す。これゆえに大慧よ、善男子善女人はまさに言の如く義に執著すべからず。何となれば真実の法は文字を離るるを以てなり」。「多聞とは曰く義を善くすることにして言説を善くすることにはあらず」（同経無常品）。「言説は即ち変異あり、真理は即ち文字を離る」（同経集一切法品）。「我が無上の大乗は名言を超越して、その義甚だ明了なれども、愚夫はこれを覚知せざるなり」（同経偈頌品）。

真理の深さは文字を超える。教外別伝である。禅は無字をもって悟道の関門とする。ただ心をもって心に伝え得るに過ぎぬ。宗教的真理とは証明を要しない真理である。説明を許さぬ自律の内容である。離言にして自証である。人々が「かくかく」であると説くに対して聖女ラピアは non-such として神を説きたいと希った。真に「無」の密意を知りぬくときが即如の味わわれるときである。否定がより真実な内面の理解である。多くの宗教家が好んで用いた否定的表現はかかる要求に基づくのである。老子はこれを「無名」と言った、また「無為」とも名づけた。ディオニシウスは「暗黒」と呼んだ。聖フランチェスコは「聖貧」と言い、十字の聖ヨハネは「暗夜」と言った。「無住」とか「玄之又玄」とか「寂滅」とか「涅槃」とか「荒野」とか「無知」とか「空耗」とかこれらすべての否定的表現は皆「無」の心を伝えたのである。これを単に否定的と言い消極的と言い不活動と評するのは皮浅な見解に過ぎぬ。難ずる者も識らずして彼らの愛する真理に否定の形容を用いている。いかばかり神または実在を表す彼らの言葉が否定的であるよ。絶対 *Ab*solute 無限 *In*finite 無窮 Limit*less* 無制的 *Un*bedingt 無差別 *In*differenz 不可知 *Un*knowable これらの否定はすべての宗教家または哲学者の常語である。

無の心は何ものも未だ分かれない境を指すのである。この境においては未だ真偽の言葉すらない。未生未成の世外である。そこには数の概念すらない。二つのものが無いからである。ゆえに分別の知を加え得る寸毫《すんごう》の余地がない。この境において大小は不二である。善悪は未生である。有無円融である。美即醜、醜即美である。すべては矛盾のままにして調和である。二なくして二を包むのである。すべてが有りすべてが無いのである。いっさいを含む「無」である。

真に「無」なるがゆえにまたよく「有」たり得るのである。真に「否」たるゆえに「然」たり得るのである。白紙にしてはじめていっさいの色を容れ得るのである。浄きもののみ聖である。嬰児こそ天国に愛を受ける。何ものも無きゆえにすべてを含むのである。我を空しくするとき我が充たされるのである。「我がために死すものは生くべし」と聖者は告げた。死が生である。無為がためである。貧が富である。

無においては何ものの人為もない。すべてが自然のままである。ありのままにして完璧である。自然さの極みである。交え得る作為がない。何事をも為さずしてすべてが為されてある。「無」は至上である。即如と一乗不二であるのが「無」である。無を観じるとき人は神の懐《ふところ》に休らいつつある。神に帰るのが無の意味である。この刹那こそ言葉もなき法悦である。すべての文字も今は貧しい。「空」の一字を人は書いた。「無」であると言葉なく言った。ただ「否々」と止み難く反復した。「如々」たりとのみ書き残した。最後には黙すべきときが来たのである。「言われざる言葉」が心ににじむのである。余もまた黙すべきときに来たように思う。

（一九一七年二月十八日稿）

「無為」について

「涅槃名㆓無為㆒」
（中観論）

新しい時代は古い思想を埋め去った。古今を絶した真理をさえ、時としては過去の扉に封じてしまった。しかし永遠な過去はいつも永遠な現在である。それは絶えず湧く新しい泉に等しい。余は埋もれたこの泉のひとつから今永遠の水を汲《く》もうと思う。

五千余言の「道徳経」はすでに二千年の批評を重ねた。しかし今日帰納された結論はただ冷《ひや》かに彼の価値を局限したに過ぎない。かつては支那最奥の教えとまで解されたが今はむしろ不自然な因循な思想としてのみ記憶される。しかし老子自らが明らかにしたのは正しくこれに逆反する自然そのものの教えであった。余は彼をかつてこの世に出た最も驚くべき思想家の一人だと信じる。多くの宗教的哲理は決して彼の言葉の右に出ない。余は今ほとんど無用の教えとまで目される彼の「無為」の思想についてここにその真意を捕えたく思う。

人は彼の本旨に従って「無為」を絶対の意味において解さばならぬ。この態度を守ると否とによって彼に対する理解はその方向を定めるであろう。まず「無為」を「為」の否定に解するのは最も甚しい独断である。多くの人はこれを何事も為さない意に解している。しかしこれは許し得ない妄言であろう。「無為」を自律の意味にとるべきなら、それを相対の義に解するのは背理である。怠惰であり不活動であるという意はひとつだにその内に含まれていない。もしも「無為」がかかる「為」の否定であるならそれは単に対辞に終わる相対的無為に過ぎぬ。かかるものを老子が彼の哲理の根本とみなしたいわれがない。「無為」を一般に 'Inaction' と訳すがこの語義がその真意を示し得ないのは自明である。特に宗教的真理において字義による解釈はその理解の破滅である。われわれは「無為」の正当な意義をその絶対値にのみ求めねばならぬ。

カルメライトの修道者十字の聖ヨハネの教えが Acosmism 無宇宙論と呼ばれている。この言葉はしばしば軽侮の意に用いられるが、その教えには犯し得ない深さがある。いっさいのものはこの世に実在しない。存在するとみなされる宇宙は空である。ただ実在するのは神のみであるというのである。神がいっさいである、神のほかに何ものもない。すべての事象は妄念の所為である。実在たり得ない仮現である。彼が是認したのは神のみである。神に帰るほかに人の為すべき行いはない。これを離れたすべての行為は断たれねばならぬ。彼は厳に戒律を守りただ一身を神の内に没しようとした。彼のとった態度には次の意味がある。

純に神の意志のみに余の心を託すとき、是認せられた余の行動がある。神を離れて余が行うとき余は一事をも行っていない。否余が何事も為さないときのみにすべては行われているのである。私なる自我は何事も為し得ない。ただ神のみが為すという言葉を使い得るのである。御心のままに自然のあるがままにすべてを託さねばならぬ。かかるとき神の権威が余の内心に輝くのである。余はすでに余でない。すべてのことはただ神意によって営まれるのである。エックハルトが「完全な霊は神の欲する以外のことを欲し得ぬ」と言ったその趣がある。

老子が「無為」と言ったときこの意味が明らかに閃いている。自己の安静を説くゆえにある者は彼を利己主義者とまで言った。しかし私欲をこそ彼は戒めている。彼は利己のためのすべての行為が心の自殺であるのを説いた。彼は私の行いが公な「道」への驚くべき僭越であるのを感じた。いっさいは「道」において完全である。人為によってこれを破る者は反逆の罪を犯すのである。すべての私有な行動は即時に断滅されねばならぬ。これは自己を束縛し自己を病死せしめるに過ぎない。私欲を断って無為であるとき、自己は開放されるのである。「道」の実現はこの刹那に果たされるのである。無為であるとき自然の法則は滑らかに行われるのである。かかるとき人は自然それ自らである。彼に自然の美が豊かに開くのである。

「無為」とは自然であるとの意味である。何ものも人為によって傷つけないとき、自然の意志が満たされるのである。私の断定はただ相対の影を残すに過ぎない。正当な所為とはただ自然の命のもとに行うことのほかにはない。否、真に行われるのは自然のことのみである。ロダンが「芸術は自然の忠実な模倣にある」と言ったのもその意味である。完全な自然には加えるべき改造がない。否、自然の意志を満たしてのみ余の存在の是認がある。余自らの取捨はすでに明晰な自然をかえって暗黒に導くに過ぎない。「自ら見ず、ゆえに明らか也。自ら是とせず、ゆえに彰《あらわ》る」（老子第二十二章）と老子は書いた。「万物の自然を助けて敢えて為さず」（同六十四章）とも書いた。「道は自然に法《のっと》る」（同二十五章）のである。すでに改めるべき未完成な自然はない。余の為すべきことは無為そのものである。無為において余は自然に則るのである。自然と相即であるとき余に自然の美が輝くのである。実に余が活きるのではない。余の内にある自然が活きるのである。余はすべてなる自然を全く活かすために、余の所有を絶せねばならぬ。無為にしてはじめてすべては為されるのである。

「道徳経」は繰り返してこの真理を説いた。「聖人は無為のことに拠り、不言の教を行う」（同第二章）と彼は明らかに書いた。無為においてのみすべては行われ、不言においてのみすべては語られてある。真に無なるもののみよく有である。すべての東洋の偉大な思想家は「無」の宗教的意義を知りぬいていた。それは何らの否定をも消極をも意味するのではない。おそらくこれほど真の肯定と積極とを意味するものはないであろう。老子は「有の以て利たるは、無の以て用たれば也」（第十一章）と言った。「天下のものは有に生ず、有は無に生ず」（第四十章）とは彼の明晰な答えであった。「有」は限界に過ぎない、「無」こそ無限な暗示である。これこそいっさいの源である。すべての流れはそこに尽きない泉を持つのである。「無」は未分未発である。ここに創造の意味が内在せられている。よく未分なもののみ分化の原素である。「無」が有の母である。無為なるときのみ純の活動があるのである。

これはいっさいを為さぬゆえ、いっさいは為さるるとの意味である。「無為」とは限りない「為」である。「道は為すこと無くして、為さざること無し」（第三十七及び四十八章）と彼は強く言った。「聖人は行わずして知り、見ずして明らかに、為さずして而して成す」（第四十七章）と書いた。「無為を為せば則ち治らざること無し」（第三章）とは彼の信仰であった。「中庸」にも「かくの如き者、見ずして而して彰れ、動かずして而して変わり、為す無くして而して成す」と書かれてある。

私情を加えるとき、神意は忘れられる。何事かを断ずるとき、自然はすでに限られてくる。真に神をして神の行いを全《まった》からしめるために、「私」の所為は断絶されねばならぬ。私が「為す無き」の状に入るとき、すべては為さるる境に移るのである。余が何事も私に為さぬとき、すべてのことは余に為されているのである。「無為」なるが「為」である。私有の「為」は「為」ではない。かえって「為」の否定である。「無為」が純の活作である。これをおいて考え得る絶対の行為はない。「無為」は自然と相即である。これが神意の自由な遂行である。永遠なものは神の仕事である。余の所為ではない。真に為し得るのはただ神のみである。聖書には次のごとく記されてある。「爾曹《じそう》我を離るるときは何事をも行いあたわざる也」と（ヨハネ一五ノ五）。また我らは次の如く感ぜねばならぬ。「しかれど我儕《わなみ》己によりて自ら何事をも思い得るに非ず。我儕の思い得るは神によれり」（コリント後三ノ五）。また預言者も言ったように「我はエホバの言葉を踰《こ》えて己の心のままに善きも悪きも為すを得ず」（民数紀略一四ノ一三）。余が静であるとき神は余の裡《うち》に動くのである。無為の刹那が余の与えられた激動の刹那である。美感において人は自らを忘れつつある。この刹那に胸の鼓動すら止むであろう。すべてが美にゆらぐからである。自らが休むときこそ真に働きつつあるのである。神秘家が「多忙な休息」と呼んだのはこれを指すのである。

ベタニヤの里をイエスが過ぎたとき彼を迎えた二人の姉妹があった。彼らは復活したラザロの肉身である。妹のマリアはただイエスの足下に座って静かに声なく彼の道《ことば》に身を忘れている。姉のマルタはこの悦ばしい訪れを労うために、饗応《もてなし》に心を急いでいる。彼女はマリアの無為をイエスにさえ訴えた。彼女が妹を働きに誘ったとき、イエスは答えた、「無くて叶うまじきものひとつをマリアは選んでいる」と。イエスのこの鋭い言葉に余が示し得たい真理は包まれている。

沈黙は宗教を語る。静慮（Contemplation 禅）が法悦である。無為こそは帰趣である。この帰趣においてすべては自然の命に動くのである。余が休止するとき余は神とともに多忙である。静かな力を破り得る力はない。静けさが深さである、強さである。レオナルドの絵画はこの秘事を告げている。余は彼の創作を限りなく好む。彼の芸術は未分の芸術である。定義を告げない芸術である。不言の作である。近くにはセザンヌがこの力を示した。黙する彼の一静物には山嶽の荘厳がある。余は彼の絵を飽くことなく眺める。余は沈黙の芸術を愛する。

無抵抗主義はしばしば否定された。実際の原理として不可能であり迂遠であるという意味をもって。しかしこれは宗教的真理として否定し得ない深さがある。無抵抗とは単に為す無きの意ではない。また受動消極との意味でもない。これは厳然とした絶対の所為である。いっさいの所為を余のものならしめない意である。神をしてすべてを為さしめる意である。自律の所為である。余が何事も為さないとは神意にすべてを託する決断である。余の無為において神の為は全くされるのである。無抵抗の刹那において、何の力がよくその権威を破り得るであろう。無抵抗は無上の能動である。これを超える積極の力はない。これは絶対な行為である。抵抗は単に相対的行為に過ぎぬ。あらゆる戦争に対する口実は宗教を離れる。

抵抗こそは受動である。無抵抗に逡巡はない。これは思惟し得る最も勇敢な態度である。抵抗こそ卑怯の裏書きである。戦争において人は霊を欺くのである。戦争に宗教はない。

いかなる論理が余を攻めるかを知らない、しかし「汝ら右の頬を打たれなば左の頬をもこれにむけよ」と言い切ったその真意に宗教の光はゆらぐと思う。不可能であるとか迂遠であるとか言うのは許し得べき批評ではない。

「無為」を教えた老子は二千年の昔にこの真理を説いた。この「不争の徳」を解した彼が剛よりも柔を深しとした意味も理解されるであろう。真に無限を求めるものは「無」の密意を知りぬくであろう。老子の教えは自らも書いたように「不言の教え」であった。

（一九一八年三月稿）

「中」について

「一色一香無レ非二中道一、中道即法界、
法界即止観」

（止観輔行一）

中の観念を宗教的に考えぬいたら、それがいかなる意味を包むか。この問いに多少の反省を加えたのがこの小篇の概要である。

一

東洋の宗教思想において「中」の観念は重要な位置を占める。ここに実在を示す哲理が託されたのみならず、これはしばしば実践の目標とさえ考えられた。

仏教において特に八宗の祖師と仰がれる龍樹は彼の思想の根本を「中」の観念に説いた。彼の主要な著書は「中観論」と呼ばれている。この「中論」は後に「百論」及び「十二門論」を合わせていわゆる「三論」を形作り、遂に支那において「三論宗」拠依の典籍となった。古くこの中論の研究は諸家の注意を集めてインドのみでも七十家の多きに及んだと言われている（支那に訳された青目《しょうもく》の中論釈、無着の順中論、安恵の大乗中観釈論はその僅かな一部に過ぎない）。

梁唐の二代にわたって活きていた僧吉蔵（嘉祥大師）が支那においてはこの中論の復興者であった。嘉祥寺で彼の重要な三論の疏を大成して以来、この論は宗として一代を風靡するに至った。古来仏教を研究する者は必ずこの三論をよぎる。哲理としての仏教の高調がここに見出されるからである。

しかし「中道」はただ三論宗に限られたのではない。台家においても「中諦」は厚く説かれた。むしろ「中」の意義を一個の教理にまで進めたのは天台宗においてである。いわゆる「三諦円融」は天台が説く最も根本的な教理であった。三諦とは空、仮、中の三諦である。また法相宗においてもその教相判釈によって中道を最後の仏説とみなした。いわゆる「第三時教」がその中道教である。法相宗は自らを中宗と呼んだ。

仏教においてのみならず、老子も「中」の意味を深く見ぬいた。しかし何人《なんぴと》も思い起こすのは四書のうち最も哲学的に見て深い「中庸」である。子思は彼の思想の根底をこの「中庸」の意味に託した。彼は「中」の観念を深く反省することによって徳教としての儒教を哲理の上に安定させた。「中庸」は実に凡庸な思想ではない。支那の古典は埋もれかかっているが、思索者の中にいつか甦るのは「老荘」とともにこの一巻の本であろう。「中庸」は新しく理解される値がある。もしもかかる日が来るなら一般の意表を超えて異常な真理がこの平易な言葉から湧くであろう。

二

しかし早く三論は嘉祥の後に栄えず、その脈は絶えて今は省みる人すら少ない。天台は残るも中諦の教えは埋もれている。現実を愛する世は仏説に耳を傾けてはいない。儒教の衰微は言うまでもない。道徳の重荷に堪えかねた人はむしろこの教えに反抗の気勢を示した。儒教への訣別が心に自由な世界を与えた。「中」と言い「中庸」と言えばただ妥協折衷を意味して何らの鋭さがない。イプセンが「一切か然らざれば皆無」を叫んだとき、それは新しい心を波打たせた。「中庸」の教えは僅か教室に幽閉された伝習に沈む微弱な声に過ぎない。

根底的に実在に迫ろうとする者には中位はむしろ懶惰《らんだ》である。中間を連想し中庸の温和を想うとき、それはわれわれの霊の目覚めにはならぬ。思想としては徹底を欠き行為としては安易に過ぎる。中にとどまるとは隠遁と等しい。霊は無限に動く力である。われわれが求めるのは中位凡庸を破り出る鋭さである、深さである。中庸はしばしば想起されるように平凡の異名に終わった。

しかし「中」とは果たしてそういう意味であろうか。「中観」は‘The Middle View’と訳され、「中庸」は‘The Doctrine of the Mean’と言われているが、かかる言葉は原意を伝えるであろうか。ある者はこれを均等 Equilibrium とか平均 Balance とかを意味するとした。儒教の正統派の理解によれば「中」とは「不㆑偏不㆑倚」である。また「無㆓過不及㆒之名」である。しかしこの有名な程朱の釈は正当であろうか。

宗教的「中」は果たして五が八と二との中数であると同じ意であろうか。また勇敢が卑怯と粗暴との中位であるのと等しい義であろうか。また青と赤とのあいだに交じる紫の色にも比すべきであろうか。また周囲に対して均等の距離を保つ中心の意に解すべきであろうか。熱からずまた冷たかならぬ微温の意を指すのであろうか。傾かぬ秤《はかり》の針がその心を語るであろうか。中は果たして右と左とを与件とする中であろうか。中とはただ偏の対辞であろうか。不偏に終わることが中であろうか。両端の譲歩がその面目であろうか。極端の否定がその真意であろうか。折衷が中であろうか。中は遂に徹底し得ない中であろうか。中途にとどまるとの意であろうか。

もとよりかかる意味が「中」の真の理解であろうとは受け難い。宗教的真を示す「中」はいかなる場合にも相対の意にとどまってはならぬ。絶対の面目を伝えてこそ宗教的内容たり得るのである。宗教的に「中」と言えば必ず「絶対的中」であらねばならぬ。龍樹または子思が彼の信念を披瀝《ひれき》する言葉を、相対の意にとどめたと誰が考え得るであろう。しかしほとんどすべての註釈者は「中」の原意を傷つけてこれを相対の意に解した。彼らは「中」をただ偏ならざる意にとった。しかし偏不偏は畢竟《ひっきょう》相対の意を出ることがない。中央とか均等とかみなすのもおそらく厳密を欠いた知解であろう。それは早くも周囲左右を仮定するからである。「中」に絶対値を含めるなら、かかる相対的理解はすべて不足である。宇宙の原理を表示するこの言葉がただ中数の意であるはずがない。いわんや二分の一とか半とかいうような考想ではない。徹底し得ない中はすでに宗教に堪え得る真理ではない。なお両極を予想し左右を是認する限り、この二つのものの中間は相対的中に過ぎぬ。

彼らの思索は絶対としての「中」を忘れたのである。この哲理の深さを離れたために、道徳律としての「中」をもただ貧弱な意にのみ解した。中庸はただ極端を恐れる者の好個の隠家であった。示された中庸は自律する中庸ではない、ただ左右を顧慮する相対内容であった。単に過不及無きの謂《いい》である。吝嗇ならず驕奢ならざることがただちに節約の徳と言われた。これはただ両極を厭《いと》い避けることによってのみ感じられた相対行為である。「中」はその前後を矯《た》めることによって保たれた「中」である。中途にとどまるむしろ安易な「中」である。しばしば中庸に連想される凡庸、折衷、妥協、譲歩の意はこの誤った理解に付随する不幸な評価である。しかし子思が生命を貫くと感じたこの道徳律がこの平凡な折衷の義であったと誰が信じ得るであろう。「中」はそれ自身に権威ある「中」であらねばならぬ。「中庸」とは絶対自全の徳であるべきはずである。それ自身に全《まった》き「中」のみ許し得る最後の「中」である。

余の求めるのはこの絶対としての「中」である。われわれの優秀な祖先が思索し体認し得たその「中」である。「中」を宗教的に理解したらいかなる内容になるか、これに答えたいのが余の眼目である。

三

有限な字義が無限の内容を示そうとする。しかし言葉は宗教においていつも不足である。無限者は永久の暗示であるが、字句は既約された定義である。定義は一時も相対の範疇を出ることがない。「中」の真意も久しく字義のために相対の刃に傷ついている。しかし「中」の原意は自律な「中」としてのみ認識されねばならぬ。「中」に関する真の理解を得るために必然われわれは字義の束縛から脱せねばならぬ。これは字義の攪乱ではない、その内容の建設である。

三論において「中道」は必ず「八不」とともに説かれた。「八不」とは「不生亦不滅、不常亦不断、不一亦不異、不来亦不去」の八個の否定である。その意は究竟《くきょう》なものからすべての二元相対を絶してこれを否定的に言い表したのである。八とは単に概数であっていっさいの否定をこれに概括したに過ぎない。八不はその意において無限の不である。西欧一般の観念によれば神は存在であり常住であり統一である。しかし東洋の宗教的思索者は用意深くこれらの相対的名称を否定し去って絶対なものを求めぬいた。神を「有なり」と言うよりも「有ならずまた無ならず」と言うのが彼らの答えである。生、常、一、来は単に滅、断、異、去の対辞に過ぎぬ。言い表し得る言葉は「不生にしてまた不滅である」との否定のみである。究竟なものは言語に余る。ゆえにすべての言葉は否定されねばならぬ。彼らの否定はいかなる肯定もなお不満足であるという理解の後に現れたのである。これがすべての神秘家が好み選んだいわゆる「否定道」'Via Negativa' である。

しかしこれは単な否定ではない。ただ肯定の対辞に解されてはならぬ。真意はいっさいを否定し尽くしまたその否定をも否定するのである。有に非ず無に非ず。またその中間に非ず。すべての相対を否定し去りまたその否定をも拭い去ったいわゆる「百非を絶する」ところに真の否定の面目がある。一字「空」と言ったのはこれを約言した言葉である。これが龍樹の空観でありまた一般仏教の哲理である。これは彼らが即如をいっさいの相対から救い起こして理解しようとした必然の結果である。いっさいを否定するゆえに「空」である。「空」もまた否定されねばならぬ。ゆえに「空」とは強いて名づけた名である。いわゆる「仮名」に過ぎない。空に堕するもまた相対である。できるなら「空」とすら言いたくない。「空」の別名を彼らは遂に「中」と呼んだ。「八不中逆」とはかかる要求の言葉であった。吉蔵が彼の「大乗玄論」に「生に非ず、不生に非ず、既に是中道也。而して生而して不生是仮名也」と言ったのはこの意味である。「中観論」四諦品の青目の釈に「衆生を引導するためのゆえに仮名を以て説く、有無の二辺を離るるがゆえに名づけて中道となす」とある。

三論において「中道」とはいかなる意味であったかは今明らかであろう。「中」は「空」の別名であった。しかも強いて名づけた仮名であった。吉蔵の疏に「中の名を立つるは、理は中不中に非ずといえども、ものをして悟を得せしめんためのゆえに、強いて中の名を立つるなり」と言っている。おそらく空の否定的表現に対して彼らが僅かに選んだ肯定的言い方であったのであろう。「空」と「中」とはいつも補遺の形にある。

「中」は彼らにおいてどこまでも絶対の意味があった。いっさいの相対的認識を許さぬ究竟の理《ことわり》であった。すべての対辞を否定し去り、二元への執着を拭い去った趣旨があった。「中」は実に中にも非ざる最後の意味があった。「中」とは言い表し得ない実相に与えた仮名である。絶対の義を離れてはあり得ぬ「中」である。これが中位または折衷を意味しないのは自明である。ただ不偏に対した名でなかったことも明晰である。いわんや半途というような緩慢な意義ではない。

吉蔵は彼の「三論玄義」に四種の中道を挙げた。第一は「対偏中」である。偏すなわち相対に向かって説く中である。二元に対する一元である。ここに「中」はただ「偏」の対辞に終わる。

ゆえに未だ相対的中に過ぎぬ。「偏に対する中」である。第二は「尽偏中」と呼ばれた。偏に病む者は中を得ない。中を求めようとするなら偏を絶せねばならぬ。「偏を尽くすのが中」である。差別は中道ではない。差別をなくなすときが中道である。しかしこれは偏を否定したに過ぎぬ。偏は失われるがなお中が残る。ゆえにまだ中をも絶した絶対の「中」ではない。第三はその「絶待中」である。もと偏と中とは対辞である。もし偏を絶するなら中もまた失われねばならぬ。中に愛着する限りそれもまた偏に過ぎぬ。偏も忘れ中も忘れるとき真の「絶待な中」がある。中はここに強いて名づけた仮名である。第四は「成仮中」である。無が有の母である。実から仮が成されるのである。「中」は単な中ではない。自らを表現する中である。中は仮に現れ仮は中に活きる。中仮相即不二である。これを「仮を成す中」と呼ぶのである。「絶待中」と「成仮中」とは一体である。これを体より観じたのが前者であり、用より見たのが後者である。これはおそらく最も明白な「中」の理解であろう。

しかし仮空中の三諦をいっそう密接せしめてその真意をさらに捕えようとしたのは台家の人々である。慧文、慧思、知顗（智者大師）と相伝えていわゆる「三諦円融」の教理を大成したのは中道の哲理の帰結であった。「中観論」四諦品にあるいわゆる「三諦偈」が彼らの思想の出発だと言われている。文に言う、「因縁所生法、我《レ》説《ク》即《チ》是《レ》空《ト》、亦名《ヅケテ》為《ス》仮名《ト》、亦是《レ》中道《ノ》義」と。これは空仮中の三諦が円融相即であって三即一である意を暗示した文である（慧文が中道の理を悟ったというもうひとつの偈文は龍樹「大智度論」第二十七巻「一心中得」の文である）。

平等は真諦《しんたい》の姿である。絶対なその内容は「空」の一字によって指示するより道はない。差別は俗諦の態である。「仮」とはこの相対の世界を示す言葉である。しかし「空」も「仮」も分かれた存在ではない。「空」は「仮」を現じ「仮」は「空」に活きるのである。平等も差別もしょせんは不離の境に帰る。「空」と言い「仮」と言うも不二な内容を異なる見方から伝えたに過ぎぬ。事の究まるところは「空即仮」「仮即空」である。かかる区別すら容れぬ内容こそ絶対である。この二而不二なるものをわれわれは「中」と名づける。「空、仮」をひとつに観ずるのが「中」である。「空、仮」の相対の前に「中」の絶対はなく、また「中」の絶対を措いて「空仮」の相対はない。この三諦は畢竟相即一乗である。これが円融の教理である。これを体認しようとしたのが仏者の実践的理想であった。ゆえにいずれに傾くも「中」の真意を離れる。「中」に堕するのもまたひとつの「偏」に過ぎぬ。「中」を対辞として考えるとき「中」は死んだ「中」である。「但中」と言って円教で忌み嫌うのはかかる分離せられた「中」である。円融の「中」は「仮空」のままに「中」である。これがいわゆる「不但中」である。絶対の「中」である。宗教的「中」である。

四

中とは上下の未だ分かれない自然のありのままな姿である。有にも非ず無にも非ざる渾一の状である。子思が哲理としての「中庸」を反省したとき、同じ「八不中道」の意があり「円融相即」の義があった。「中」は「不」であり未分である。すべての二元が未だ現れない境を指したのである。彼の言葉に「喜怒哀楽未だ発せざるこれを中と謂う」とある。「中」のその真意はこの「未発」の秘事に包まれている。すべての区分は人為である。本来あるがままの姿は未分である。差別は後に反省せられた分析である。未発の境においては動くべき思惟がなく考想がない。すべては淡然として静かである。有無の別もなくまたそれらの言葉すらない。子思はこれを呼んで「中」と言った。

「中庸」とは本然である。子思自らの言葉によれば人為に傷つかない「天の道」である。すべてを天意に託するとき「中庸」の徳があるのである。「中庸」に活きるとは天意に浸る意である。「天」と不二であるのが「中」である。「中」は中間にとどまるのではない。道に徹する意である。絶対に自己を没入する義である。老子が「無為」を説いたとき同じ心があった。これはいっさいを天意に任ずる意である。余が「為す無き」とは「天がすべてを為す」の意である。これは天への全き帰依である。この帰依に宗教の生活がある。「中」を守るとは天に帰るの意である。天を離れ道を離れて中はあり得ない。「天の命ずる之を性と謂い性に率《したが》う之を道と謂う」と子思は最初に書いた。「道は須臾《しゅゆ》も離るるべからず」とは彼の信念であった。「道」を離れては「中」もなくまた徳もない。すべては二元に終わるのである。「道」を離れるときいっさいは相対に降落する。「中」は「道」に則る意である。「道」に即するのが「中」である。「中」はひとり絶対と同義においてのみ意味がある。これはいっさいの二元相対を絶した「中」である。あらゆる人為的区分に先だつ「中」である。「中」とは思惟以前である、直観である。それは未分である、未発である。与えられたままの本然である、自然さの極みである。これが老子も説いた自然の教えである。「道」とは彼が明らかに言ったように「冲」である。「冲」とは虚を意味する。未だ分かれない空しさの境である。子思は「道」をまた「誠」とも呼んだ。「誠は天の道也」、「誠は勉めずして中《あた》り、思わずして得」と彼は書いた。これはおそらく最も深い宗教的表現のひとつであろう。「野の百合はいかにして育つかを想え。労めず紡がざる也」とマタイは伝えた。「中」はこの自然の美である。自然に融けゆくことが「中和」である。「中」に活きるときすべては自然に流れるのである。天の御心のままにあるのである。

「中」とは実在の表示である。「中」の意は最後に即如と同義である。畢竟この元素なものにのみ絶対の真理は宿る。分化せられた区別は相対の命数に終わる。生に非ず滅に非ずまたその中間に非ざるいっさいの否定がはじめて相対からの離脱である。思慮に先だつ未発なる境が絶対である。これはすべての形容を超える。かくて「空」とは最後に産み得た言葉である。かかる「空」が「中」の真意である。かかる「未発」が「中」の密意である。「空」とは自然なるそのままの姿である。未だ分かれない「一」である。無垢な至純な意である。「智度論」に「いっさいの法の本性は清浄である」と言ったのはこの心を語る。嬰児はいつも「中」の姿である。至純であって何ものをも交えない。言葉はむしろその美しさを汚染するに過ぎない。「中」とは中の字に非ずしてむしろ黙する意味である。何事も言い得ないゆえの「中」である。老子は多言を戒めている。「中を守るにしかず」と彼は書いた（道徳経第五章）。ここに「中」は「虚」であり「黙」である語義を包む。王純甫の註に言う、「中とは虚なり無なり。言い且《か》つ名づくべからざるもの也」と。「中」はただ文字ではない。絶対なものの表示である。

余は中庸は道徳の書であるよりも宗教の書であると思う。後世の儒者は「中庸」を不偏不倚な過不及のない徳とみなした。しかしかかる理解は相対に堕した見方に過ぎぬ。偏を避けることが中庸ではない。真の「中」にはすでに偏もなく不偏もない。「中」は絶対な「中」である。この「中」に即するのが「中庸」の教えである。天と相即でありたいこの深い要求のみ、真に「中」を体認し得るのである。中庸は単なる実践的意味ではない。むしろ天に帰る宗教的融合Unification がその本意である。

五

「中」を宗教的に考えぬくときかかる絶対の意に帰らねばならぬ。必然絶対に伴うすべての性質をそのうちに認めねばならぬ。「中」は必ず自律する「中」である。何事かを与件として立つ「中」ではない。自から規範の意をおびねばならぬ。「中」は宗教的意味においてそれ自身の「中」である。あらゆる対辞はこれに許さるべきではない。不偏なのが「中」ではない、過不及の否定が「中」ではない。「中」は自律な「中」であらねばならぬ。いっさいの字句は相対の名称に終わる。「中」も字句であるがしかもその意はこの束縛を超える。「中」とは名づけ得ない「中」との意がある。字義を絶する「中」である。「中」が字義に結ばれるとき「中」の意を離れるのである。大集経に「二辺を遠離して中に著せず」と言ったのはこの意である。「中」が「空」とともに説かれた意味も今明らかに読まれるであろう。「八不」が中道である。「中」を理解するために二元はことごとく拭い去られねばならぬ。否かかる否定をも否定し去ったのがその面目である。われわれは言うべき言葉を持たぬ。龍樹が「空」と言い老子が「無名」と言ったのも、僅かにかかる当体を暗示したいからである。

強いて「中」の内容を反省するなら、それは上下を連想し得ない中、左右を持たない中、前後を許さない中との意である。人は必ず中とともにその両極を想起する。むしろ上下を持たずしてはあり得ない中とさえ思っている。しかしかかる思想はただ相対に固着した二元的遺物に過ぎぬ。真に一としての「中」は左右前後のごとき二に対比して考えられるべきではない。二のない一が真の一である。一は数ではない。内外を許さぬ「中」が絶対の「中」である。もしかかる「中」が人間の思考に余るなら、それはただ絶対なものの表現だからである。これは論理的に思惟し得ないというまでであって、この矛盾の命題は不合理であるということにはならぬ。上下のない中とは論理的には矛盾であろうが直観としては事実である。論理は矛盾律に終わるのである。しかし論理が呼ぶ矛盾こそ時として絶対の暗示である。「中」には論理の及び得ない究竟の意がある。厳密に上下の観念の闖入《ちんにゅう》を受けずして「中」を認識し得るとき、はじめて正当な「中」の理解があるのである。宗教的「中」はすでに左右の両極を許さぬのである。「中観論」観本際品に「もし始終ある無くんば中当にいかにぞ有らん、是ゆえに此の中において先後ともにまた無し」と。人々は中の字義に捕われている。もしこれを脱し得たならそこに上下の念は失われるであろう。中の位置もまた無いであろう。偏もなく不偏もなくまた中もないこの境の体認が、「中」の真の理解である。子思が未発と言ったのはこの意味である。「中」を中位中数の意に解するのは驚くべき独断に過ぎぬ。これは中の字義と始終する相対的見解に過ぎぬ。「中」は上下に対比された「中」ではない。いわんや半途、妥協、折衷の意ではない。否絶対の徹底こそ「中」である。

「中庸」は本来過不及のないというがごとき相対的意味ではない。ただちに天に即する宗教的行為である。「中」は躊躇《ためら》いではない、鋭さである。遅疑ではない、直指である。即如との直下の融合である。絶対に即するのが「中」である。

ある者は左右の平均に「中」を認めている。しかしかかる思想は「中」をある条件に依存させたに過ぎぬ。自律な「中」の面目はかかる意と何の関わるところがない。「中」はそれ自身の「中」である。左右を許さぬ「規範的中」である。すでにこれを測ることすらできぬ。「中」に対して用うべき秤《はかり》はないのである。またある者はこれを中心 Centre として理解する。しかしこれも遂に相対の意に終わるであろう。周囲あっての中心に過ぎぬ。聖ベルナールであったか「神は至るところに中心を持つ、しかしいずこにも周囲を持たぬ」と言った。この言葉には驚くべき鋭さがある。「中」について言い得る最後のひとつは周囲を許さぬ中心とのこの言葉であろう。この矛盾にすべての神秘が包まれている。「中」は真に厳存する、だがその四方はどこにもないのである。

ひとつの比較によって導くなら右の意はさらに明らかになるであろう。すべての神秘家の時間に対する宗教的理解は「永遠の今」ということに帰着する。一般に現在とは過去と未来との中間であると考えられる。しかし真の現在の意義すなわち永遠の現在とは、時間的加算または未来への無限な延長という意では決してない。絶対時とは前後に過去と未来とを許さぬ現在との謂である。歳月の離脱である、その追加ではない。「永遠の今」とは過去と未来とを許さぬ規範の意がある。Sollen の時間である。前後を持つ時間はいかに無限に進むも畢竟相対的時間に過ぎぬ。「中」はこの例証によっていっそう鮮やかに書かれるであろう。上下を持つ「中」はただ分析の所産に過ぎぬ。真の「中」はそれ自らの「中」である。二元を考えずして一元が観じられるとき、真の一元は理解されるのである。二元に対する一元はなお一種の二元に過ぎぬ。「中」が純に「自律」の「中」として認識されるとき、真の「中」を心に活かし得るのである。

（一九一八年六月稿）

種々なる宗教的否定

If thou would'st hear the Nameless, and wilt dive
Into the Temple-cave of thine own self,
There, brooding by the central altar, thou
May'st haply learn the Nameless hath a voice,
By which thou wilt abide, if thou be wise,
As if thou knewest, tho' thou canst not know;
For knowledge is the swallow on the lake
That sees and stirs the surface-shadow there
But never yet hath dipt into the abysm,

The Abysm of all Abysms, beneath, within
The blue of sky and sea, the green of earth,
And in the million-millionth of a grain
Which cleft and cleft again for everymore,
And ever vanishing, never vanishes,
To me, my son, more mystic than myself,
Or even than the Nameless is to me.
And when thou sendest thy free soul thro' heaven,
Nor understandest bound nor boundlessness,
Thou seest the Nameless of the hundred names.
And if the Nameless should withdraw from all
Thy frailty counts most real, all thy world
Might vanish like thy shadow in the dark.

Tennyson: '*The Ancient Sage*'

序

光を求める心にとって東洋の宗教は暗い陰とさえ思われている。すべての真理は否定へと導かれ、心はただ苦行に悩むように考えられる。誰もそれを明るい教えだと言いためらっている。まして濃い影が強い光の証だと言い切った人は少ない。

否定的だと言うこの批評が一般にその宗教を卑下する規準にさえなっている。余はこれを粗笨《そほん》な独断に過ぎぬと思うのであるが、常識がかく思う理由を知らないのではない。彼らが実相を表した言葉はほとんど皆否定の調があった。今は愛されない次の数々の言葉、空、無、寂、静または無為、無名などはすべて古人の思索が果たした最後の字句であった。人々はその思想の消極を咎《とが》めるが、空観こそ彼らには活きた世の真諦《しんたい》であった。またそこに犯し得ない哲理の深さがあった。それをただ暗い陰の教えに過ぎぬと言うなら、彼らはその評をこそ不可思議に感じるであろう。否定は彼らには自然の極みであった。疑い得ない直観であった。例証はあり余るほどである。

梵である我はただ「否々」とよりほか説くことはできぬと奥義書は書いた（ブリハダラヌヤカ第三、九ノ二六）。「得も無くまた至も無く、断ならずまた常ならず、生ぜずまた滅せず。これを説いて涅槃と名づく」と「中観論」は説いた（涅槃品第二十五）。「無名は天地の始め」、「聖人は無為の事に拠り、不言の教を行う」と老子は告げた（老子第一、二章）。

人々が許した深い句とは次のような例である。「一切の時に居って妄念を起こさず、諸々《もろもろ》の妄念においてまた息滅せず、妄想の境に住して了知を加えず、了知無きにおいて真実を弁ぜず」（円覚教、清浄慧菩薩章）。また趙州と彼の師南泉との問答に言う。趙州問う「いかなるか是れ道」。南泉曰《のたま》う「平常の心是れ道」。趙州問う「還って趣向すべきや否や」。南泉曰《いわ》く「向かわんと擬すれば即ち乖《そむ》く」。趙州「擬せざるときいかにして是れ道なることを知るべき」。南泉「道は知にも不知にも属せず、知は是れ妄覚。不知は是れ無記、もしそれ真に不疑の道に達せば、なお太虚の廓然虚豁なるが如し、あに強いて是非すべけんや」。趙州言下に理を悟る（景徳伝灯録、巻十、趙州観音院従諗禅師章）。

われわれの祖先の深い思索者は彼らの哲理をかかる否定に託している。「無」こそ彼らには悟道の関門であった。波羅門の教えに起こり龍樹の空観に組織され、遂に三論宗として支那に栄えたこの否定道は、老荘の学とともに東洋思想の精華であった。しかし無知な独断は易々としてこの道を難じている。しかし否定のゆえに東洋の宗教を卑しむのは常識を出ない批判である。これは全然次の三つの真理を等閑《とうかん》にした愚によるのである。

第一に究竟《くきょう》を語る原理の表現は否定法による必然の理《ことわり》があることを知らねばならぬ。われわれは言詮の及び難いことを説こうとするのである。彼此の差別を絶した一物をそのままに捕えたいのである。かかる場合すべての対辞は否定し尽くされねばならぬ。無上の絶対はよく相対の言葉に表し得べきではない。すべての対辞を否定し、またかかる「百非をも絶する」ところに否定の主旨があるのである。

第二に無とは決して有に対する無を指すのではない。絶対な無とは有無を絶した無との意である。否定だと難じるのは、それをただ肯定の対辞にのみ解するからである。空とはその真意において何らの否定消極をも意味するのではない。むしろ無上の肯定がここに暗示されるのである。「否々」とは否定の言葉に過ぎぬと言うであろうが、僅かの否定をすら意味しないのである。

第三に、かかる否定道を独り東洋の宗教に限るのは事実を知らないからである。キリスト教においてもイスラム教においてもすべての深い宗教家はいわゆる 'Via Negativa' によって神を語っている。瞑想に富む思索者は神に関する最後の思想においていつも否定の神秘に帰っている。用いられた彼らの否定的字句の多種において人々は驚きを感じるであろう。否定道はただわれわれが占有するのではない。

さて仏教または道教の否定道については多くが知られ多くが語られてある。余は人々がほとんど忘却したキリスト教の否定道について埋もれた多くの真理を暴こうと思う。これらの真理はかえって東洋の地に温かい理解を受けるであろう。西欧の宗教に現れた種々なる宗教的否定を叙述するのがこの篇の目的である。しかしこれを歴史的に細説するのが余の希望ではない。むしろ否定道に対する余の思索を追いつつ、久しいあいだ余を引きつけた偉大なキリスト教徒の思想を略述するのである。ひいては東洋の宗教をひとり否定的と断じる愚を明らかにしたいのである。これがまた否定そのものの了解に人々を導くなら余の当面の趣旨は貫かれるわけである。

一　否定の道

余が愛するクラフ A.H. Clough の詩に、

'O Thou that in our bosom's shrine
Dost dwell-unknown because divine;
……………………………………
I will not frame one thought of what
Thou mayest either be or not;
I will not prate of *thus* or so.
Nor be profane with *yes* or *no*;
Enough that in our soul and heart
Thou, whatsoe'er Thou mayest be, art.'

「我が胸に住む聖なる神こそはすべての知見に余る。彼がいかなるものにもせよ、余は彼をひとつの思想にだに包むまい。神は彼に非ず是に非ず、然に非ず否にも非ず、すべての言葉は彼を汚すに過ぎぬ。ただ我が霊に神が在ることのみにてすべては尽きる」

神は知解に余る。どこにも分別を入れるべき個所がない。神はすべての否定を含む。いっさいを超えいっさいを絶するからである。何事かの断定は限りない彼を限るに過ぎぬ。すべての否定が僅かに彼を伝え得るのである。神を想う限り思索者はこの否定の道を歩まねばならぬ。余もまたこの歴程を過ぎようとする。必然否定に現れた神の理解が余の心を惹きつけている。余が認めて深い否定の思索とみなすものをこの一章は語るであろう。余は二三の顕著な引例によって最初の注意を促そうと思う。

「神は沈黙によって最もよく敬われ、無知によって最もよく知られ、否定によって最もよく説かれる」と聖アウグスティヌスは書いた。彼を動かしたというバシリデス Basilides の言葉に「われわれは実に神が言葉に余るとすら言うことはできぬ。これもまた彼に対するひとつの断定に終わるからである。彼は名づけ得るすべての名を超える」と（ハルナック教理史第二編第四章）。否定のゆえに仏数を詰《なじ》るとき人々はかかる言葉を忘れるようである。最悪な否定の例と言われるエックハルトの次の言葉は果たしてキリスト教への汚瀆であろうか。「爾《なんじ》は神を即如 God as He is としてまた非神、非霊、非人、非相として愛さねばならぬ」。有限な言葉がよく言い得るのはかかる否定の反覆である。すべての神に関する瞑想はその最後の理解において「空」の一字に帰ってくる。「空」には言い得ない意味の重さがあると知らねばならぬ。

これらの言葉を多少の暗示としてディオニシウスの著書をひもとくなら、驚くべき言葉が次々に読まれるであろう。彼は聖アウグスティヌスについでキリスト教の神学を築いた最大な人と目されている。著者の生年期またはその人について多くの論議があった後、彼は五世紀の頃、名をDionysius Areopagiteに借りて著述を残した人であると言われている。

彼は神の理解において躊躇なく否定の道を選んだ。誰《たれ》か次の言葉を読んで東洋の宗教を想い起こさない者があろう。「いっさいの原因たる神はいっさいを超絶する。彼は無有でもなく無生でもない。没理でもなく無智でもない。彼は肉身でもなく形体でもない。また質でもなく量でもなく嵩でもない。彼は住せず見えずまた触れ得ない。彼には感覚もなくまた知覚もない。彼には物質の苦悩に基づく紊乱《びんらん》もなく喧囂《けんごう》もない。彼は誤った力にも、感覚の諸象にも左右せられることがない。彼は光を要せず、また変化なく敗滅なく、分離なく窮乏なく流転がない。彼は感覚に属するいっさいのものと係わるところがない」（神秘神学第四章）。「さらに言わば彼は霊でもなく智でもない。彼は想像を持たず主張を持たず理智をも持たない。彼は言語を絶し知解を絶する。彼は数でもなく規定でもない。大に非ず小に非ず、同一に非ず類似に非ず区別に非ず、彼には止なく動なく静なく、また力でもなく無力でもない。光でもなく生活でもなくまた生そのものでもない。彼には存在なく時代なくまた時間がない。また理知がたずさわる対象でもない。知識でもなく真理でもなく、高貴でもなく恵智でもない。彼は一でもなく多でもなく、神性でもなく至善でもない。またわれわれが理解するごとき霊でもない。彼は子位でもなく父位でもない。またわれわれ及びほかのものに知られている何ものでもない。また存在する何ものでもなく、存在しない何ものでもない。また何ものも彼自身を知り得ず、また彼もすべての存在をそれ自身において知り得ない。彼は言葉も名辞も知識も持たない。暗に非ず明に非ず、真に非ず偽に非ず、彼は肯定され得べくもなく否定され得べくもない。否、よしわれわれが彼に所属する事物を肯定しまたは否定するとも、彼自身を肯定しまたは否定することはできぬ。いっさいのものの完全な原因はすべての断定を超え、いっさいを超絶するものはすべての抽象を超える。かくてすべてのものから絶対に独在するのである」（同書第五章）

すべてを絶して神の本性を求めたディオニシウスは、彼の組織ある思想においても明らかに否定の神学を説いた。彼は神を理解する二つの道を予想した。ひとつは肯定の神学、ひとつは否定の神学である。

彼は第一の神学によって神のさまざまな流出の姿を見た（ここに彼がプロティノスの思想に育てられたのは言うまでもない）。分化しゆく統一、観念から万象へ移る神の降下、内より外にあふれ出る進展、この神の光の流出を彼は第一の神学に説いた。匿《かく》れた神は今その覆いを解きつつある。われわれは顕れた自然に神の表現を見つめている。雲を破り出る光によってわれわれは太陽を見、照らされた自然を眺める。神の存在の肯定はただこの流出によるのである。われわれがすべて神に向かって肯定する諸相、すなわち絶対、最高、至善の名は表現せられた神を讃える言葉である。これは神への積極的見方である。しかしこれは加えられた反省である。神そのものの示指でないことは自明である。すべて神に関する肯定はいかに美《う》わしい言葉にせよ、神そのものの美には比べ得べくもない。すべての教理教条は宗教の最後の真理とはならぬ。偉大なものは単なひとつの体験に在る。宗教の深さは言葉にもなく理論にもない。神は無限の暗示であって定義ではない。すべての知はしょせん相対であり断定である。「神がいかなるものにもせよ、余は彼をひとつの思想にだに包むまい」と歌ったクラフの意味がここに活きるであろう。肯定の神学よりも否定の神学が神の招きである。

これは神にいっさいの諸性を否定する道である。「物は神の内にあるが、神は物の内にはない」とディオニシウスは書いた。物に名づけ得るすべての諸性に神が宿るのではない。至善と言うも神にはなお貧しい形容である。彼は善悪の区別をすら容れぬからである。否定道とは神の絶対を思想の上に厳密に保持する態度である。神を前に対象とするとき「肯定の神学」が残る。神を内面に味わうとき「否定の神学」が起こる。

すべての知解は相対的理解に過ぎぬ。神の前に理知は盲目である。彼は言い表し得る内容ではない。ここにすべての言葉は否定されねばならぬ。宗教は離言自証である。「すべての知識の停止によって人は不可知の当体に結ばれるのである。何事も知らずしてしかも心を超えてすべてを知るのである」と彼は書いた（神秘神学一ノ三）。何事も知らないとは心に味わうとの意である。

「聖なる無知」とはこの謂《いい》である。「真の意味においてこの非理非想の愚かな知恵にこそ、すべての心想と理念またはすべての知恵と理解とが包まれる」と彼は書いた（聖名七ノ一）。彼は神を「絶対の無」「言わざる言葉」または大胆にも「不合理な心」とさえ呼んだ。古くテルトゥリアヌスは「不条理なるゆえに我信ず」と言った。この驚くべき言葉には微妙な声がささやいている。言葉に余る神、理知の尽きる神、この境を「聖《きよ》い無知」と言い「聖い暗黒」と言うのである。肯定ではなく否定こそ神の親しい理解である。

神から流れ出たすべてのものはその故郷を慕っている。神に帰る心がわれわれの求めである。神の降下によるすべてのものはいつか再び神に上昇せねばならぬ。われわれはヤコブの階段を歩んでいる。帰りゆくこの旅が宗教の旅である。いつかすべてを忘れ神の懐に眠るのである。神に休むとき永遠は静かに降るであろう。神と余とこのときに不二である。名づけ得る何ものの差別もない。強いて名づけてこの境を空と言うのである、暗と言うのである。「ともに感覚と知解とを超えて神秘な無知の暗黒に入らねばならぬ」とはこの意味である。否定とは忘却である。物を去り自己を忘れただ神に活きるのである。これが否定の旅である。神に帰る行いである。

ディオニシウスは巧みな比喩によって否定の道を説いた。「ちょうど石像を刻むように無用の個所を削り、有り余る部分を取り去り、内に匿れた美を光にもたらすのである」。これと同じようにわれわれもすべての障害を棄て去り、内に潜む神を尋ね求めねばならぬ。否定とはすべてを無にして神をありのままに抱くのである。神と不二でありたい要求である。空が神の理解である。すべての秘密はここに尽きる。否定の神学は神秘の神学である。

ディオニシウスに次いでわれわれの前に現れるのはスコトゥス・エリウゲナ Johannes Scotus Eriugena の名である。彼はシャルル禿頭王の朝に生きた人ゆえ時代は九世紀である。彼の誕生の地はアイルランドだと言われている。彼は僧マクシモスを学びオリゲネスを好み勅命によってディオニシウスを訳した。西方にこの書が愛されたのは彼の功績によるのである。彼は中世において活き活きと新プラトン主義を復興した。おそらく神秘なその思索において最大な神学者の一人である栄誉を彼は担っている。ディオニシウスと彼とこれにエックハルトを加えて、この三人はキリスト教が与えた瞑想的神学の三つの基柱である。彼の出現は実際中世においての驚異であった。すべての優れた思索者のように彼は自由と深さと鋭さとにおいて彼の思想を厚く建設した。彼はしばしば邪教徒とさえ呼ばれている。「宿命論」を書いて鮮やかに悪の存在を神の名のもとに否認したとき、教会はこれを禁止し七十七個所の謬見を数えた。種々な論議の後その中に書かれた邪説は遂に百六個所にまで追算された。しかし今日彼をイギリス（アイルランド）が世界に与えた最も深い思索者でないと誰が言い得よう。

主要な著書は「自然の段階」'De Divisione Naturae' と呼ばれている。彼は四つに自然を区分してこれに彼の哲学を説いた。類別の法は独創に満ちている。おそらく最も組織された否定の神学である。第一は能造 'That which creates' にして非所造 'That which is not created' なるもの、第二は所造 That which is created にして能造なるもの、第三は所造にして非能造 That which does not create なるもの、第四は非能造にして且《か》つ非所造なるものこれである。

第一の自然は万象の本質たる神である。いっさいの根底である彼は何ものにも造られず、しかもすべてを造る力である。彼は彼自身から生まれ、しかも万象の根源であり出発である。彼は物の内にはない、物が彼の内にあるのである。彼自身はすべての属性と範疇とを超える。彼は言葉によって表し得べくもない。彼は物の総和でもなくそれに依存するのでもない。彼は何ぞやと問うことはできぬ。彼は何ものでも無いからである。彼はすべてを超えすべての断定を絶する。何ものをも超えるゆえに無 Nihilum である。

しかし彼は動く神である。万象を造りつつある神である。創生は彼の行為である。彼自身は表現の力である。彼はたえまなく創造する。統一は分化の予想である。一なる神は多の世界を産む。無は有の母である。世界は彼の Theophany である。事物は神の母体から出る。それは神の意志の抑え得ない表現である。神が在るとは神が造るという意である。否、創造と神とは分かち得ない。「この宇宙を造らない前に神は存在しなかった」と彼は書いた。一はただちに多である。総合は分析を含む。神は造られずしかも造るというのはこの意味である。

神に対する知的理解はすべて造られたものによるわれわれの断定である。われわれは宇宙を顧みて彼の仕事の美と知恵とを想う。賢い彼を想うのは表現された多種の世界を感じるからである。しかし彼に認めるさまざまな属性は字義にとどまると知らねばならぬ。彼に感じるすべての観念すべての性質はわれわれの反省の所産である。動く彼、現れた彼によってはじめてわれわれは彼が何ものであるかを言うのである。しかしこれは彼そのものの理解ではない。人は神を神それ自身において知ることができぬ。彼はただ彼の創造において知られるのである。彼に関するすべての知解は外よりのみ許されている。言葉は畢竟形骸に終わる。神への肯定は常に相対である。必然否定の神学が神に関するより真実な知識である。

第二はすでに造られしかも何ものかを造る自然を指すのである。これは観念の世界である。万象を形作る原理である。この自然は神の意志の表現である。われわれはここに神の思想を読み神の配慮を感じる。万象においてひとつとして彼の画策を見ない個所はない。われわれが見われわれが触れ得る世界の精髄はこの神聖な摂理である。われわれは実に考えつつある神を感じることができる。エリウゲナの言葉によれば「神は事物が在るゆえに彼らを考えたのではない。神が彼らを考えしゆえに事物が在るのである」。神は世界を彼自身の観念から造った。「道《ことば》こそすべての事物の本性である」。「思想と行為とは神において同一である。彼は働くことによって見、見ることによって働くのである」。彼が思うゆえにわれわれが在るのである。人間は神に象《かたど》られて造られたと聖書は書いた。「人の聖い霊がある至るところに必ず神の示現がある」とエリウゲナは信じた。

神の永遠は無に発するゆえである。観念の永遠は神に発するゆえである。摂理は神の流出である。ここに神が彼自身をすべてに贈るのである。世界は神の観念である。しかもこの観念によって感覚の世界が支持されるのである。第二の自然が神による所造でありしかも物質を能造するというのはこの意味である。物象は観念の所産である。これが第二の自然から第三の自然に推移する過程である。

第三の自然は感覚によって認め得る物体の世界を言う。これは所造にして非能造の自然である。実在の形骸であり仮象である。常住ではなく無常の世界である。変化と動揺との有限界である。時間と空間とに包まれた宿命の現象である。永遠が時間の上に表現されたものが物質である。したがってそれ自身は実在ではない。物質は非物質者の仮現である、その有限な姿である。すべての物貿はそれ自身に独立な存在ではない。より優れた自然を内に暗示する。もし彼らから非物質的な動因を除去したらそれは何らの意味をすら保つまい。観念を抽象した物質とはあり得ない内容である。ある物とはその内面の意味による事物との意である。彼らは考えられた物質である。神の心慮を受けずして在り得る物質ではない。かかるものはそれ自身背理である。創造はひとり神意による創造である。物質を物質とのみ理解するとき、われわれはそこに神を見ることはできぬ。また真の物質をも見ることはできぬ。

真の物質の理解は科学ではない、神学である。しかし人々は神による物質の理解を求めていない。かえって存在の観念を物質に得てこれを神にあてはめている。しかし存在は神に依存するのであって、神が存在に依存するのではない。存在という観念は神の理解としては貧弱である。存在は単に非存在の対辞に過ぎぬ。神の存在の立証は栄誉ある問題ではない。神有りとはなお浅い言葉である。有は所造に過ぎぬ。われわれは未だ造られない「無」の当体を認めねばならぬ。

自然は階段を歩む。感覚の自然から観念の自然に昇り、観念の原形から第一の神へ帰る。神とは己自身に原因しまた万物の原因である。非所造にして能造である。多を含むひとつである。分化を意味する統一である。人々はこれを最後の神と認めている。しかしエリウゲナは人々の予想を破ってさらに究竟のものに考え及んだ。彼は鋭く神それ自身をそのままに捕えようとした。捕え得た神を彼は第四の自然としてわれわれに説いた。非所造にしてしかも非能造なるすべての否定に彼は最後の真諦をつきつめたのである。思索者としての彼の深さはこの思想に集まる。

彼は動く神を想い浮かべた。統一をその分化の姿に認めた。彼は創造し思想する神に活ける俤《おもかげ》を見つめた。しかし彼は今動かず動かされない神を内に感じたのである。彼の思索は永遠な静けさに達し得たのである。未だ発しない未だ何事にも分かれない神そのものに接し得たのである。一と言い多と言うも畢竟われわれの思惟の分析に過ぎぬ。真の一の理解は一と多との未分にあらねばならぬ。一とすら言い得ぬ一であらねばならぬ。神が造ると言うときすでに神は限られた神である。神は無為であるところこそ言わねばならぬ。神に対するどの肯定もただ神をひとつの性質に導くに過ぎぬ。真に自由なものは名目を容れぬ。彼に関する否定はことごとく真理である。彼はいっさいの言詮を絶するからである。「否々」とよりほかに言い得べきではない。強いて言い得るなら無名である。空である。彼は造りもせず造られもしない。彼は永遠の寂静である、沈黙である。いっさいを否定し否定をも否定し去ったのが神の面目である。「存在しないものは存在するものに優る」とエリウゲナは鋭く言った。

すべては神から流れ出るが、すべては神に復帰《かえ》るのである。神に休らうときが最後の帰趣である。運命の祝福はこの休止の内に横たえられる。このとき神と余との区分すらないであろう。これが純な「一」の経験である。純にひとつなるゆえに名づけ得る何ものもない。いっさいは無である。否定とは実に神との直接な交合という意である。静慮はこの法悦である。このとき実に余が在るのではない、神が在るのでもない。二者不二であって言い得る言葉を持たぬ。宗教的経験は未分の経験である。否定の体認である。

神の思想になお創造の念を交えるのは思索としては不純である。永遠を時間の上に移すのは不正である。神は時間によって理解することはできぬ。永遠は永遠の現在にある。無限の過去と未来とにはない。神は未分である、未発である。すべての定義は分析に過ぎぬ。神は神にして充全である。神とは説明を要しない神である。実に何ものでもなく何事をも為さない。為さないゆえにすべては為されるのである。黙するゆえにすべては語られてある。

この章の始めに読んだクラフの歌はこの章の終わりにも読まれねばならぬ。

二　神性の「無」

余は尋ねる。「貴僧《あなた》はどこから来られましたか」
僧は答える。「どこからも来たのではありませぬ」
余「貴僧はいかなる方ですか」
僧「衲僧《わたくし》は何者でもありませぬ」
余「何かを望まれるのですか」
僧「何ものをも望みませぬ」
余「御名を何と言われますか」
僧「人々は私を無名の荒野と呼んでおります」
余「貴僧はそもどこから来られどこへ帰られようとなさるのですか」
僧「限りない自由が私の住家です」
余「それはいかなる意味でしょうか」
僧「分別なく前後なき境に住むの意です。永遠の無に住んで身自ら無となった人は何の分別をすら知りませぬ」

（ズーゾー）

十四世紀の半ば頃ある夏の日ドイツの片田舎でこのような会話があった。彼はドミニコ会の修道僧である。深く「無」の密意を知って不助の真理を身に味わった美しさが察せられる。かかる僧は皆遠く山を越えて主の福音を伝えるためにこの世に集った「神の友」Die Gottesfreunde であった。ただ彼らのゆえに十四世紀は宗教の花が咲き乱れた時代として今も人の心を引きつけている。

なかでも師エックハルト Meister Heinrich Eckhart (1260-1329) は彼の瞑想の深さによってキリスト教史に鮮やかな一章を添えた。彼の心からほとばしり出たのはただの言葉ではない、皆心を言い破る鋭い箴言であった。彼の恵智は人々の驚愕に驚愕を積んだ。彼とともにいつも追憶されるのはその法裔であったタウラー Johannes Tauler (c.1300-61) とズーゾー Heinricus Suso (c.1300-65) である。タウラーは彼の残した深い静かな説教によって、ズーゾーは詩情に燃えた自叙伝によって彼らの内なる経験を記した。その頃これらの永遠な中世紀の文学になおひとつの数を添えたのは著者の名を失した「ドイツ神学」Theologia Germanica である。「聖書と聖アウグスティヌスとを除いては」この書ほど余を動かしたものはないとルターは言った。彼らは皆互いを知り互いに集って「神の友の協会」を生んだ。稀有なフランドルの人リュースブルク Jan Van Ruysbroeck (1293-1381) もその神秘な思想においてこの一群の一人として回顧される。

師エックハルトが教壇に立った時代はダンテが神曲を綴《つづ》った頃である。ダンテがイタリアの文学を創ったように、ドイツの神学を生んだのは彼であった。彼は共同の思索の祖である栄誉を受ける。彼は新プラトン主義の光をスコラ哲学の最後に灯した。その思想において彼は近くアクイノのトマスを継ぎ、遠くディオニシウス及びエリウゲナの衣鉢を伝えた。しかも彼は彼自身の天才と熱情とによって一代の宗風を起こした。「神は何事をも彼に匿さなかった」とさえ人々は言った。その頃の修道院の歌に「無をぞ彼は語る、彼を知ら得ざるものに光は輝かじ」とまで言われた。彼が受けた晩年の誹謗は今日から見れば彼の思想がいよいよ冴えた証であった。法王によって二十八個の邪説を数えられた彼の文集は彼の死後にのみ出版された。彼はいわゆる「考えるべき以上のことを考えたエックハルト」であった。法王から封じられたその邪説の中に次のような例がある（おそらく次の言葉に今日もなお苦しむ人があるであろう）。

「神は無名である。誰も神についてひと言すら言いまた知ることはできぬ。よし余が神を善であると言ってもそれは真理とはならぬ。否、余は善であるが神は善ではない。おそらく余は神よりもより善であると言い得るであろう。何となれば善はより善きものに、より善きものは最善なものになり得るからである。さて神が善でないとは彼がより善きものになり得ず、かくてまた最善なものにもなり得ないからである。何となれば神は善、より善、最善などこれらの三つのものを遠く超えるからである。もしまた神を賢なりと言ってもそれは真理ではない。余は彼よりも賢いのである。もしまた神を有なりと言ってもそれは真理ではない。彼は有を超越した至上の無である。この点に関して聖アウグスティヌスも神についてわれわれが言い得る最上のことは彼についてて沈黙することであると言った。ゆえに黙して彼については思惑すべきでない。何となれば神について思惑するとき偽りを重ね罪を犯すからである。汝は神についていささかをも知ることはできぬ。彼は実にいっさいの知解を超絶する。ある師は告げている、もしも余が理解し得る神を持ち得るなら、余は彼を神とは認めまい」と。

認め得るのは無の当体のみである。有としての神は思索が許し得る最後の神ではない。至上の要求は神の観念になお不足である。無き神の認識こそ真の神の理解であろう。エックハルトはかかる絶慮の当体を神性 Gottheit と名づけた。人々が犯し得ないと長く信じていた神 Gott の意をすら彼は破ったのである。彼において肯定の神は否定の神性にその至上の位置を譲った。これは多くの人々にとって驚きでありまた許し得ない侮辱であった。しかし休み得ない彼の思索が伝習を破って至上の観念に改造を迫ったのである。彼は有の念を否定し人格の性をそこから駆逐した。これらは反省が産む二次の追加であると彼はみなした。求めたのはすべてを洗い去った純一者である。必然神の観念を尽くしてさらに新たなものを甦えらさねばならぬ。これは神を瀆《けが》すがための仕事ではない、神の意をさらに深めたいのが抑え得ない求めである。

有が純に尽くされるときおのずから無に帰る、有無を絶したその無である。ここにすべての知解は尽きる。尽きるときが宗教の誕生である。無住に住するのが神に活きる真の意である。否定において人と神とはひとつに交わる。否定の真意が忘れられた今日、彼及び彼の友はいっそう回顧されねばならぬ思想家であると余は信じる。

いつも神秘道は神の認識について次の四つの信念に活きる。第一は無としての神性、第二は有としての神。第三は神の示現としての人の霊、第四は神と人との直接な融合、すなわち神性への復帰である。真諦としての否定が最も鋭く説かれるのは第一の思想においてである。行為としての否定が最も鮮やかに活きるのは第四の場合である。

無とは有の対辞ではない、有無未分の意である。無は未発である。未だ何ものも住まない境を言うのである。無としての神性を言うとき、エリウゲナのいわゆる「造りもせず造られもしない自然」に想い至らねばならぬ。エックハルトもこれを未成自然 Unnatured Nature とみなした。神性とはこの未成のすがたを言う。すべてを包みすべてを未だ発しない「一切を含む無」である。不言の言である。無音の音である。未だ開かない花、未だあふれない泉の美である（禅家がよく「仏未だ出世せざる時如何、曰く毫を絶し厘を絶す」。「達磨未だ来らざる時如何、曰く清貧長く楽しむ」。「蓮華未だ水を出でざる時如何、師曰く蓮華」。これらの問いはただちに未分の境を求める同じ心であろう）。アブラハムが未だ世に出ないときに宗教の光がゆらぐ。何ものもなく音なく静かなときが祈りのときである。そのとき人と神とが直下に交わる。交わりは結合である。結合は一である。そこには何らの数がない。神性とはこの未分を直指する。否、分未分の区分すら許さぬその未分である。絶対なるものには差別がない。否、そこには差別の観念すら未だ生まれていない。許し得る神の真の認識はこの未生の体認にある。神を善と言い有と言うも既生の差別に過ぎぬ。すべて「造られた」ものによる批判である。相対比較を持つすべての字句は神性の名を汚すに過ぎぬ。未だ「造らず造られない」神性において有と無とは同一である。善と悪とは不二である。否、かかる区別の言葉すら未だないのである。神性はありのままである。自然さの極みである。無心である。

彼には呼び得べき名目がない。また加え得る知識がない。ゆえに無名である。無そのものである。沈黙それ自身である。彼は音なく「眠り」静かに横たわっている。彼は不可知の暗黒である。犯し得ない静穏である、休止である。彼は茫々として限りない「荒野」である。すでに何ものも尽きはてた「空耗」である。われわれは否定としてのみ僅かに彼を示唆し得るに過ぎぬ。彼を肯定する言葉は彼を限る愚かさに終わる。ただ言い得ずして僅かに言い得る言葉は次のような例である。これらはすべての「神の友」が愛し用いた字句である。無 Nothing、無名 Nameless、暗黒 Darkness、砂漠 Desert、空耗 Waste、無底淵 Abyss、荒野 Wilderness、空洞 Emptiness、静止 Rest、または怠惰 Idleness、昏睡 Dormancy、無知 Ignorance、死 Death 等。しかもその真意は彼らがしばしば言ったように「輝く暗黒」、「静かなる砂漠または荒野」、「聖なる無知」、「動く静止」である。われわれはむしろ彼らの用いた否定的表現の多様と豊かさに驚くであろう。余はさらに否定の教えを彼らの残した著作から引用しようと思う。多くの人々はかつて知らないキリスト教の真理をここにも見出すであろう。

エックハルトは言う。

「神性の内においてすべてはひとつである。ゆえにわれわれは何事をも言うことはできぬ。それはすべての名を超え性を超える。神は動く、しかし神性は動かぬ。この動不動にこそ彼らの区別がある。いっさいの事物の帰趣はこの永遠な神性の匿れた暗黒にある。彼は不可知であって決して知見され得べきではない」

「神は彼自身において不可知である。永遠の光なる父はただ暗き内にのみ輝く」

「聖なる本性は静止である。神性は彼自身に休みまたすべてのものを彼の内に休ましめる」

「彼は是に非ずまた彼に非ず、ひとつにしてすべてを超える」

「彼は成生なき成生、変化なき変化」

「もしも人が内なる仕事を果たそうとするなら、彼はすべてを忘却し不識の境に入らねばならぬ。彼は静穏と沈黙との裡《うち》にこそ声を聞かねばならぬ。何人《なんぴと》もこの静穏と沈黙とより、より優れた言葉に近づくことはできぬ。それはただ全《まった》き無知の裡にのみ聞かれ知らるるのである。何事をも知らないときすべてが打ち開かれ示現される。かくてわれわれは聖なる無知を味わい、かかる無知が至上の智によって高められ飾られるのを知るであろう。かくわれわれが純に受動であるとき、働く場合よりもいっそう完全である」

「ドイツ神学」も言う。

「全きものは一本体である。彼自身また彼自身の実在に万物を包含し含有する。全からざるものは理解され知られまた表現されることができる。しかし全きものは被造物によって被造物として理解され知られまた表現されることはできぬ。ゆえに我らは全きものに名を与えることがない。彼はそのいずれにてもないからである」

「神の本性は是にもなく彼にもなく、自己なく私なく同格なく同類がない」

タウラーは説いて言う。

「この聖なる根源に見出される大きな空耗には相なく形なく態がない。それは此処にもなくまた彼処にもない。彼は自ら浮かぶ測り得ない無底淵の如くである」

「この根源はすべての思想が入り得ないほど空耗であり虚空である。……彼は非常に近く且つ遠く、時間もなく空間もなくいっさいを超えるのである。それは純一不変の自体である」

「人々はひとつの言葉すらない静かな寂莫の内に聖い性質を認めねばならぬ。すべてのものはそこにおいて静かに神秘にまた淋しげである。そこには何者もなくただ神のみが鮮やかにある。いかなる事物も影像もまた空想すらそこには入り得ない。この荒野について主は預言者ホセアの口をしてかく言わしめている。『我は彼を誘いて荒野に導き彼の心に語りなむ』と。この荒野は神聖の静かな砂漠である。彼は永《とこし》えに神の啓示を受けたものをこの内に導くのである。人々は無知と空しい心とをもってこの静かな活ける神性の荒野に入らねばならぬ。……この聖なる暗黒を見つめよ、それは人々の知解に余るあふれる光による暗さである」

「人はすべての光を奪う彼自身の深い暗黒に入らねばならぬ。この聖なる暗黒の無底淵をのみ認めすべての事物を忘れねばならぬ。この不可知にして名づけ難い無底淵こそ救済である」

同じ「神の友」であったズーゾーも次のように書いた。

「神は『いずこ』ということを持たぬ。彼はすべてにあるすべてである。……この純な赤裸々な単一にある神に汝の眼を注がねばならぬ。かくて是または彼というがごとき一部のものに意を留めてはならぬ」

「この聖なる暗黒こそはすべての光の中の光である」

「人は内なる眼を開いてこの裸々とした至純をこそ見つめねばならぬ。かかる人はただちにそれが何ものよりも来《きた》らず、前なく後なくまた内外より変化を受けず、ただ至純な存在であることを気づくであろう」

リュースブルクの言葉にも、

「人は無道と暗黒との裡に自己を没さねばならぬ。静慮に生きるすべての者はこの法悦のうちに彷徨って被造物のうちに己を見出すことは決してない。この暗黒の無底淵において愛する霊は自己に死し、ここに神と永生とが示現される。この暗黒にこそ不可知な光が輝き生まれてくる」

同じ時代にイギリスにいたハンポールの隠者リチャード・ロール Richard Rolle も「この荒野において恋人は恋人の心に語る」と書いた。

これらは余が感じて深い否定の言葉とみなす例である。思惟の要求は有としての相にとどまり得ない。追求は神の否定にまで及ぶのである。尋ねられたものを彼らは神性と名づけた。これを暗示したさまざまな表現はことごとく否定の象徴である。差別を絶して未分のうちに神性を認めるものが必然に選んだ経路である。しかし否定はもとより肯定の対辞ではない、自律な否定のみ許し得る絶対な否定である。対辞を許さぬ否定、規範的否定、Sollen としての否定、これのみが神性の姿を僅かに写すのである。

しかし彼らは在来の神の観念からすべての意味を捨てたのではない。彼らは不動としての神性に次いで、動としての神をも説くことを求めた。ここに有としての神に関する彼らの思想が起こる。

神があるとは神が己自身を自覚するという意である。このとき静かな神性が動く神として示現される。われわれはここに彼に人格の力を感じている。神とは己自身を表現する神である。これは一が多に破れ出るのである。有が無から造られるのである。これをエックハルトは「神の子の誕生」とみなした。神はたえまなく永遠の相においてその子を産みつつある。ここに主と客との位置、すなわち父と子との成生がある。ちょうどエリウゲナが彼のいわゆる第一自然に説いた「造られず造る」神である。能造の自然 Natured Nature である。神は己自身を自覚することによって観念の世界を産む。ここに統一から分化への推移がある。未分から差別への表現がある。神はたえまなく己自身を外にふり注ぐのである。ちょうど湧き上がる泉のように彼の流れにすべてを潤すのである。ここに彼の意志が動きここに彼の摂理が基づく。神性は「言わざる言葉」であるが、神は「言われた言葉」である。「太初にことばあり、ことばは神とともにあり、ことばはすなわち神なり」とヨハネは伝えた。ことばとは自覚された神である。自らに反省する彼である。ことばによって万象は画策され創造される。「神光あれと言いければ光ありき」と記されてある。ことばは表現である。創造である。まさに造ろうとする神である。

　神において考うとは行うの意である。彼は休みなく自らを実現する。世界は彼の思想から生まれたのである。この世のものはかつて神によって考えられたものとの意である。彼の配慮は六合《りくごう》に浸透する。すべては彼の自覚による発現である。この事実がいっさいの神秘な思索者に次の信念を迫っている。すなわち神の直接な示現としての我らの霊についてである。

　余の霊は神によって考えられた霊である。余の存在は純に神の存在に出発する。余が想うゆえに彼があるのではない、神想うゆえに余があるのである。この霊には神の血脈が流れつつある。余の心臓の第一の鼓動は神によって打たれたのである。霊の素因はただちに神である。そこに潜むこの聖い本性をエックハルトは「小さき火花」Fünklein と呼んだ。「内なる核」、「霊の眼」、「霊の素」、「霊の微光」とは皆名づけ得ないこの聖い性に名づけられた種々の名であった。彼らは神人の同性を信じた。「神の根底と霊の根底とは一質である」。「ここに神の第一存在はまた余の第一存在である。また余の第一存在は神の第一存在である。ここに余は余の個性を離れて彼に住み、彼は彼の個性を離れて余の裡に住む」とエックハルトは書いた。

　もしこの聖い本性が霊に潜まないなら、どうしてわれわれは神の手に触れ得るであろう。花の美は種子がその美を宿するからである。この霊にこそ神と人との融合を果たす素因がある。しかもすべての障壁を破って神との直接な交通がただこのゆえに可能である。神は己自らのために人を造ったのである。ちょうど日向葵《ひまわり》が自ら日光を慕うように人は生まれながら神を慕うのである。

太陽を見得るのは太陽の光によってである。神を見得るのも霊に輝く神の「火花」によるのである。これは神が神を求めるのである。われわれは神の意識の中に流れている。神を想うのと神が想うのとは同一である。われわれはただ神の御心のままに神を見るのである。神と余とをつなぐ線は円である。人生の旅程はこの円周の上にある。いずこを向くも神の故郷に帰るのである。人はつねに法円の上を歩む。エックハルトは鋭い幾つかの言葉を残した。

「神と余とは彼を見る刹那においてひとつである」

「余が神を見る眼は神が余を見る眼である」

「神の眼と余の眼とは同じ眼であり同じ視力であり同じ知であり同じ愛である」

「余の霊には神のすべてを抱く力が宿る。余は神よりもより近いものが余の傍にないことを確信する。神は余が余におけるよりもさらに余に近い。余の存在はこの神の近接と現存との上に安定される」

神は人に飢え人は神に飢える。あふれ出る霊の叫びは神が神を呼ぶ叫びである。すべての宗教は人と神との直下の融合に帰る。この契機にのみ生命の祝福がある。活きるとは神に呼ばれるとの意である。心に燃え上がる余の要求は神が余に迫る喚求である。神が招くのと余が求めるのとは相結ばれている。余が戸を叩く音は神が答える声である。余が神に昇るその刹那は神が余に降るその刹那である。余が花を見るのは花が余を見るからであろう。エックハルトも言ったように

「余が心を開くのと神が心に入るのとは同時である」。「神は余を彼に惹きつけるのに急いでいる」とも彼は書いた。

また彼が言ったように「誰も神ほど人を神の知識に近づけようと熱心に求めてはいない。神はつねに準備しているが準備しないのはわれわれである。神はわれわれの真近くに在るが神から離れているのはわれわれである。神は内にあるがわれわれは外にある。神は親しくしているがわれわれは疎くしている」。しかし神は刻々に迫ってくる。心は彼の追求から逃れることはできぬ。いかに罪業によって人が神を離れても、彼がわれわれに迫る速度には及び得ない。トムソン Francis Thompson が彼の "The Hound of Heaven" に歌ったように神は「畏るべき恋人」Tremendous Lover である。彼は休むことなく余を愛する。余は彼の愛を断つことはできぬ。「彼から脱《のが》れようとする者はただ彼の胸に近づくに過ぎぬ。何となればすべての方向はただ彼に向いているからである」

道は神の画《えが》く法円を回るのである。人生の旅路はおのずから彼に帰ってゆく。「彼から生まれた余はまた彼に生まれねばならぬ」とエックハルトは説いた。「神のものは神に返さればならぬ」。神が人の霊に憩うように人も神の心に憩わねばならぬ。すべての路《みち》が首府に集まるように、霊の道はすべて神に向かって注いでいる。人はいずれの道を選ぶも神はその道を彼自身に導くのである。聖アウグスティヌスの祈りに言う、「主よ。御身は御身のために余を造りたもうたのである。ゆえに御身をおいてどこにも憩うべき箇所はありませぬ」。

純に神の意志は果たされねばならぬ。余は余の生命を神の生命に浸さねばならぬ。余が活きずただ神のみを余の裡に活かさねばならぬ。否、純に活き得るものは神をおいてほかにはない。「我ありと真に言い得るのはただ神のみである」とエックハルトは叫んだ。この離れた自我は神の内に寂滅されねばならぬ。余が無為であるとき神の為が現ずるのである。余が余を忘れるとき余は神を覚えるであろう。余は余に死なねばならぬ。この死こそは神においての生である。余及び余のものがあるとき、余は神を失うのである。余が静なるとき、神は余の内に忙しいのである。余を空しくするとき神は余を充たすのである。余がすべてを離れるとき神が余に近づくのである。フランチェスコが讃えた聖貧とは神においての富有である。すべての私有を絶するとき余は神を所有し、神は余を所有する。余が何事をも知らないとき、余は神を知るのである。「汝の無知は欠如ではなく至上の完全である。汝の無為こそ汝の至上の動作である」とエックハルトは言った。余が何事をも欲しないとき、神は余のためにすべてを欲している。「神をすら欲するな」とエックハルトは鋭く言った。「完全な霊は神の欲する以外のことを欲し得ぬ。これは奴隷ではない、これこそ真の自由である」と彼は告げた。

再び彼はわれわれの心を貫いて言う。

「もしも霊が神を知ろうとするなら、霊自身を忘れまたそれを捨てねばならぬ。それ自身を想い煩うあいだ静かに神を想うことはできぬ」

「余は言う、神が余になり余は神にならねばならぬ。ここに彼と余とは合してひとつの存在に移る。この存在においてひとつの仕事が永遠に営まれるのである」

「汝は汝の『汝』を滅し、彼の『彼』に融けゆかねばならぬ。汝の言う『汝のもの』は彼の言う『余のもの』にならねばならぬ」

「彼は即如としてすなわち非神、非霊、非人、非相として愛されねばならぬ。彼は純にすべての二元を離れた清明な統一である。この一の内に深く沈んで永遠に無から無に進まねばならぬ」

「神と汝とのあいだに何ものをもおいてはならぬ」

「この結合の福祉を得るときすべてのものは余の裡にありまた神の裡にある。余があるところには神があり、神があるところには余があるのである」

タウラーもこの融合のときを次のような否定に述べた。

「われわれはすべてに死しただ神のみに生きねばならぬ。つねに自己に死するものは神に活きるのである。すべての被造物の真の死に最も美しい最も自然な生命が匿《かく》れている。心にすべての被造物を滅しまたそれを断たねばならぬ。このときほど永生を捕らえ得るさらに自然なまた真実な道はあり得ない」

リュースブルクも同じように、「この人生を理解しようと思うものは彼自身に死しかくて神に活きねばならぬ」と言った。

僅かゲルリッツの靴屋でありしかも霊の王皇であったヤコブ・ベーメ Jacob Böhme も「キリス

トへの道」と題した小さな本に次のような会話を書いた。

学徒は尋ねる。「神を見彼の言葉を聞き得る超感覚的生命にいかにして入り得るでしょうか」

師は答える。「すべての被造物が未だ住まない境に一時たりともあなた自身を没し得たら、そのときあなたは神が語るのを聞き得るでしょう」

徒、「それは真近くにあるでしょうか、また遠いでしょうか」

師、「それはあなたの裡にある。もしあなたが暫くのあいだでもあなたの思想と意志とを絶し得たら、必ずやあなたは神の不言の言を聞くでしょう」

徒、「思想と意志とを失ってどうしてそれを聞き得るのですか」

師、「あなた自身の思想と意志とを失うときにこそ、永遠の声と姿と言葉とがあなたに現れるのです。ここに神があなたを通して見また聞くのです。あなた自身の聴力や意志や視力があなたを妨げて神を見得ずまた聞き得ないのです」

徒、「神は自然と被造物とを超越するのにどうして彼を聞きまた見得られるのですか」

師、「あなたが静かにしまた黙するとき、未だ自然と被造物とを造らないときの神に活き得るのです。その状態から神が自然としてまた被造物としてあなたを造ったのです」

徒、「自然のうちにある私がどうしたら自然を経、しかも自然を破ることなく超感覚的根源に達し得るでしょうか」

師、「ここに三つのことが必要になります。第一は神にあなたの意志を捧げ尽くし、彼の恵みの源にあなた自身を沈めねばなりません。第二にあなた自身の意志を嫌い、あなたの意志が導くことを為してはなりません。第三にあなた自身を十字架のもとに従え、かくて自然と被造物との誘惑に堪え得るようにせねばなりません。もしあなたがこのことを行うなら、神はあなたに語り、あなたの捧げた意志を彼のもとにすなわち超自然的根源に導くでしょう。かかるときこそあなたは主があなたの内に語るのを聞き得るのです」

徒、「しかしかくするとき私はこの世とこの生命とをともに棄てねばなりませぬ」

師、「この世を棄てるとき、あなたはこの世が造られたそのところに来るのです。あなたが生命を失いあなた自身の力が消え去るとき、神のためにそれを棄てたその神に、あなたの生命を見出すのです。その神からこそ生命は形作られてきたのです」

これらは静かに反省され心に読まれねばならぬ深い答えであろう。

三　聖暗

十七世紀の古英宗教詩人ヴォーン Henry Vaughan が夜を歌った詩の中に、

'There is in God (some say)

A deep, but dazzling darkness; as men here
Say it is late and dusky, because they
See not all clear;
O for that night! Where I in him
Might live invisible and dim.'

これは夜イエスを訪れたニコデモを思い浮かべて歌ったのである（ヨハネ第三ノ一）。ここには夜こそ神が心を訪ねるときである、暗い夜こそ輝きあふれた夜であるとの密意がある。ブレイクが同じ神秘を歌った詩に、

'God appears, and God is light,
To those poor souls who dwell in Night;
But does a Human Form display
To those who dwell in realms of Day.'

これは神が光であるというよりも、日の光には人、夜の光には神があるとの意である。すべて暗夜を輝く神の姿であると歌うのである。

否定によって神を尋ねたディオニシウスは、かつて捕らえ得た神の面目を暗黒 Darkness と呼んだ。老子が「玄之又玄」または「襲明」と言った心と同じである。この驚くべき瞑想が永く時代を貫いていわゆる神秘道をキリスト教に開いたのである。人々はかかる否定の言葉を怪しみ訝《いぶか》るであろう。しかしこれはキリスト教が与えた最も深い教えのひとつだと言わねばならぬ。「百非を絶し」て後得たこの言葉がもとより単な光明の否定であるいわれがない。言い得べくば自律な暗黒である、すべてなる暗黒である。反律を許さない内容である。すべての反律が摂取された否定である。彼自身も言う。「かかる非認は肯定の対辞ではない。神はいっさいの言義を遙かに超え、肯定をも否定をもともに絶するのである」。暗黒とはその至上な意味においてただちに輝く暗黒との意である。輝きあふれるゆえの暗黒である。眩しさの暗さである。暗即光の真意を否定によって言い表したのが「聖暗」である。有無不二を空と言ったのと同じである。彼の祈りに言う、

「願わくは神秘に充ちた神託の頂に導き給え。そこは最も不可知にして且つ明晰且つ幽遠である。純一清浄にして不変なる神学の諸々の秘密はこの光よりも目眩い暗黒の裡に示現される。この寂静の裡にこそすべての秘事は包まれている。この暗黒は光よりも鋭く輝き、見えずまた触れ得ざるもその不可思議な美の荘厳は眼なき霊を照り輝かして止まないのである」「この神の聖なる頂に達するとき能見と所見とに煩うことなく、神秘な無知の暗黒に入るのである。そこにおいては一切の知解は根絶され触るべからず見るべからざる境に住むのである。このときいっさい

を超越する神の裡に没入し、自己なく他人なく、すべては不可知なる彼に結合される。すべての理知を離れるがゆえに、かえってすべての知解を超える彼を知見し得るのである」（神秘神学第一章）。

「我らは最も輝くこの暗黒に住まわんと希う。不見不知によって、知見を超える当体を知見し得たいのである。知見によって彼は知見し得べくもないのである」（同書第二章）

「神聖な暗黒は不可得の光明であり、神の住所である。彼は神異の光を夥《おびただ》しく注ぐがために、眼には見得べくもないのである。不見不知によって神を知見し得る者は、遂に知見を超え、神が感覚及び理知の世界を超絶せることを認め得るのである」［ドロテウスに与えし手紙］（以上 Sharp の新訳による）。

すべての色は黒において一様である。深い暗は曙《あけぼの》を告げるのである。暗さが明るさである。暗黒にこそ神が包まれている。「御身は匿れた神である」と聖書は記した。イエスは暗い夜にほしいままに祈った。暗黒は何ものの色にも犯されないただ純なひとつの色彩である。純一において人は神と交わるのである。暗黒はすべてのものの区別を許さない。人と神とのあいだに何ものの介在をも許さない。暗黒においてすべては不二である。すべては逢うのである。眩しい暗とはこの意味である。無がただちに有であるとはこの心である。ヒルトンもこれを「よき暗さ」と言いゾイゼも「輝く暗さ」と呼んだ。「暗黒」はキリスト教が与えた否定的思想の深いひとつである。

およそ十四世紀の頃ある庵僧が書いたものに「不知の雲」"The Cloud of Unknowing"と題した本がある。その世紀は神秘文学の黄金時代であった。この書もその時代を深めた霊の本である。そのほか彼はいくつかの小篇の著者であるが、今は惜しいことに名を失って何事も知る由がない。

彼は彼の味わった宗教の心を雲の象徴に説いた。日を覆う雲、暗く包む雲が彼には深い神秘を語った。これは宗教が否定の象徴に説かれたひとつの疑いもない例である。人はこの不可思議な象徴が何を語るかを彼の言葉に聞かねばならぬ。

「汝の智恵または意志を絶しただ神のうちにのみ活きねばならぬ。……かくするとき汝はまず暗黒に触れるであろう。さながらそれが不知の雲であるように汝は何事をもそれについて知ることはできぬ。ただただ神へ向かう汝の意志が赤裸々な熱情であるのを感じるであろう。この暗黒すなわちこの雲は汝と神とのあいだにわだかまるのである。かくて理知の光によって彼を知ることをも許さずまた汝の性情の愛によって彼を感ずることをも許さぬのである」（第三章）

「余が暗黒と言うとき、それは知解の欠如を指すのである。……ゆえに余はそれを汝と神とのあいだにある空の雲と言わずして不知の雲と呼ぶのである」（第三章）

「人は神について何事をも考えることはできぬ。ゆえに余は余が考え得るすべてのことをおいて、ただ考え得ないものに余の愛を注がねばならぬ。神は愛され得るが思考され得ることはでき

ぬ。愛によってこそ彼は得られ所有される。しかし思考によっては決してかくされ得ないのである」（第六章）

また彼は書いた。「愛はこの世において神に達し得るが知識は達し得ないのである」（第八章）と。

「此住と有とを無住と無とに比べねばならぬ。よし汝の慧智がこの無について思惟し得ないともそれを顧慮してはならぬ。余は実にかかることをより愛するのである。思惟し得ない何事かはそれ自身に価値がある。この無は知見されるよりも内感されねばならぬ。ゆえ如何となればそれは人々にとって完《まった》き隠蔽であり暗黒であるからである」（第六十八章）

神はすべての知解を超える。知は無上のものを知ることはできぬ。知は差別に終わるが神は未分である。知にとっては神に加えるべき刃がない。知は神の前に盲目である。神は「不知の雲」に包まれている。この暗い雲にこそ活きた神が宿るのである。雲は知を奪うが神をそこに包むのである。そこに理知の刃は折れ熱情の風が漲《みなぎ》るのである。思惟し得ない世界こそ神秘の美にゆらぐのである。考え得ないとは愛にあふれるからである。人はなぜ愛するかを問うであろうか。恋は説明を否む。信は知ではない。人はなぜ神を信ずるかを言い破ることはできぬ。言い得るなら余はそれを神とは認めない。神は離言自証である。絶言絶慮である。解はすべての否定である。「暗黒」でありまた「不知の雲」である。この「静かな雲こそ汝の鏡である」。

マリアが音なく静かに何事をも為さなかったときイエスは「汝なくて叶うまじく一事を選ん

だ」と告げた。忙しく働くマルタにはただ過ぎゆく世の出来事を見た。著者はこの物語を好み語った。黙するとき彼のために神は忙しいのである。人が自ら忙しくするとき神は彼を離れるのである。動作は時間と始終するが、静慮は永遠と交わるのである。自らを空しくするとき神は彼を充たすのである。すべての事物を離れるとは神に近づくとの意である。彼は「不知の雲」とともに「忘却の雲」"The Cloud of Forgetting"をも説いた。

「すべて造られた事物と汝とのあいだに忘却の雲を持たない限り、汝は神を遠く離れるのである」「あらゆる被造物及び彼らのいっさいの状態は忘却の雲の下に滅し去らねばならぬ」（第五章）。

何物かを余が所有するとき、何事かを余が思弁するとき、神は去って余を離れるのである。いっさいは彼の前に否定され、ただ彼のみが赤裸々にあらねばならぬ。すべてが忘れられるその刹那が神を迎える刹那である。「ただ神に迫る赤裸々な熱情を措いて心の裡に何事をも働かせてはならぬ。もとより神自らはいかなる特殊な思想にも包まるべきではない」。すべてを忘れ神をすら忘れるとき、人と神とは不二である。

同じ著者が残したという書翰"An Epistle of Discretion"にも次のような否定の言葉がある。「沈黙も神ではなく言葉も神ではない。断食も神ではなく食事も神ではない。孤独も神ではなく交友も神ではない。否すべてかかる二つの対立は彼ではない。彼は彼らのあいだに匿れいかなる霊の働きによっても見出すことはできぬ。ただ汝の心の愛によりてのみ彼に交わり得るのである。彼は理性によって知ることはできぬ。また思想によって得ることもできず、知解によって定義することもできぬ。ただ汝の心の真に愛する意志によって愛され選ばれ得るのみである。彼を選ぶとき汝は黙するままにして語り、語るままにして黙し、断食するままにして食し、食するままにして断食し、またすべてはかくの如くである」

また異なるほかの書翰"An Epistle of Private Counsil"にも「汝が自らに帰るとき、ゆく末何をなすべきかを思い煩ってはならぬ。善き思想も悪しき思想もともに棄て、汝の口を以て祈ってはならぬ。……かかるとき汝の心は何事にも働かずただ神に捧げる赤裸々な情熱がある。神及び彼の仕事はいかなるものであるか、かかる特殊の思想を以て神を限ることをなしてはならぬ。彼はただ彼自身において知られねばならぬ。さかしき知恵を以て彼を語ることを試みてはならぬ。ただ汝に潜む神源を信ぜよ、……この不可知の暗黒を汝の鏡とし汝の心とせよ、神をも汝をも思わざれよ、かかるとき汝は霊において神と一体であり不離である。彼が汝の存在であり、汝は彼のうちに在るのである」。

神は是に非ず彼に非ず、しかも是にして彼、彼にして是である。この否定この矛盾に言い難い宗教の真が保たれている。名づけ得ない彼こそは「不知の雲」である。「聖い暗黒」である。彼は知の暗であり信の光である。彼は知ることなくして心に味わわれるのである。

暗を愛し雲を慕った人々は、また見えない夜に神を見るのである。夜はしばしば神の親しい象徴であった。何人にも妨げられず夜において人は神に逢うのである。知り得ない知の暗において、神を心に知り得るのである。この夜の思想を神学に築いたのは「霊の暗夜」'Dark Night of the Soul' の著者十字架の聖ヨハネ St. John of the Cross であった。

彼は十六世紀の末葉（1542－1591）にスペインに出たのであるから、かの聖女テレサと時を同じくし、画家エル・グレコがトレドに筆を忙しくした頃である。カルメル山の修道院においてその生命を全く静慮に捧げた。彼は戒律に身を守って、すべての妨げを避け専一に神に交わりぬいた。ただ神の厳存をのみ信じて純な奉仕に一生を送った。彼は三四の本と幾つかの詩を残してわれわれに贈った。著書は詩句に始まってその解説に結ばれている。これらに表れた彼の思想は後世への偉大な遺産であった。ある者はその厳しい調を冷やかに感じている。しかし彼はその否定道において驚くべき瞑想の深さを示した。「暗夜」が彼の愛した神の象徴である。その名をとった彼の著書は次の有名な詩句から始まっている（この詩は Lewis, Graham, Symons らによって英訳されているが余がとったのは最後の訳である）。

'Upon an obscure night
Fevered with love's anxiety
(O hapless, happy plight!)
I went, none seeing me,

Forth from my house, where all things quiet be.'

静かな夜見分け難い闇の中に、何人にも妨げられることなく、神に飢えて家を出るのである。不幸で幸福な瞬間である。日の光に欠け神の光に充ちる刹那である。何ものも彼を導かない、だが闇が彼を神に導いている。彼は外に出るのである、しかし心の内に入るのである。彼は人から離れるのである、しかし神が彼に近づくのである。闇の夜こそは神の時である。夜は光である。聖ヨハネは厚くこの神秘を歌った。

「神との結合に至る霊の歴程は三つの理由によって夜と呼ばれる。第一は霊が出発する個所をかく言うのである。即ち地上のすべての快楽に対する欲望の根絶である。これは人間のすべての欲望感覚にとって夜である。第二は霊が旅立つ路をかく言うのである。即ち信仰はただ理知からしては夜の如く暗いからである。第三は霊が至る終局地をかく言うのである。即ち神は超絶無限であって、この世においては霊の夜であるからである。神と聖い結合を得んと思うならわれわれはこの三つの夜を通り過ぎねばならぬ」（カルメル山への登昇第二章）

第一の夜は浄罪 Purgation である。霊の旅の出立ちである。地上のすべての欲を断って神の天国に入ろうとするのである。神のものを神に返すためにカエサルのものをカエサルに返そうとするのである。ただひとつの主に仕えるために純に私欲を絶しようとするのである。自己の寂滅をおいて、神の充実を果たす道はないと彼は信じていた。彼にとっては神のほか何ものの存在も許し得ない事実であった。彼の教えは無宇宙論 Acosmism と呼ばれている。彼は彼の信念を果たすために厳に戒律を守った。彼はキリスト教のストイックであった。彼は苦痛と窮乏とを神の名のために悦び迎えた。すべてを失うとはすべてを得るの謂である。いっさいを絶して何ものの存在も認め得ないこの境を彼は夜に喩《たと》えたのである。暗夜においてすべては無に帰る。彼には限りない祝福のときであった。ただ神のみが彼の霊に降るからである。

第二の夜は静慮 Contemplation である。彼はただに感覚の世界を超えるばかりではなく、知解の世界をもここに絶しようとするのである。いっさいの分別知を去って直下にものを抱こうとするのである。理知ではなく直観である、科学ではなく信仰である。すべての論理はこの路において休息する。挟むべき分析の余地がないからである。かかる世界は知識にとって不可知である、暗夜である。信仰は真夜中であると彼は言った。知はここにおいては何ものをも差別し得ないからである。すべてが神によって導かれるからである。静かな夜が霊の忙しいときである。

第三は結合 Unification の夜である。神と人とは結ばれてひとつである。何ものも相対しない。時間は前後に流れず、心には天地の区分がない。ただ言い得ないいっさいを包む無がある。黒暗々として太虚のごとくである。これは霊の暗夜である。しかし眩しい暗夜である。曙を告げる夜の暗さである。すべて無なるはすべてを生もうとする創生の刹那である。未だ陰陽の分かれない渾一の態である。未だ喜怒の発しない中の境である。絶言絶慮の当体である。われわれはこれをかくかくであると断ずることはできぬ。神は non-such として認められねばならぬ。神は否定によってのみ僅かに言い得るのである。神が「暗夜」であるとはこの意味である。

聖ヨハネが残した次の多くの格言はかくして理解を招くであろう。

「無限を楽しまんとならば、有限の味を求めてはならぬ」

「無限の知識に達せんとならば、有限の知識を求めてはならぬ」

「無限の所得に至らんとならば、無を所得せんと求めよ」

「無限の裡に入らんとならば、汝自身を無にせんと努めよ」

「汝が被造物にとどまる刹那、汝が無限への歩みは止まる」

「汝を無限に結ばんとするなら、残りなく有限の事物を棄てねばならぬ」

「すべてに喜びを得んとせば、無に喜びを求めよ」

「すべてを知らんとせば、無を知らんと求めよ」

「すべてを持たんとせば、無を持たんと求めよ」

「すべてに活きんとせば、無に活きんとせよ」（カルメル山への登昇）

彼はかくのごとく思い、かくのごとく活きようとした。戒律は彼において深い意味があった。神の生活を赤裸々に実現することの世の唯一の道であった。彼が行い得た生活について、人々は苛酷に過ぎる中世の修行を思いめぐらしている。しかし苦行は彼には歓喜であった。彼は冷やかに暮らしたのではない。燃え上がる炎が心にあった。否定は類ない熱情であった。かくて聖ヨハネは聖女テレサとともにカルメライトの法規を甦らせた。いくつかの修道院を神の住家に建てた。

おそらく彼の否定道はかえって東洋の地に厚い友を見出すであろう。連綿として続いたキリスト教の神秘道はその否定道において永遠の神秘を守っている。この暗夜の密意が解かれるとき、人々ははじめて光明を内に見出すであろう。光明に対する最も深い理解はこの「暗黒」を措いてほかにないからである。これはパラドックスではない。矛盾ではない、否定ではない、消極ではない。ある神秘が温かくこの裡に包まれている。

余は今十字架の聖ヨハネとともに彼と時代を同じくした画家エル・グレコ El Greco（1541-1614）を思い浮かべている。おそらく聖ヨハネが愛した「暗夜」の象徴が理解せられたら、それはグレコの理解に対しても新しい暗示を投げるかと思う。グレコの旧教的精神は同じとき同じトレドに迎えられた聖女テレサまたは聖ヨハネを知って後、いっそうの慕情を覚ますかと思う。彼こそは修道院の宗教を活き活きと芸術に移したのである。人々はしばしばグレコの画布を眺めて苦行にあふれた宗教の影を思い浮かべている。余はある批評家が彼を病的であると言ったのを覚えている。聖ヨハネもしばしば同じ批評を受けた。明るさに乏しく否定に悩む禁制の苦行がいち早く眼に映るからである。しかしグレコが画いた旧教の精神は今聖ヨハネの宗教とともに新しい理解を招いている。余はグレコが彼の画布に同じ「暗夜」の色を染めたと思う。彼はこの心を好んで暗い雲に託した。ある著者が「不知の雲」と言ったそのままの心がまざまざとここに画かれてある。

涙にあふれ祈りに活きる聖者を包むものは、この暗い雲であった。いかに影の強さが彼の絵に重大な意味を与えたかをここに味わい得るであろう。濃い影こそ強い光の裏書である。ここに眩しい暗黒がある。光に重い雲がある。彼の絵は神に迫るものの熱情である。漲る雲の深い恐ろしさは霊の歴史をそのままに語る。聖者は雲に光を見つめている。眼は訴えるごとく神の御座を仰いでいる。まさに神に交わらんとする激動の把捉である。

宗教の画題にのみこの意味を説いたのではない。彼が画いた絵にトレドの町を選んだのがある。余は風景画としてこれほど否定の神秘を深く示し得た絵はないと思う。ディオニシウスの言う「聖い暗黒」、聖ヨハネが言う「霊の暗夜」、またはある者が言った「不知の雲」を味わい得た者でなければ画き得ぬ絵であると思う。ここにはカルメライトの法規が動き、旧教の心がにじみ出ている。グレコをかく否定道の画家とみなすのは余の独断に過ぎぬ曲解であろうか。

四　聖貧

六世紀の昔を今に遷して聖フランチェスコの伝を読む者は、彼の教えにひとつのつまずきを感じるであろう。彼の生活彼の気品に敬意を払うにやぶさかでない者すらも、彼の教え「聖貧」“Holy Poverty”——彼の霊の妻であったいわゆる「貧女」The Lady Poverty については心に逡巡を覚えるであろう。

早くも十三世紀の初め（おそらく一二二七年に）今は名を失した一托鉢僧がこの「貧女」を選んで美しい諷喩の文学を残した（書名は“Sacrum Commercium”と呼ばれてフランチェスコに関する最古の本である）。ジョットがアッシジの寺院の天井に描いた四つの諷喩画は人もよく知るであろう。そのひとつは「聖フランチェスコと貧女との婚姻」と呼ばれている。ダンテも同じ題材をとって至楽界第十一に聖貧の徳を讃えた。しばしば暗黒の時代と呼ばれた中世紀は驚くべき霊の時代であった。宗教も芸術もかかる象徴に動いていたのである。しかもこれはただの教えに終わったのではない。多くの修道者はほとんど字義のごとくに貧しく暮らした。貧しくしかも異常に楽しく暮らした。

キリスト教のみならずすべての高い宗教は「貧」の思想に深く浸った。宗教は今もなお貧者の厚い友である。毛皮を纏《まと》って彷徨い歩いたスーフィー Sufi も同じ「貧」の美に活きていた。およそ十世紀の末葉——アッシジの聖者の在命時より二百年も昔——スーフィーズム（イスラム教神秘道）に関する最古の論の中に、その著者アル・フジュイリ Al Hujuwiri が「貧について」の一章を書いたことは人々の興味を引くであろう。

無欲を説いた老荘にこの思想が流れていることは疑い得ない。簡粗な法衣に身を守った仏徒が彼らの行為に「貧」の力を体現したことも認めねばならぬ事実である。いつも私欲は破宗門である。しかし「貧」こそ深い宗教の理想であると断じるなら、今の人々はいち早く疑うであろう。

よし彼らの愛するフランチェスコから「聖貧」の教えを聞くも、これのみには心を躇うであろう。

今は富の勢いである。貧なれよと聞くのは異常な感がある。禁制はすでに過ぎ去った道徳である。貧の教えも過去の声に過ぎぬと人は思うのである。ある者はこれを単に不可能な理想とのみ評し去るであろう。よし善意に解する者も、これをただ貧者への同情に終わる思想とみなすのである。貧それ自身が理想であるとは不合理である。すべての民の富有こそ望ましい理想であろう。貧しい者に恵むとは彼らを窮乏から救いたい心ではないか。あえて貧に導こうとするのは不自然な人情である。いわんや思想としては消極に沈む醜さがある。生命を肯定する者には「聖貧」は遂に受け難い否定的教条に過ぎぬ。奢侈《しやし》を矯《た》めるのは正道である。しかしこれは貧なれよという意ではない。「貧女」との婚姻は畢竟不自然な中世の一象徴に過ぎぬと思うであろう。

しかし果たしてかかる理解は正当であろうか。今は人々から愛されずとも、聖貧は依然として宗教が与えた最も深い神秘な否定の教えのひとつである。余は人々が躊躇うこの教えを再び反省して、人々に新たな愛を引き起こそうと思う。「聖貧」の宗教的真意はいかなるものであるか。この一章は余の答えを述べるであろう。

父ペトロは我が子の出家に怒り乱れた。

彼はアッシジの僧正の前にフランチェスコをつれ出して最後の審判を求めた（これはジョットが筆になるフランチェスコ上院の壁画第五枚目の画題である）。古いチェラーノの記録は語る、「僧正の前に引き出されたとき、フランチェスコは何らの逡巡も躊躇もなく、否人々が口をきりまた彼が口をきる前に、彼の衣のすべてをぬぎ棄てて父に返してしまった」。集まった人々が看視する前で彼は叫んで言った、「今日まで御身を父とこそ呼んだ。しかし爾今《じこん》天なる父のみ我が父である、私は素裸で主のもとに帰らねばならぬ」と。彼の一生の出発はこの劇的な物語をもって始まるのである。

一日彼はマッセオとともに托鉢して町を歩いた。幾ばくかの施物を得て彼らは町はずれの泉のある辺りに来た。彼らの机をなした大きな石に恵みの糧をおいたとき、フランチェスコは悦び叫んだ。「おおマッセオよ、我らは真にかかる至宝を受けるに足りないのである」と。彼は続けて言った。「自分はこれを宝だと呼ぶ、何ものも人為によるのではない、すべては神の摂理によって備えられたのである。われわれが求めたこのパンにも、この机である美しい石にも、また清らかなこの水にもその力をありありと見ることができる。希《こいねが》くは神に祈りたい。彼が聖貧を示現したまうように。それこそは我らがすべての心を以て愛すべき神の優れた恵みである」（Fioretti第十二章）

これらの挿話を活きた挿絵として余は聖貧の真意に近づこうと思う。

人々は尋ねる、貧とは富に飢えた貧である。この飢えはしばしば罪悪の源である。困窮から人々を救い得たら人類はその面目を改めるであろう。「衣食足って礼節を知る」とは真理を伝えた常識である。富有は幸福を伴うのである。必ずしも富への誹謗は貧の讃美にはならぬ。貧は何人も好まない貧である。聖貧とは行い得ない理想にとどまる。貧はひとつの思想をすら形造らぬであろうと。

しかしかかる貧の意味が宗教的貧であろうか、いつも人々は貧を富に対して名づける。しかもこれをただ否定の内容に解している。しかし宗教的真としての貧は絶対な貧との意であらねばならぬ。相対を絶したそれ自身において充全な貧との意でなければならぬ。ちょうど仏者が言う「空」の真意が有無の別を超えた意味であるように。聖者が貧を讃えたとき、富に飢えた貧を讃えたであろうか。富に対する貧は力弱い貧に過ぎぬ。単に富の否定である貧――欠亡に悩む貧に宗教が宿るいわれがない。富に飢えた貪る心をこそ宗教は忌み嫌ったでないか。また宗教こそ絶えず貧者に対する慈悲を尽くしたではないか。聖貧とはほとんど人々が言う意味ではない。宗教は絶対な真理を求めるのである。富に対する貧は権威ある貧ではない。自律な貧を理解し得ない限り宗教的意味の貧は遂に捕え得ないであろう。

明確なイエスは鋭く答えた。「人は二人の主に仕うることとあたわず」と。これは「汝ら神と財とに兼ね仕うることとあたわず」との意である。人々が「奇異な言葉」に驚くとき「カエサルのものはカエサルに返し、神のものは神に返せ」と彼は告げた。彼の言葉にはよどみがない。汝らただ神のみをおのが主とせよとの意である。人はひとつの瞬時において二つの世界に住むことはできぬ。ただ純に神に活きるとき、ただそのときにのみ永遠の生命が降る、宗教は人を「絶対」に引きつけるのである。絶対な思想のみが許し得る宗教的真理である。

フランチェスコが聖貧と言ったとき、かかる厳然とした内容があった。貧とはすべての私有の念を絶する意である。いっさいをして神に委ねる意である。自己を神に捧げる意である。カエサルのものをカエサルに返すのが貧である。何ものも所有せず、唯一の所有が神であるときこれが聖貧である。何ものも彼の手に無いゆえの貧である。しかし彼の所有するすべてが神であるゆえに聖貧である。貧においてすべての私は忘れられる。ただ神のみがあるからである。自然を見て美しいと感じる刹那、人は自己をさえ忘れるであろう。これが美である。神にすべてを忘れるのが貧の密意である。

信徒が貧を心に尋ねたとき、欲を貪る貧を心に浮かべたのではない。すべての私欲を断って神に帰る心の美を愛していたのである。貧は無欲を指すのである。否すべての欲をただ神のみに注ぐ意である。聖貧において人は自己をすら没するのである。貧は彼を束縛する貧ではない。無限の自由がここに味わわれるのである。自然な貧者が聖者である。欲に飢える貧者は富を貪る貧者に過ぎぬ。貧は宗教において憐れむべき貧ではない。霊の永遠な勝利を指すのである。

貧とはまさに仏者の言う空である、何ものもない境である。香厳禅師の偈《げ》に言う、

「去年の貧は未だ是れ貧ならず。今年の貧は始めて是れ貧。

去年は卓錐の地なく、今年は錐もまた無し」

これは深く貧の意を言い破った句である。イタリアの詩人――ダンテを除いてかつてその国に生まれた最も深い宗教詩人ヤコポネ・ダ・トーディ Jacopone da Todi の詩に、

'Poverty is in having nothing
And desiring nothing,
Yet in possessing all things
In the spirit of liberty.'

何ものをも持たないとはすべてのものを持つという裏書である。無が有である。すべてを欲せぬとは永遠なものを欲する心である。カエサルのものをカエサルに返すその刹那彼は神に帰っているのである。この世に貧であるとは神において豊かであるとの意である。聖貧とは富有である。この矛盾の真理にすべての密意は包まれている。貧なれよとの声は神において富めよとの声である。私欲の富こそ神の眼には恐るべき貧しさであろう。富者が天国に入ることは駱駝《ラクダ》が針の孔を穿《ほじ》るよりなお難いとイエスは喩えた。私の所有を貪るものは神の所有を瀆すのである。余が

何ものをも求めないとき、神は余のためにすべてを求めているのである。余は貧しきままにして富有である。

「完全な霊は神の欲する以外のことを欲せぬ」とエックハルトは言った。真の貧はいっさいを神に委ねる意である。余は何事をも欲してはならぬ。「神をすら欲するな」と彼は言った。次の異常な言葉は尽くし難い神秘を伝えている。「私は真に貴方に告げる。貴方が神の意を満たそうとし、永遠及び神を得ようと求める限り、貴方はまだ真に貧しいとは言えないのである。何ものをも求めず知らず欲せぬ人のみ真に霊の貧しさを持ち得るのである」

「心の貧しき者は幸なり、天国は彼らのものなればなり」とイエスは温かく説いた。「我がもの」と言わないとき、「神のもの」がここにあるのである。永遠は人為によるのではない。ありのまな姿が神の姿である。「汝ら何を思い煩うや。空の鳥と野の百合とを想え」との声が響いている。与えられた自然は神に守られた自然である。貧しさにおいて人は神に恵まれるのである。貧がただちに富である。富とは神によって富まされる意であらねばならぬ。「王皇も（神を離れては）貧者に過ぎぬ。ソロモンの栄華とソロモンの窮乏とは同じ意味である」とフジュイリは書いた。神の富と人の富とは別事である。すべての作為は亡びすべての自然は活きる。聖貧とは自然な姿の異名である。神が在る姿である。ジャーミー Jāmī の詩に「自己が死すときただ神のみが残る。完全な貧しさこそ神そのものである」と。これが貧について言い得る最も徹底した言葉であろう。聖貧とは神の示現である。余の困窮ではない、あり余る余の福祉である。宗教的に認識し得る富有はただこの聖貧のみである。宗教はすべてを不二の絶対に導く。貧即富の神秘がここに果たされるのである。聖貧とは「富める貧」である。すでにこれは貧と富との対辞を超える。相対は絶せられてただひとつなる真諦があるのである。貧は否定ではない。限りない生命の肯定である。あり得る最も積極的な事実である。

聖貧において神と余とは相即である。汝ら貧なれよとの声は神と余とのあいだに何ものの介在をも許さぬとの意である。余の手に何ものをも持つを許さず、余の心に何ものをも欲すを許さぬ意がある。貧とは規範的な貧である。いっさいが神威によって命ぜられいっさいを神意に任ずるとき、貧の富があるのである。このとき人は神に帰るのである。彼が在るのではない、神が在るのである。

この融合の神秘がフランチェスコの法悦であった。彼は貧に交わろうとした、神の御胸に帰るために。彼は貧女を嫁《めと》るために山深く尋ね歩いた（Sacrum Commercium はこの物語である）。今日残された貧女の諷喩は彼の時代においては活きた象徴であった。イエスの媒介によって彼が貧女と婚姻する姿をジョットは画いた。貧は彼には類ない女であった。彼が心の恋人であった。貧は彼の悦びの泉であった。

彼は一時も衰えた貧を知らなかった。貧において彼は豊かであったからである。人々は彼の苦難の一生が喜悦の一生であったことを驚くであろう。貧しい彼にはすべてのものが神の労《ねぎら》いによる賜物であった。石も泉も「神の摂理による至宝」であった。彼は神に備えられたままに活きた。彼は神の欲する以外のことをひとつだに欲しなかった。聖貧は法悦であった。これに勝る豊有と福祉とは彼にはあり得ない事実であった。悦びとひとつでない貧しさは彼には醜い霊の墜落に見えた。聖貧は彼にはそれ自身悦びであった。美であった。彼の妻であった。

フランチェスコと彼の兄弟は町々に施主を訪ねては日々の糧を求めた。今なお禅僧が托鉢して門に立つのを見るであろう。人はこれを卑しんでいる。しかしその昔において勧化《かんげ》も施与も深い意味があった。

貧しさを求めるとは神を求める心であった。施与を求めるとは真に人を求める意味があった。神を信じるとともに、人の慈念を信じたのである。托鉢とは同胞の愛に活きる決意であった。人間に潜む神に頼る厚い信仰であった。真に私欲を絶して仁愛の世界に活きる意味があった。人間に現れた神の意志にすべてを託する信念であった。貧しさにおいて彼らは神を信じ人を信じたのである。「神の友はただ神の匿れたる恵みによって活きる」とフジュイリも書いた。

施主も愛を込めて神を祝しつつ心の印を贈った。敬念に厚かった昔の人々はこの世を愛で活き得たのである。人々は互いの温情に活きた。彼らは僧侶の心を労い、僧侶は人々の霊を守った。互いの愛に活きたのが中世の宗教であった。

人は食を乞うことを卑しいとする。また乞う者の卑しさを憎む。しかし互いに信じられ信じた昔においてすべては愛の行いであった。ただ自然なありのままな人情であった。彼らにとって食を求めるのを恥じるのは、人の愛を卑しむに等しかった。フランチェスコの眼には乞食は活きた神の使いの象徴に見えた。彼は憐れな者を恵むために慈念の限りを尽くした。貧者の友であることは彼には神の友である意味があった。彼は癩《らい》病者を抱いて接吻した。

施与に活きるとは懶惰《らんだ》であるという意ではない。フランシスコの法規を読む者は彼が労働にいかばかり重きをおいたかを知るであろう。怠るために施物を求めるのは、彼には富を貪る卑しい心に見えた。彼は日々働き働いて人の愛による糧のみに活きた。これが彼の貧から与えられる幸いであった。限りない温かい生活であった。

いっさいを得るためにまずいっさいは絶せられねばならぬ。無が有の母である。「いっさいの事物の真の死に最も美しく最も自然な生命が匿れている」とタウラーは説いた。貧が生命の誕生である。死とは甦る意である。所有に活きずただ神の恩愛に活きるのが聖貧である。これは神に帰る心である。神に帰るとき、人はすべてが摂理に備えられるのを知るであろう、自然を愛し人を信じるのはそれが神の所有だからである。フランチェスコは「太陽の頌《しょう》」を唱え、地の母を歌った。彼は人を信じ人を愛した。愛に活き得るこの世を実現した。彼は喜びの詩人であった。貧しい彼は限りなく豊かであった。「貧しさが神においての豊かさである」と僧アブ・サイド Abū Saïd は言った。

「聖貧」において人は神と不二である。「貧女との婚姻」において人は新たな力を生むのである。カエサルのものをカエサルに返すその刹那が神に帰る刹那である。余がすべてを失うのと余が神を得るのとは同一である。ジャーミーの言葉のように「貧が神である」。

五　沈黙

一六五三年北イギリスのスワースモアで五六の人々の集まりがあった。彼らは静かに座して何事をも語らない。しかし空しく音もないその室には何ものか異常な力が満ちるようである。彼らの顔には神を見つめる者の輝きがあった。彼らの耳はどこかに不言の言を聞くようである。沈黙のさなかに打ち響く声が潜むようである。静かな心は何事かに忙しい。彼らの脈拍は彼らの心臓が打つのではない。何ものか匿れた力が呼吸するのである。時として彼らは沈黙のうちに集まり沈黙のうちに帰ってゆく。しかしちょうど楽しく語り合った後のように、彼らはこの上もなく幸福に見えた。この集まりは彼らの内なる友愛の交わりであった。時としてある厳かな言葉に打たれて感謝の祈りにひざまずくのを見た。時として神の命をそのままに聞いて感激に漲る姿を見た。彼らは啓示にのみ活きた人々であった。彼らの沈黙は言葉にあふれる沈黙であった。ここに言い難い法悦が彼らの心をふるわせていた。自らの言葉を棄てた彼らは神にすべての言葉を聞き得たのである。沈黙が彼らの宗教であった。かかる「集まり」'Meeting'は今もなお愛されている。彼らは人々から「神におののく者」と罵られた人すなわちクェーカー Quaker の徒である。彼ら自らが「友の会」'Society of Friends'と呼ぶその集まりである。

十七世紀の後半は偉大な宗教的天才フォックス George Fox (1624-91) の時代であった。人は彼にユダヤの預言者を想い起こしている。彼は神の黙示に活きていた。彼は幾度か厳かな霊感に打たれ神の言葉をそのままに聞いた。彼はただその神命を果たすために彼の法鼓を高く鳴らした。彼は寧日《ねいじつ》なく旅程を続けた。夥しい土地が彼の宗足に踏まれた。彼は人の心を直指して「内なる光」を甦らせた。彼は宗教を形式の教会から離して人々の親しい所有に移した。遙かな天国を近く彼らの内心においた。彼は直截に宗教を心の宗教と解した。数理も聖典もまたすべての法式もすでに二次に落ちる。われわれの求めるのは霊と神との直接な交合である。人はこの簡明な福祉を受けるためにすべてから開放されねばならぬ。自由宗教は認められねばならぬ正道である。すべての羈絆《きはん》をのがれて人は直下に神と交わらねばならぬ。これを措いて宗教の意義はない。フォックスはかくのごとく信じかくのごとく伝えた。多くの残忍な迫害が彼及び彼の友に加えられた。しかし彼の思想は故国の霊を覚ましたのみではない、遠く海を越えて北米の地をも風靡した。今日クェーカー宗 Quakerism と呼ばれるものは実に彼が後世へ伝えた遺業であった。

すべてのクェーカーは次の明白な信念に活きる。第一は人の霊に安定せられた神の性への信頼である。彼らはこれを「内なる光」Light Within, Inward Light と呼んだ。人は神の意識において造られたのである。我が呼吸は我が作為ではない。我が個体は私有を意味するのではない。何ものも我がものと言うことはできぬ。神は神自らのためにすべてを創造したのである。いっさいは公有である。余は与えられた余である。神があるゆえにのみ余があるのである。彼の光に照らされてのみ辿る道を見分けるのである。「内なる光」を信ぜずして、すでにあり得る余の存在はない。余が活きるとは「内なる光」を信ずるとの意味であらねばならぬ。第二はこのゆえに人と神との直接な交合が可能であるとする厚い信仰である。「内なる光」とはただちに神が神を見る光であろう。人は彼の霊の内部において神に面接するのである。この存在とは人と神とが愛を語るその場所である。この結合の帰趣をおいて認め得る生命の意味はない。すべてに先んじてこの内性の親しい経験が第一事である。人は与えられたこの福祉を享有せねばならぬ。この悦びの教えが宗教である。第三に神に交わろうとする者は、彼自らを空しくしただ静かに彼の示現を待たねばならぬ。沈黙が彼を直下に見る契機である。何事かを語るのはすでに神の言葉を奪うのである。何事かを為すのは彼の行為を妨げるのである。思慮も言葉もすべて空しくされねばならぬ。かくて神自らの思慮と言葉とを残すところなく受けねばならぬ。いかなる思想も彼を知ることはできぬ。ひとり沈黙が神殿の扉をあける鍵である。純に神に交わる者は無言の神秘を知るのである。沈黙 Silence が彼らの認めた神への奉仕である。第四にすべての行為を神命の許におかねばならぬ。沈黙のうちに心に聞かれた神の言葉はそのままに果たされねばならぬ。余の行いをしてすべて神の行いたらしめるときに是認せられた余の行為がある。人は自らに何事をも為してはならぬ。否、何事をも為すことはできぬ。すべては神の行為であらねばならぬ。否、神のみすべてを為し得るのである。神命を受けずして何事かを試みるとも、それはただ亡ぶ運命に過ぎぬ。余が耳はただ彼に傾けるために造られたと知らねばならぬ。彼に従うもののみ永遠である。彼が命ずる仕事のみ無窮である。これがクェーカーの抱く簡明な哲理であり直観でありまた宗教であった。

天命を道とし無為を行いとした老荘の教えにも同じ信念があった。「不言の教」こそ深い宗意である。「沈黙」の教えは実にキリスト教においては深い霊の歴史を残した。黙然として静かに待つ心に向かって、神は愛の心を報いている。かつて信徒は耳なく神の声を聞いたのである。眼なく彼の姿を見たのである。口を閉じ眼を覆うことが神秘を味わう意味であった。寂静の密室においで神は人を引見した。沈黙において何ものにも妨げられることなく人は神をまともに見たのである。実有に走る心から見ればこの教えも否定に悩む陰の教えと思われるであろう。しかしいかなる批評も内に潜むこの意味の深さを犯すことはできぬ。この一章はその意味について正しい理解を与え、それとともに多くの信徒が残した沈黙の教えをも読むであろう。

「沈黙」も「寂静」もひとつとして消極に終わる教えではない。何事も為す無くすべてに冷やかなのがその意味ではない。そのさなかにおいて人は為さねばならぬ最後の一事を果たすのである。これは亡滅を説く思想ではない、また敗残の隠れ家でもない。人はこれを生命の欠如とみなすかもしれぬ。しかしそうではない。この密意を知る者は限りない法悦に浸るのである。生命の勝利が彼の所有である。この消極と思われる教えにおいてより、より積極な事実を味わい得る場合はないであろう。この無下の否定と言われるものがただちに無上の肯定である。自己の寂滅が自己の復活である。空しさが充実であるとはただ矛盾に過ぎぬ教えであろうか。

すべての神秘家は聖ルカが伝えたベタニアに住む二人の姉妹の物語を次のごとくに解した。姉のマルタは主を饗応するために忙しく働いている。妹のマリアは何事も為す無く静かに主のそばに座っている。「活動」がマルタであるならば「沈黙」はマリアである。マルタはマリアの無為を詰《なじ》るごとく咎めた。しかしイエスの答えは不可思議であった。「否、ここに果たされねばならぬ一事がある。今マリアはそれを選んでいる」。彼女の沈黙は破られてはならぬ。何ものもその神秘の深さを犯すことはできぬ。この静慮のさなかにおいて神は人に語りつつある。この世においての驚くべき出来事が今現じつつある。これこそ最後の一事である。なくてはならぬ一事である。選ぶべき道は今示されている。飢えるごとく神を慕う者は、躊躇なく「沈黙」を選ばねばならぬ。イエスの答えは鋭くわれわれの決意を迫っている。

黙するとは「無」に住むの謂である。そのとき一字の言葉もなくひとつの思想すらない。すべては拭い去られ洗い尽くされ心は赤裸々である。清浄であって何ものをも交えないこのとき、ただあるがままの自然がある。われわれはこのとき「未だ造らず造られない」その自然に帰るのである。自らもなく、すべての事物もなく、またひとつの思想もない。ただ神のみがそのままに在るのである。余の意が働くのではない、また余自らが何事をも為すのではない。自らを滅し何ものにも黙するとき、すべては神意のままである。すべてが神の行為である。純に神に交わろうとする者は、ひとつの私行をも残してはならぬ。完き沈黙とは自己に死し神に活きる意である。何ものの声も無いとはすべてが神の声であるとの意である。何事も為さぬとは、すべてが神に為さるる意である。余が黙するとは、ただちに神が語るとの意である。余が口を閉じる刹那は神が余の耳にささやくその刹那である。

沈黙には神の言葉があふれている。無為において神の力が動いている。このとき余が活きるのではない、絶大な存在が活きるのである。静慮が活動の瞬間である。マリアはマルタよりも多忙である。彼女の沈黙は多言の沈黙である、多忙の休息である。イエスはこの秘事を知りぬいていた。人は神に休む刹那より、より激しい活動を為すことはできぬ。神における平和とは安逸の意ではない、無限の活作である。沈黙が激動の瞬間である。いっさいがここに為されてある。「為すなくして成さざるなし」とは老子の体験であった。自己の寂滅を措いて自己が充実する場合はあり得ない。自らを失うときと神を得るときとは不二である。真に無にしてはじめて有である。否定を持たぬ肯定は稀薄である。沈黙を持たぬ多弁は皮浅である。

この沈黙は「静なる祈り」Orison of Quiet とも言われまた「眠り」Sleep とも言われた。あるときは「啞《おし》」とも「聾《ろう》」とも呼ばれた。すべてを忘れすべてに眠りすべてに口を閉じるとき、余は目覚め余は聞き余は充たされるのである。「沈黙の中に匿れた言葉が余に語るのである」と古人は告げた。
聖ヴィクトルのフーゴー Hugo of St.Victor は次のように反省した。「静慮の最高の階級には三つの種類がある。これは三人の神学者により三つの名によって呼ばれている。ヨブはそれを『中止』と言い、聖ヨハネは『沈黙』と言い、ソロモンは『休眠』と呼んだ。沈黙はさらに三様に分かれる。唇の沈黙、思想の沈黙及び理性の沈黙である。霊が完く内なる王国に没し去るとき、唇は無言である。このとき霊の受ける言い難い悦びが理解に余るゆえに、思想もまた何事をも言い得ない。また理性も沈黙のうちに没入される。何となれば思想の神殿は聖徳に漲るゆえに、人間の理性はすでに為すべきことを持たぬ。この薫りに酔わされつつ霊は天上の福祉に充ちる眠りに入り、至上の光の接吻を受けつつ休止の中に沈み融けるのである」
モリノス Miguel de Molinos もこの神秘を次のように説いた。「言葉によらず、求めによらずまた思考によらず、彼が真に完き神秘の沈黙に達するとき、神は霊に語り霊に交わり、その深淵において彼に最も善く最も高い慧智を授けるのである。神はこの内なる寂寥と神秘の沈黙に霊を招いて、最も匿れた心の内に彼自身を語るのである」
聖女テレサ St.Teresa の言葉にも「これは霊の力の眠りである。……こはこの世のすべての事物すなわち神の所造に対して死する意味にほかならない。これ以外にそれを語りそれを説く言葉を持たない。かかる霊はそのとき何事をしてよきかをも知らない。語るべきか黙すべきか、また笑うべきか泣くべきかをも知らないのである。これこそは栄光ある無知であり、天上の狂気である。ただこの中にのみ真の慧智が与えられる。霊にとってこれに過ぎる悦びはない。――ここに霊の力はただ神を全く所有するためにのみ存在する」

彼女はさらに彼女の経験を細やかに語った。いかに沈黙の刹那が神のそのままな示現であるか、またこの「眠り」がいかに事物への意味深い「忘却」であるか、またかかる「全き無知」がいかに深い真の慧智であるか、また「呼吸すら止む」その沈黙が、いかに悦ばしい生活であるか。視力もなく理知もなく意識もないこの刹那にいかに明らかに神の幻像を見、いかに切に神自らの意志に活きるか。これらの法悦はいつも沈黙を知る者の固い所有であった。

この静けさの宗教に活きたギュイヨン Madame de Guyon も次の答えを残した。「ある者はこの『静かな祈り』を聞いて、これが霊の愚行であり死であり惰慢であるがごとく誤って想像する。しかしこのとき霊は疑いもなくかつて行った何事よりも、より気高く深く働くのである。何となれば神自らが行為の動力であり、霊は彼の作用として働くからである。……ゆえにこれは怠惰を説くのではない。我が原動力たる神にいっさいを依存する最高の活動を説くのである。ただ彼の内にのみ人は住み動きまたその存在を持ち得るのである。この神への従順な帰依こそ霊が本来の純一へ帰る唯一な必要である。……ゆえにわれわれは自らを静かにし、ただ神がわれわれを動かすときにのみ動くようにせねばならぬ」

否定の道であるこの沈黙は直下に神に交わろうとするものの愛した道であった。これは神と霊とのあいだに何ものの介在をも許さぬ謂である。否、純に神のみの示現を乞う霊の求めである。

神はいささかも汚されてはならぬ。我が意志の働きは神の意志を奪うに過ぎぬ。我が存在への執着は神の領土を侵すに過ぎぬ。すべての思惟すべての行為を私の所有になしてはならぬ。所有とは神においてのみ許されてある。自らの呼吸を断ちただ神の呼吸にのみ活きねばならぬ。彼を離れて活き得る永遠の生命はない。神への純な奉仕が是認せられた存在の意味である。沈黙とは完全な帰服である。すべてを神に任ずる心である。このときわれわれに「静かな祈り」がある。ダビデの詩篇に、

「わがたましいよ、黙してただ神を待て、そは我が望みは神より出ずればなり」（六二ノ五）。

言葉を容れぬ真理のみ永遠である。宗教は沈黙に説かれてある。「神国は言《ことば》に在るに非ず能《ちから》に在ればなり」と聖書は教えた（コリント前四ノ二〇）。禅の公案に言う、「五祖、因みに僧問う、如何なるか是れ仏。祖曰く、口は是れ禍門」（折中集第九十二則）。また言う、「香林澄遠禅師に僧問う、如何なるか是れ祖師西来の意。師曰く、坐久成労」（碧巌録第十七則）。「吠檀多経註」に次の物語がある。ワクサリン大王が梵の何たるかを哲学者バワに尋ねる。バワは黙然として何事も言わない。王は再度梵について答えを求める。バワははじめて口を開いて言う、「先刻より明答を与えているのに、何ゆえに聞き給わぬのであるか、梵は畢竟寂然不動である」と。禅家にとっては最後の一句もなお蛇足であろう。即如はすべての言語を容れぬ。教理も神学も彼の前には憐れな多弁である。「知者不レ言、言者不レ知」と老子は書いた。沈黙こそ神についての最良な言葉

である。「神についての最も相応しい雄弁とは沈黙である」とフッカーは書いた。「すべての言葉すべての知識を超えるものは、言葉なくして語り知識なくして解されねばならぬ。これこそ意識を破し形相を絶する不可思議な沈黙であり神秘な寂静である」とある者が書いた。かつてエックハルトも「神の仕事と生活とに至る最善にして最高な道は沈黙を守って、神自らをして働きまた語らしめるにある」と言った。

人は彼の思想において即如を画いてはならぬ。それに加えられるすべての証明は残りなく無益である。即如は真に「離言自証」である。証明を要するものは宗教的真理とはならぬ。証明せらるる真理は相対に過ぎぬ。理知は即如の前に盲目である。ここでは思想の尽きるところが真理の確立である。即如は理知の対象とはならぬ。即如はすべての疑いを許さぬ。宗教は試みる心を卑しんでいる。「神を試みざれよ」とイエスは告げた。いささかの疑いも信念への傷である。宗教はおのずから信仰を求める。ただ赤裸々な心をもって彼を信じ愛さねばならぬ。即如はただ信ずるによってのみ味わわれるのである。宗教は知に頼むのではない。「信ぜよ、さらば救わるべし」とは不動の宣言である。信仰は理知の所産ではない。知が黙するとき信が甦るのである。これは理知の破滅ではない。また理知への無謀な反抗でもない。これは理知の上昇である。その拡充である。加えるべき理知が尽きるとき、知は信にその力を譲らねばならぬ。余は証明せらるる真理よりも証明を許さぬ真理を敬う。知が知に終わるのは自然ではない。知は信をおいて休むべき個所はないのである。疑いを許さぬ真理こそ独り永遠の真理である。言葉は二つであるが沈黙はひとつである。科学は対象に活きるが宗教は相即に活きる。沈黙において即如と余とは未分である。

花の美ですら人の呼吸を奪うのである。まして神の美の感激において、発すべきひと言すら無いであろう。美は限りなく多くの形容を受けるがゆえに美なのではない。ひとつの形容をすら許さぬのが真の美である。神に交わるものは沈黙の密意を知るであろう。静けさが深さである。どこに不言にまさる言葉があろう。ある者は「言葉なき歌」を作った。真の音楽は無音の音であろう。真の美は言葉を容れぬ。芸術は説明の要素を厭う。それは無窮の暗示であらねばならぬ。描写にとどまるときすべては決定される。芸術は理知の解説ではない。何ものかより深いものの象徴であらねばならぬ。芸術も宗教も神を画いてはならぬ。匿れた神をこそ画かねばならぬ。フィロンは神が次のごとくモーゼに言ったと書いた。「汝は余のうちに匿れたものを見ねばならぬ。しかし我が顔を見てはならぬ」と。何人にも見えない夜の真中に深く閉ざされた帳の中で神と人とは婚姻するとスーフィーの恋歌は綴った。沈黙において霊は見えない神を見るのである。トムソン Francis Thompson の最後の詩に、

'O world invisible, we view thee,
O world intangible, we touch thee,
O world unknowable, we know thee,

Inapprehensible, we clutch thee!

(The Kingdom of God)

神は不見不知である。絶言絶慮である。「知り得ぬ神のほかに、あり得る神はない。余は寔《まこと》に告げる、これは例外なくそうである。神についてひと言をすら言い得ぬその神こそ我が神である」（「浄心鏡」と呼ばれた十三世紀の古書から）。世尊は彼が正覚を得てより涅槃に至るまで、その間において一字をすら説かぬと言った。即如に加えられるすべての思惟はただ人為に過ぎぬ。至上の即如はただありのままにして充全である。この自然について何をか加え得よう。「芭蕉義禅師に僧問う、如何なるか是れ仏。師曰く山は青く水は緑なり」と。余が愛する孔子の言葉に「予言う無からんと欲す。子貢曰く、子もし言わざれば則ち小子何をか述べん。子曰く、天何をか言わんや。四時行われ百物生ず、天何をか言わんや」（論語陽貨第十七）と。われわれは語るべき即如を持たぬ。否定が不易の真理である。この道を説いた余はこの「沈黙」の一章にまた筆を終えねばならぬ。

（一九一八年八月〜十一月稿）

宗教的時間

「宗は促延に非ず、一念万年なり。
在も不在も無し、十方目前なり」
（信心銘）

ある真理を宗教的に理解しようとするなら、この希願に対しては必ず守るべき約束がひとつ託されている。すべての宗教的思索者は必ずこの一事を尽くさねばならぬ。すべてある思想が宗教的真理たるためには、それは純に絶対なものの面目を伝えねばならぬ。ある真理が宗教的内容に堪え得るとは、それが必ず絶対なものを表示するとの意味がある。この究竟《くきょう》の内容を除いては真理は宗教的権威を失うのである。至上の内容を暗示してのみ独り真理は永遠である。ゆえにその理解の深さはそれがいかほど鋭く絶対なものの表現として認識されているかにある。宗教的真理の理解とは畢竟《ひっきょう》絶対そのものの理解である。

今時間を宗教的に考えたらいかなる意味になるか。すなわち「絶対時」とも言うべきものは内容上いかなるものであるか、この問いに余の答えを贈るのがこの一篇である。

一

すでに時間の観念が宗教的思想に深く編み込まれてから長い歴史は過ぎた。ほとんどすべての神学の最後は永生不死の一章に終わっている。人々は永劫の思想を厚く時間の上に建設した。いかなる宗教も霊の不滅に対して冷やかではない。儒教のごときは未来の思想に乏しいゆえに宗教たり難いとさえ言われている。宗教はしばしば彼岸浄土を説くゆえの宗教であった。この在世を超えて持続する生命の保証が、その教理の与える福音であった。宗教は時間の限りない永続を人間の内心に立証した。一般に永生と言えば死滅することのない無窮な生命の延長である。無量劫といい永劫という字句も時間の無限な継続との意である。この限りない時間の獲得を措いては、思惟すべき永生の意味はないと思われている。未来の時間はいつも信仰に希望を与えた。そこにのみ生命の永在が託されているからである。人はいつも時間に愛着した。時間のみが彼を永遠に導くと信じるからである。時間の継続を想わずして、認め得る永生の観念はない。霊の不滅とは時間への厚い信頼であった。この永遠な時間の支配がひとり霊の勝利である。来世こそは多くの人々が悦んだ宗教の国であった。

変化に終わる無常の現世に満足し得ない人の霊は、常住不変の世界を求めている。不死不滅と言えば少なくとも今生の宿命を解脱して、死後なお永続することを指すのである。歳月を破り死を超える生命の無限な時間、これが信仰の要求である。今は科学的にすら死後の存在を立証しようと企てている。生命は死に終わるのではない。死は永遠への再生である。かくて人々は復活を信じた。死後住むべき浄土を夢みた、永遠の春である楽園を画《えが》いた。何人《なんぴと》も限りある命の短さを厭っている。死に終わる無常の世を悲しんでいる。不老不死の薬もこのために求められた。何ものか永続するものにこそ生命の希望がある。無限な時間のみこの秘事を解く力である。永生とは無限の時間である。人はこれを疑っていない。否、おそらく時間的内容を考えずに、永生を想う術を知らないでいる。時間が不死の泉であった。

二

しかし無限な時間とはいかなる意味であるか、何がゆえに無限な時間をただちに永生であるとみなすのであろうか、時間が果たして生命の保有者であろうか、その無限が永生不死の安泰な基礎であろうか、時間の単純な増延は果たして宗教的意味を伴うであろうか、これが心の信仰を委ね得る充全な内容であろうか、生命の持続がただちに不死であろうか。

一般にこれは終わることのない時間、刻々相継承して未来をさらに未来に受ける無窮の流れと認めている。したがって時間は無限な延長の上に横たえられる。何人もその長さを限ることはできぬ。計るとも計り知られぬ永劫の時間である。時間は無限な数に託されている。時間の無限とは数理的に無限であるとの意である。時間は数と不離である。

人は時間の無限性をすでに数理なくしては考え得ない。分時歳月はこの数理の適応に過ぎない。長い時間とは必ず数理的に長い時間との意である。永生とは数え尽くされぬ生命の時間である。不死とは数理によって認知せられた不死である。われわれは今この数理的無限が内容上いかなるものであるかを知らねばならぬ。人は無限の数に宗教の信を託している。しかしかかる数理の無限さはどこまで宗教的真理に堪え得るであろうか。果たして数理的時間が宗教的時間であろうか。果たしてこれが余の求める絶対時であろうか。

数的に無限であるとは計量の終わるところを知らぬとの意である。数えても数えあたわぬKönnen nicht 無限である。ここに数的無限はおのずから二つの性質を備える。第一は計量、第二はその計量の無制限的運行である。したがって無限の時間とは最初から数えることを許さぬSollen nicht 時間ではない。ここに時間は数えられしかも数え尽くされぬ意である。「神は始めなく終わりない」と言うとき、彼らによれば始終を許さぬとの意ではない。無限の始めがあり無限の終わりがあるとの謂《いい》である。もしも最初から規範的に計量を許さぬ無限であるなら、それはすでに数理的無限ではあるまい。否、かくては無限の時間という言葉すら起こらぬであろう。数理はつねに計量を許し、計量の無限が時間を無限にしたからである。計量して終わるところを知らぬとき、人々ははじめてそれを無限であるとみなすのである。計量を許さぬ無限とは彼らには矛盾の命題に過ぎぬ。

さて、数とはそれ自身計量を予想し増減を内意する。純に自律な絶対数というがごときは不可能である。二に対比し得ぬ一はあり得ない。一はすでに多を予想する一である。数は差別相対の数である。分化され得る数である。ここに無限が数に関わる限り、かかる無限は相対の意に終わらねばならぬ。数を許さぬ無限ではない。ただ数の無限な増進である。有限の否定に過ぎぬ無限である。それ自らの無限ではない。数理的に理解された時間とは畢竟相対の時間に過ぎぬ。かくて時間はいつも始終の考えを残し、生滅の思想を与える。歳月の念は時とともに固着されて離れることがない。ここに時間はいつも過去未来の観念に追随される。現在とはただその分岐点に過ぎない。その必然の結果、時間に差別の念を容れずしては考え得ないでいる。時間は計り得る時間である。区分し加減し得る相対の時間である。始終長短の区別を否定した時間とはそれ自身矛盾である。しかし時間に前後があるならばそれは差別として解された時間である。数理的無限時と絶対時とは区別されねばならぬ。数を離れない時間にとって自律な時如 Time in itself というようなことは決して認め得ない。数理的に無限な時間とはただ有限な時間への対辞である。相対たるゆえにこれも一種の有限な時間に過ぎぬ。

もしも宗教的真理としての絶対時を理解しようとするなら、ここにすべての相対的内容を許すことはできぬ。必然時間は宗教的意味を得るために数理の束縛から脱《のが》れねばならぬ。もとより時間を外延の上に画く試みは許し難い。宗教的時間とは数を容れぬ時間である。ここに始終の念は捨てねばならぬ。過去未来はあり得べき区別ではない。われわれは歳月を数えることすらできぬ。計り得る時間は宗教的時間ではない。

しかしかかる数理的差別を除去した時間とはいかなるものであるか、計量を許さぬ時間とは何を意味するであろうか、時間を自律的に考えたらいかような内容であるか、宗教的時間、すなわち絶対時とは何事を指すのであるか。真に無限の時間を理解するためには、在来の数理的理解を根本から覆す必要がある。

三

人は歳月に刻まれる時間の永遠を失しては、すでに永生はないとさえ思っている。何人も不死を与える時間の価値を信じている。しかし時間の観念はその厚い信頼に比べては甚だ不明である。人は単に時針が示すゆえに時間の実在を疑っていない。しかし真の時間の認識がいかなるものであるかはいっそう精緻な批判を待たねばならぬ。古来時間に関する深い洞察は二つの道を選んでいる。ひとつは時間を持続的に見、ひとつは時間を内向的に見た。ひとつは分かち難い無限の流れに動く時間の真相を求め、ひとつはこの瞬間の内裡《だいり》に時間の永遠な性を捕えようと欲した。

第一の道をとったのは古くヘラクレイトスであった。近世の哲学においてこの道を特に深めたのはベルクソンである。彼は在来の時間の念を鋭く破壊して、下のように反省した。一般に画かれた時間は外延の上に在る。人は時間を顧みてこれを空間に移植し、始終を分け時分を刻み、これを順次に並置させて数理的意味に解している。しかしかような時間は、流れ進む不断の時間を単に横断面に静止させて、これを外から反省したというまでである。真の時間は同時的時間の追加ではない。分割し得ない有機的継続である。静止ではなく動体である。純粋な時間は時計が示し得る個々の時間ではない。分離し得ない計量以前の「純粋持続」“Pure duration”である。ベルクソンは時間をどこまでも縦断的進行に解した。横断的空間に画かれた時間を捨て去って、時間の流れをその内面に捕えようとした。かくてこの休むことない不断の流れを「創造的進化」“Creative Evolution”と解した。ジェームズが「意識の流れ」の内面に等しく「新創」‘Novelty’を説いたのも同じ意味であった。ともに彼らは創造する時間を解した。

ベルクソンはまず在来の時間の観念から空間的思想の闖入《ちんにゅう》を排斥した。時間をどこまでも質として考えた彼は、あらゆる量の念をそこから駆逐した。したがって彼は時間の観念を数理的束縛から救い起こした。しかも活き活きした動き進む時間を捕えようとして、静止した並置せられた時間の念を打破し尽くした。かくて時間を空間的意味から独立させた。時間を同時的存在から継持的内容に移し変えた。彼は外から時を見守るのではない、身自ら時の流れに棹《さお》さそうとした。真の時間は分析し得べくもない。分析し得るものは残る概念である。時間の真相は純粋の持続である。直観がその理解である。時は前において知らるるよりも、内において味わわれねばならぬ。それは停止する存在ではない。連綿として進み動く力である。時間を動として考え、これを純に持続として解したのが、彼が在来の思想に加えた著しい改造であった。彼にとっては外延上に思惟せられた空間的時間は単に反省が産む独断であった。彼は反省以前の時間を追求した。時間から空間の汚瀆を洗浄し、数理の闖入を停止させたのが、彼の栄誉ある功績であった。

しかしいっそう驚くべき時間の根本的思索は現代よりもかえって遠い昔に果たされていたようである。第二の見方を選んで時間を最も深く宗教的に理解したのは、神学の祖アウグスティヌスを始め、中世の哲学者特にトマス・アクィナスらであろう。ベルクソンが時間を継時の内に求めたのに反して、彼らはそれを同時 Simultaneity の内に深めた。ここに同時とは決して数理的に分析せられた個々の同時を指すのではない。綜合的統体としての同時的時間という意である。いわゆる'Totum Simul'の言葉にその思索が託されている。

時間の無限な増進は単に部分の無限な加というに過ぎぬ。かかる無限は有限である。真に自律なものは二元を容れぬ。あらゆる差別はここに断滅されねばならぬ。プロクロスも言ったように真の統体は部分への対辞でもなくまた部分の加でもない。部分全体の差別を容れぬ渾一体である。数の意味を持たぬ一である。彼らも時間の統体をかかる意味に解した。数理的時間に固着する始終前後の考えは、純粋な時間の念に許し得る性質ではない。彼らの深い洞察は始終の二つをひとつに結びつけたことにあった。分時を時間に刻んだのではない。彼らは前後の追迫から時間を救い起こした。過去と未来とを現在の内面に融化させた。ベルクソンが持続に時間の実在を求めたのに反して、瞬間のその内面に永遠を捕えようとした。言い得べくば時間を煮つめた。一に多を融かした。同時に継時を集めた。区分を未分に甦らせた。反省によって前後に分かれた時間を、本来のありのままな時間に戻した。歳月に時間を読むのではない、歳月を絶してこそ時間があるのである。打ち続くがゆえの永遠ではない、一時すなわちこの同時が永遠である。これが彼らのいわゆる「同時統体」である。不滅は実に未来に待つのではない、この現在のうちに永遠がある。すなわち「永遠の今」'Eternal Now' ということが彼らの認めた絶対時であった。不死は到達し得ない遼遠な未来に在るのではない。この現在が不死である。瞬時即永遠である。宗教的時間はこれを措いてほかにはない。これはかつて理解された最も深い時間の考えと言わねばならぬ。

ひとつは時間の前進に活きた生命を見、ひとつは時間の集中に永遠を認めた。ひとつは発展 Evolution である、ほかは内展 Involution である。前者は創造 Creation である、後者は内向

Introversion である。ひとつは神に働くのである、ひとつは神に休むのである。

四

これらはともに深い時間の理解である。おそらくその結合が未来に豊かな時間の観念を産むであろう。さらに不二な内容を追い求めるなら、分かたれたその一面にとどまることはできぬ。余はまずベルクソンの道を批判したい。

彼は静的な数理的時間を覆す必要に迫られて、新しくこれを動的継時的意味に建設した。彼はこの意を徹するために「純粋持続」の言葉を用いた。彼はここに生命の活き活きとした事実を体認した。歳月が生命の支配ではない、生命は歳月を征服する。時間は生命を数えることはできぬ。生命は分かち難い無窮の持続である。動き創る永遠の力である。時間を静止から動体に、同時から継時に甦らせたのが彼の思索であった。しかし動体とか継時とかはいかなる意を示すであろうか、彼らは畢竟静止と同時との対辞である。しかし対辞に終わるすべての内容は厳密な絶対の面目を伝えるにしては不足である。彼は「純粋」という形容詞によってその自律的意味を暗示させたかもしれぬ。しかし持続はただ中止の否定に過ぎぬ。時間を一方から他方へ移したまでである。両面をともに絶することが彼の要求ではない。ただ一面の力説が彼の主張である。横断上に並在する時間を棄てた彼は、止むことない前進にその実在を見た。しかしこれは再び縦線上に時間を移したというに過ぎぬであろう。時間は未だ純に相対の意を絶つのではない。無限の前進の半面である無限の内向はこの内に欠けている。しょせん一面をのみ強めるとき、思想は相対に没するのである。持続というもただ停止に対する持続であろう。それはなお差別せられた持続である。悪を恐れる善はなお貧しい善に過ぎぬ。不二なものを求めるなら「善悪の彼岸」に至らねばならぬ。分別から未分に入らねばならぬ。静に対する動は半面の価値に過ぎぬ。彼は時間を一方の相対から救い起こして、再びこれを他の相対に封じたに過ぎぬ。同時に対する継時、静止に対する動体、これらはよし「純粋」に考えられるとも、なお言葉の相対的命数を離れ得ない。真に純粋であるならそのときは継時動体の言葉すら無いであろう。

彼の明らかにした真理はさながら五祖下の上座神秀が「身は是れ菩提樹、心は明鏡の台の如し」と言った偈《げ》に等しい。彼は真理をある程度まで明晰にした。しかし六祖慧能が「菩提もと樹に非ず、心鏡もまた台に非ず」と言い去った無上絶対の意になお欠けている。エリウゲナの言葉をあてはめれば、彼が明らかにしたのは「造られず造る」時間である。しかし「造られず造らぬ」時間ではない。無としての時間ではない。未分としての時間ではない。

余が求めるのはこの絶対なものとして理解される時間である。すべての対辞を許さぬ自律の時間である。相即不二の時間である。中世の哲学者が同時統体とみなしたその内面の意味は深い理解と言わねばならぬ。しかも字句は不幸にしてなお一面に限られる恨みがある。同時継時の区別はすでに絶対なものにおいては許し得ない。かかる考えに堕しては遂に時間の宗教的理解は捕え得ない。絶対の理解に対しては差別の闖入は厳密に防がれねばならぬ。未分なもののみ究竟である。分別を絶してこそ絶対である。楞伽経に「分別を転依するを名づけて解脱となす。こは破滅に非ざるなり。是ゆえに無辺際と言うを得ず。無辺際とはただこれ分別の異名のみ」と（刹那品第六）。無限と言うも有限の否定であるなら、なお一個の有限に過ぎぬ。動と言い静と言うもすべて分別である。対辞を許さぬ内容は黙して語られるよりほかはない。真の時間は言葉を容れぬ。離言の境に時間の実相は味わわれるのである。すべての言葉は否定されねばならぬ。ベルクソンのごとく「時間は動にして静に非ず」と言うべきではない。「動に非ず静にも非ざる」のが時間の真の面目である。純粋の時間には動静の区別はないからである。無が時間である。もしも他の言葉を用いるなら、二つの矛盾する対辞をともに容れねばならぬ。言い得るなら真の時間とは「動にして且《か》つ静」と言うべきであろう。永遠が瞬時とひとつなるとき真の時間が理解されるのである。「永遠の今」とはこの意を伝えた言葉である。ここには過去も未来もあり得ないのである。

瞬時即永遠ということを措いて宗教的時間はない。動静不二である。無なるがゆえによく有である。休みながらそのままに働きつつある。これが時間の真景である。人はこれを論理の法則に悖《もと》る矛盾の認可に過ぎぬと言うかもしれぬ。しかしこれは理知の瓦壊ではない、その解脱である。矛盾であると難ずるのはただ分別の知が叫ぶ批評に過ぎぬ。これは真理の否定にはならぬ。

余は必ずしも論理の名のために矛盾を恐れるべきではないと思う。時として矛盾の認許は論理的断案がなお不足であるという理解の後に現れるのである。否、さらに正しく言えばすべて矛盾とみなされるものは論理的判断以前の内容なるがゆえであろう。矛盾とは論理的言葉に過ぎぬ。論理以前の世界においては矛盾はそのままに調和である。否、実にその境において人は矛盾なる観念をすら持ち得ぬであろう。論理的に矛盾であるとは、その内容が必ずしも真理であらぬという意にはならぬ。

すべての両極を相即ならしめるほかに、許し得る絶対の観念はない。差別は相対である。時間の上に始終を分け分時を刻む限り、かかる時間がいかに長く延長せられてもしょせんは相対的時間に過ぎぬ。それは単に有限の反律というまでである。かかる時間に永生があるのではない。不死は数えあたわぬ時間との意ではない。かかる時間の解脱が真の無限な時間である。時間に与える分析は反省が後に加えた人為的所産に過ぎぬ。あるがままの時間は渾一である。見分け得る何ものでもない。この未分の境のみが絶対時の世界である。かかる時間は実に時間という念をすら許さぬであろう。いわんやそこに時間という言葉はない。すべては与えられたありのままである。真の時間は概念以前の時間である。ゆえに概念なき理解のみこれを味わい得るのである。

数理的時間は歳月を数える。しかし宗教的時間は歳月を絶する。過去未来に時間が区画される限り、生命には死があり無常がある。無量劫においては数えるべき時刻がない。夕の鐘は永《とこし》えに死の近づきを告げぬであろう。この絶対時の体得において人は時間を超え生命を超える。これが不死である、常住である。ただ現在があるばかりである。現在にこそ永遠が温かく包まれている。これが宗教的時間である。これが永生である。

五

数えあたわぬ無限の時間とは、単に歳月の永続である。個々の時間のあいだには何らの有機的意味を持たぬ。永続 Continuity と永遠 Eternity とは判然と区別されねばならぬ。人々は死後の存在の立証がやがて不死の証明であると考えている。しかしかかる企てが不死の信仰のためであるならば、その結果はわれわれを欺くであろう。死後の存在が我が霊に無限の生命をもたらすのではない。それは単に死の無期延引であって、宗教が認める永生ではない。それは時間的限界の否定であってなお相対的不死たるに過ぎぬ。真の不死とは時間に頼る生命を指すのではない、時間を解脱した不死こそ永遠である。数えあたわぬ時間的無限とはただ到達し得ぬ時間たるに過ぎない。それは絶対的時間と何の関するところがない。数理的無限と宗教的無限とは全然別事である。前者は単に年紀を数え尽くせぬというまでであって、数測をすら許さぬ究竟の時間ではない。かかる無限は実に量られた無限に過ぎぬ。ただ数を限りなく反復するまでである。計量を待ってはじめて知られる無限はすでに第二義である。真の宗教的時間は時間の念をすら容れぬであろう。時空間的に無限と言うがごときは永生の真意ではない。時間に束せられる永劫は、かえって永遠の死滅である。無限が時間に計られる限りかかる思想はなお幼稚である。真の不死においては数も時間も空間も沈黙されねばならぬ。かかるものが介在するあいだは理解はなお不純である。少なくとも時空間の範疇に限られた有限の無限に過ぎぬ。不死とは自由そのものである。何ものもそれを矯《た》める力はない。死後の存在の立証によってすべての生命は永続するかもしれぬ。しかしその生命は依然として不死の問題に悩みを重ねるであろう。不死を捕え得たものは死すとも悩みを抱かぬであろう。生命の真義は前後を持つ時間の上にあるのではない。かかる時間を絶したところにあるのである。

永続と不死とは別事である。ただ時間の限りない持久と言うがごときはかえって決定せられた永遠の死である。これこそ生命にとって堪え難い恐怖である。真の不死はなお瞬間においても不死である。かかる不死は時間の量を求めてはいない。量もなきこの刹那が永遠の不死である。永続は死を怖れるものの貪る糧である。しかし時間の量が彼を永遠に導くのではない。不死においては数え得る時間はない。長短遅速の比較すら失われている。永劫は未来にはない、この現在にこそ永遠がある。一瞬間もその内面の意味においては永劫である。万年も単にその経過においては死滅である。絶対時は時計を持たぬ。分時は永生の尺度にはならぬ。いっさいの尺度計量をすら許さぬ自律の時間こそ不死である。宗教的永遠においては歳月はすでにその意を失うのである。

進化の意味もただ時間の経過に委ねることはできぬ。真の創造は時間の所業ではない。創造するとはものの内面的意味に帰る謂である。進化 Evolution は内展 Involution の意であらねばならぬ。方向は外延にあるのではない。創造とは神が神自身を見る行いである。この瞬間に永遠の相を見る謂である。進化とは事物が神に帰る旅である。リュースブルクは次のように書いた。「神の出現は時間なき永遠の今にある」「神は前後を持たぬ永遠の今において彼自身及びすべての事物を見るのである。この一瞥《いちべつ》にこそ彼は彼自身及びすべての事物を支えている」。エックハルトの言葉にも「時間における創造と神における永遠の創造とは区別されねばならぬ。さながら芸術の作品と、芸術家の心に潜む理想とが異なるのと同じである」と。未来の時間が余を神に結ぶのではない。この瞬間において余は神に帰らねばならぬ。神に帰るのが存在の意義である。時間も神に帰る時間であるとき、真の意味を持つのである。永生とはかかる時間である。瞬時をして永遠たらしめるとは、神に即する謂である。「永遠の今」にこそ神が示現するのである。

六

なべて科学よりも詩歌が鋭い内面の理解である。平静を任じる理知がまったく独断を去った例は非常に乏しい。かえって特殊な熱情が真理のありのままな理解である。余にはしばしば数行の詩句が多くの学書よりも鋭い哲理の暗示であった。余は余の思索の友であった幾つかの言葉を引用してこの論旨を結ぼうと思う。

ペルシャの詩人――かつて地上に生まれた最も深い宗教詩人の一人であるジャラール・ウッディーン・ルーミの句に、

'Eternal life, methinks, is the time of union,
Because time, for me, hath no place there.'

この「結合の時」において介在すべき時間はない。時間を絶したとき永遠は余に降るのである。真の時間の理解は時間の観念をすら許さぬであろう。プラトンも「第一者は決して時間の中に存在せぬ」と言った。聖アウグスティヌスが「真の永遠は時間なきところに現在する」と言ったのも同じ心であろう。不死を無限の時間に求めるのは不純な態度である。畢竟得るものは時間の限りない追加に過ぎぬ。時間の多量は霊の栄誉にはならぬ。単に有限の否定は絶対の無限を意味せぬ。かかる分別に束せられるあいだ、時間はなお相対の域を出ることがない。真の時間は時間の拘束を破らねばならぬ。歳月を貪るとき永遠は遠く失われるのである。エックハルトは「時空間ほど神の知識を妨げるものはない」とさえ言った。彼はまた「霊の内なる働きは時空間によっては理解できぬ」と言い切った。エマソンも「霊の示現の前には時間も空間もまた自然も滅し去る」と言った。彼は籬《まがき》に咲く薔薇《ばら》を顧みて、「彼らは今日神とともにある、彼らに時間はない。これは単なる薔薇である、しかし各瞬間においてその存在は完全である」と書いた。永遠とは時間の持続ではない。時間を絶する刹那が永遠の誕生である。エックハルトの言葉のように「つねに永遠の今に住む者に、神は絶えず彼の子を産むのである」。

「荘子」内編大宗師に「独を見て而《しか》して後よく古今無し。古今無くして而して後よく不死不生に入る」と記されている。「独を見る」とは絶対を体認した意味である。真に絶対に没入するとき、古今の別はないのである。時は前後を失うのである。これが永遠である。時間の持続が人を永遠にするのではない。不死を未来に待つがごときは幼稚な思考に過ぎぬ。アクィナスは明瞭に書いた。「時間は前後を有するが、永遠は前後を有せずまたそれに拘束されることがない」「永遠は完全な一瞬時にある、これは無限な生命の全所有である」と。即如を離れて絶対時の意味はない。絶対時とは「結合せられた時間」である。未分の時間である。前後を容れぬ時間である。言い得るなら過去未来を持たぬ現在である。この瞬間である。時間とすら言い得ぬこの刹那である。この瞬間がすなわち永劫である。

ブレイクの有名な詩句に

'To see a world in a grain of sand
And a heaven in a wild flower
Hold infinity in the palm of your hand

And eternity in an hour.'

無限を掌に握るとき一時もなお永遠である。この最後の一行にこそ時間の秘事は包まれている。エマソンのいずれかの詩に同じ句がある。

'Can crowd eternity into an hour
Or stretch an hour to eternity.'

近世神学の祖シュライエルマッハーは最も明晰に宗教の不死を定義した。「有限に在って無限者とひとつとなり、一瞬時において永遠となる。これが宗教の不死である」と。すべての深い神学がわれわれに与える永生の観念は、実に「永遠の今」であった。「時は過ぎずまた進まぬであろう。すべてなる時はただひとつなる分かち得ない『今』の内にのみある」と遠くパルメニデスは書いた。プロティノスも「神はつねに永遠の今の中に働く」と書いた。永遠とは永遠の現在を言うのである。それは永えの若さである。「ギリシャ人は時間年期を暗示するのに老翁を用いた。しかしこれは虚想に過ぎぬ。真の時間の幻像は永遠の若者をもって現さねばならぬ」とブレイクは評した。彼の絵に「死の扉」と題した一枚がある。死の影に暗い墓の中に、一人の老翁が身をかがめて入ろうとする。だが画家は厳かな死の問いをここにとどめたのではない。彼は墓上に一人の若者を画いた。彼の顔は悦びに満ち眼は高く天空を望んでいる。太陽は背光のごとく輝いて不死の栄光を告げている。言うまでもなく不死に対する信仰がこの一枚に託されている。永遠はそれ自ら不滅である。永えの春である。聖アウグスティヌスが彼の信仰にこの神秘を味わったとき、彼は感謝の祈りを神に捧げた。「御身の年こそはただ一日である。御身のこの一日とはいずれの日でもなくこの今日である。御身がこの今日こそは永遠である」と。その深さと鋭さとにおいてこれに過ぎる言葉はない。

敬念にあふれた古《いにしえ》の信徒にとっては不死とは実に神に活きるとの意であった。時の密意は神意に託されてあった。無限の時間を歳月に数えたのは沈む信仰の裏書であった。死の否定が永生ではない。不死は死があっても可能である。死は霊の妨げにはならぬ。「我を信ずる者は死ぬるとも生くべし」とイエスは告げた（ヨハネ十一ノ二五）。真の永生においては時間が失われるように、死の障害すら無いのである。死は不死の否定にはならぬ。不死とはそれ自身の不死である。歳月の停止、肉体の消滅は不死の信仰のつまずきにはならぬ。天に長らえるか地に横たわるか、すべて余が信仰の存知しないところである。すべては神の御心のままである。パウロは「あるいは生きあるいは死すとも我ら皆主のものなり」（羅馬書十四ノ八）と言った。

楞伽経に「大槃涅槃は不壊不死なり。もし死なればまさにさらに生を受くべく、もし壊なればまさに是れ有為なるべし。是ゆえに涅槃は不壊不死にして、諸々の修行者の帰趣する所なり」と（集一切法品第二ノ三）。

宗教は畢竟不死の信念に彼が最後の福音を示すのである。

（一九一八年三月稿）

「無限」の意味について

一

心は無限を慕っている。これを離れては休らうべき心の枕はない。宗教とはこの無限を示す教えである。ただちに無限に即するとき、そこに宗教が実現するのである。この相即を離れては畢《ひっ》竟《きょう》宗教からの隔絶と知らねばならぬ。

いかなる知行もそれが絶対の色調に染まない限り、これを宗教的と呼ぶことはできぬ。もしも相対を破り出て究竟《くきょう》の域に突き入るなら、心は必ず宗教に面接する。幸いにも神への道は多様である。それのいずれを選ぶとも、万民の神はただ道を徹するときにのみ彼らの所有である。この無限を知る者にのみ宗教の密意は解かれている。

すべての破綻あるいは福祉はその思想その行為が相対たるか絶対たるかに起因する。これは生命の驚くべき決定である。なおわれわれとその目的とのあいだに溝渠《こうきょ》が残るなら、その結果は致命の傷であると知らねばならぬ。無限を失うとき人はすべてを失うに等しい。ものに即するときのみ、彼ははじめてすべてなる彼である。よし巧みに神を説く者があっても、それが彼の血脈に流れない限り、彼は神について一事をも説いていないのである。

われわれはいつか何ものかを絶対の意味において味わわねばならぬ。よしそれが僅かなものであろうとも、それは偉大なものへ打ち開く門戸である。われわれは生まれながらに無限を求める。これを措いて安堵すべき心の故郷はないのである。有限から無限への解脱が宗教の本意である。

さて反省はわれわれに促している、いかなるものが無限であろうかと。余はここに宗教的究竟を意味する「無限」が、内容上いかなるものであるかを明らかにしたい。人はいつもこの言葉を愛している。すべて究竟を暗示する言葉、不死、不滅、永遠、無窮またはこの無限とは一日もわれわれの信念から失われるべきものではない。死滅することのない生命、いっさいの限界を絶した実在、または差別の相を超える至上の神、常住不易の真如、これら至極の内容のみ心を満たす最後の帰趣である。信仰はそれが永劫の信仰であることを要求する。生命はそれが不死の生命であることを希願せしめる。すべて内心直下の要求はいっさいの事項をこの究竟の域に高揚せしめようとするにある。無限はいつもわれわれの愛する無限である。これに対する愛着を離れては宗教の信は不可能である。芸術の美も不可得である。無限なもののみ力であり真理である。人は有限に包まれながら無限を求めよとて造られている。すでに無限なものが内に包まれているのである。われわれの意志はそれがたずさわるすべてのものをこの絶対域にもたらそうと欲している。無限への追慕が生命の響動《きょうどう》である。

しかしこの内容またはそれに与えたさまざまな言葉は、不純な意味の追加によって原始の内容を傷つけている。字句はむしろ一般であり単純でありながら、これらの観念内容は甚だしく朧《おぼろ》げである。余はここに一般の人々が思念する「無限」の内容を批判して、それを正当な審判に委ねようと思う。宗教的真理としての無限は内容上かくあらねばならぬということを論ずるのがこの小篇の眼目である。無限の意味が真に理解せられたら、それは一身の思想に本質的な改造を促すであろう。

二

無限性の内容につれてまず想い起こされるのは数理的性質の無限である。例えば円につれて、無限の多角形を想い、直線を無限に細密な点線とみなすとき、われわれは明晰に数理的意味の無限を指しているのである。もとよりこの無限には二方向がある、数の限りない付加増大と減退縮少とである。これら積極消極そのいずれにせよ、等しく数の無限的開展を意味するのである。これらは独立に数学的内容を持つものではあるが、実際多くの人々が、無辺な対象を想うときこの数理的意味の無限を想う場合が甚だ多い。人情の限りない細かさを、かの真砂の数に譬《たと》えて歌った詩人もある。大能の仏陀を想うとき、人々は無量恒河沙《むりょうごうがしゃ》を連想した。広大無辺と言えば、計量に余る数的無限を想うのである。数字はただに数学者のみではない、多くの信徒からも愛された用途であった。しかも彼らはすでに千万の単位をもってその数を始めた。菩薩の功徳を称して千手千眼と言い、仏祖の偉大の伝え難きをもって千聖不伝と言った。万法万有とは彼らの常語であった。この宇山を無尽法界と言ったのも、無限の数に充ちる法界との意であった。始めなく終わりない無量劫の神を想うとき、人は時間の無限な数的拡張を意味していた。

われわれが思念する宗教的無限に対して、かかる数理的意義の無限がどれだけ深く沁み渡っているかは疑う余地すらない。実際われわれは数的意味を全然滅却せしめて「無限性」を想うことを不可能であるとさえ考えている。無限と言えばいつも何らかの意において数理的無限を連想する。われわれの思索習慣によって宗教的無限は必ず数理的無限を加味している。否、むしろ無限と言えばわれわれはほとんど後者を指しているのである。その結果は数理性を絶した無限を想うことが至難であり且《か》つほとんど不可能とさえなっている。しかしこの数理的無限は果たして宗教的無限の面目であろうか。数理性を除却しては無限は何らの意味をももたらさぬであろうか。果たして数理的無限は宗教的無限の中心要素たり得るであろうか。宗教それ自身の無限は不可能であろうか。余はまずこれらの質問を提供することによって「無限」思想の不明を解き去りたいと思う。でき得るなら宗教的自律の「無限」を明らかに建設したいというのが余の意志である。

神なる観念が多く明晰な理解を欠くとともに、人々は無限という観念に向かって多くの不純な色調を加えている。余はまず数理的無限の性質を指摘して、それが内容上いかなる価値を宗教に有《も》つかを明らかにしたいと思う。数的無限とは計量の無制限的運行である。この定限せられることを知らない計量という事実のもとに二つのことが是認せられる。第一には計量、第二にはその計量の無制限的展開である。したがって無限とは計量そのものを許さぬという意ではない、計量してもその運算に停止的制限がないという意である。すなわち無限数とは局限せられない数の謂《いい》である。無限はこの場合「不可測」‘Im-measurability’ の謂であって「無量」‘Non-measurability’ の意味ではない。測算しても尽きるところが無いのであって、測算そのものを許さぬのではない。われわれは同じ数理的意味において神を説く場合がある。「神は始めなく終わりない」と言うとき、人々は神の前に過去の年月を数え尽くすことができず、また等しく未来の年紀をも測り知ることができぬと思っている。神の大能はかかる場合数理的無限の意に多く解されている。神の前に数が無いというのではない、むしろその過去と未来とを数測し得ぬというのである。「始めなく」というのは「無限の始め」があるという謂であって、「始め」そのものを許さぬの謂ではない。「終わりない」というのも「終わり」を絶した意味であるよりも、むしろ終わるところを知らぬ意であって数測それ自身を許さぬのではない、数えても数え尽くせぬのであって、始めから数えられぬ意ではない。数え「あたわぬ」無限であって数えることを「許さぬ」無限ではない。数理的無限は規範的無限とはならぬ。

われわれは今この不可測なる無限という事実からいかほどの宗教的結果を得るかを知らねばならぬ。単に数えあたわぬ否定的無限がどれだけの宗教内容を形造るであろうか。神は知識によって説明し尽くし得ぬゆえをもって無限であろうか。否、それはむしろ一種の懐疑的信仰の満足に過ぎぬ。余はかかる態度にも消極的意義があることを知っている。しかしそれは何ら信仰の中枢を形造る力がない。われわれはいっそう能動的態度を要求する。われわれはなぜ計量し尽くし得ぬ無限よりも、すでに計量をすら許さぬ無限を絶対として愛し得ぬであろうか。単に有限の否定に終わる無限よりも、さらに絶対な無限をこそ愛慕せねばならぬ。犯し得ない規範的無限に対しては、不能に終わる数的無限はただ微弱な陰影に過ぎぬ。美は限りない多くの形容詞を受けるゆえに美なのではない。すでに何らの形容をすら許さぬ美こそ真の美である。絶対の宗教的無限は、すでに無限であるということをすら許さぬであろう。神は発端なく終末ないゆえに無限なのではない。かかる考えは単に因果的関係の無制限的延長であって、むしろ数理的反復、循環に過ぎぬ。神は実に始終することを許さぬゆえに無限なのであって数測的に無限なのではない。神の前には数測もまた不可測もすでに無いのである。かかる無限こそ宗教的無限の本質である。

単に数え尽くせぬという無限は何ら信仰の中枢的内容をなすものではない。かかる事実にわれわれが一種の感激を感じるのは、それ自身のためではない。かかる無限がさらに神秘なある者の象徴となるからである。単に抽象された数的無限は無内容である。それがはじめて意味をもたらすのは、かかる事実がさらに高い無限性の一種の象徴たるからである。数理的無限の価値は象徴としての価値である。われわれはいっそう本質的な無限の存在をその背後に忘れるべきではない。

数理的無限と宗教的無限とが区画さるべき理由はただにこれらのみにとどまるのではない。数理的無限は数の無限な羅列であって、計量の終わりない反復に過ぎぬ。それは単に追加の増進であって、そのあいだに何らの有機的関係を要しない。純粋に機械的複合体であって、何ら統一体を示すのではない。数的無限は単純に有限の否定というまでである。したがってかかる無限は有限に対する一個の対辞であって、絶対的無限ではない。かく考えれば数的無限は一種の相対的無限であって、独立自全たるべき宗教的無限の絶対性に比しては、なお有限的意味の無限たるに過ぎぬ。したがって宗教の究竟要求としての無限たることはできぬ。

三

数理的無限に関連して必然に想い起こされるのは無限なる観念に加えられる空間的内容である。われわれの思想習慣は神を想うごとにかの広大な宇宙を連想せしめる。高遠な神の御座として何人《なんぴと》も天の蒼穹を思い見ない者はない。際限ない空間の広がりはしばしば宗教的発作の衝動であった。天国浄土は碧空の限りない彼岸にあった。この空間的内容は神を超越の実在とみなして、われわれの地上から彼を天上へ奪い去った。「天帝」とは今われわれの呼ぶ尊称である。「天よ」とは祈りの言葉である。われわれはほとんど空間的意味を離れては彼を呼び得ないでいる。神は宏大であり、遼遠であり深玄である。空間大を捨棄しては示すべき神の性を見出すに苦しまねばならぬ。神はかくて平面に画《えが》かれた神である、数的無限の内容につれてわれわれは容易に平面的に無辺の神を心に画いている。大なる神とはその結語であった。

空間的無限とは延長的無限 Extensive Infinite である。神は不可思議にもこの延長的神として鮮やかに記憶せられているのである。延長が計量の予件であるように、かかる神が数理的にも思惟せられたのは必然の結果に過ぎぬ。しかし延長的に無限というがごときは果たして宗教的真理の要素たり得るであろうか。余はこの自然に与えられた広大な天空、または荘厳な山嶽や海洋が内心への深い衝動であることを忘れるものではない。これらは空間の大がわれわれに鏤刻《るこく》する印象である。しかし彼らの美は内面的意味を除いた延長そのものの美ではない。われわれが彼らの前にひざまずくとき、その形体の前にひざまずくのではない。それが象徴する驚くべき内容を讃えているのである。形体はそこに内在する力の表現である、延長は内容を離れては抽象的形体たるに過ぎぬ。第一者はつねに内面の意味であって、空間的無限というがごときはすでに第二者である。空間はさらに高いものの象徴である。外延 Extension は内包 Intension を要求してのみわれわれには意義がある。単に空間的無限大というがごときは、第一義の宗教的無限とは区画せられねばならぬ。

延長的無限はまた量的無限である。それは空間を無制限的に占有する静体たるに過ぎぬ。われわれはこの内から量の無限な加を見出すのみであって、何らの活きた生命の動律を期待し得るのではない。この巨大な静体は部分の無限加であって具像的統体ではない。まさに統一たることを切要する吾人の宗教的無限に対して部分の限りない羅列的増加というがごときは、甚だしく稀薄な内容と言わねばならぬ。宗教的無限の荘厳はかかる無内容の無限たるべきではない。量の莫大は霊の満足にはならぬ。宗教的無限はさらに質としての光彩を放たねばならぬ。

延長的無限は単に有限の否定であって無制限 Limitless と言うに過ぎぬ。それは制限を許さぬ Unlimitable の意ではない。したがってかかる無限はただ有限の対辞であって、相対的無限たるに過ぎぬ。大は小の対比においてのみ可能である。しかしかかる大は相対的大である。絶対的無限はかかる無限大であるべきはずはない。真の神は大ではない。大小という比較をすら絶した神であらねばならぬ。神は偉大であると言うとき、すでに神の真意からは遠く離れているのである。神の前に大小は無いからである。

四

われわれは「無限」に二様の意味があることを看過してはならぬ。第一は有限の否定としての無限である。計量し尽くし得ぬ無限であって、限界に対する単純な否定的意義である。例えば数理的、時空間的無限はかかる意味の無限であって、定限し得ぬ限りなく終わりない不可測のものという意味である。その結果は単に終末のない計量であって、計量を許さぬ終末という意ではない。かかる無限は有限に対する対辞であって両者は相対的関係に立っている。実際有限ということの否定なくしては在り得ぬ無限である。ゆえにその無限はひとつに有限の是認においてのみ可能である。無限は有限に対比せずしては意味を失わねばならぬ。有限の否定であるゆえに、有限なくしては始めからあり得ぬ無限である。かくて有限と無限とのあいだには密接な相対的関係がある。したがって相対域を脱し得ぬ意味においてかかる無限は相対的無限である。相対的であるゆえに真の絶対的無限とは言えぬ。

この相対的無限すなわちすべての数的時空間的無限の外にわれわれは今別種の絶対的無限を求めねばならぬ。少なくとも相対的関係にとどまり得ぬ宗教的要求はそれ自身充全な絶対的無限を追求せねばならぬ。相対的無限は有限に対する対辞であるが、絶対的無限はその本質上何らの対辞たるべきものではない。対辞 Antithesis を脱して綜合 Synthesis の意でなければならぬ。絶対とは独立自全の統一的活動を言うのである。有限の否定を待って成立する無限というがごとき他律的性質のものではない、最初から有限を容れぬ自律的規範的無限である。すでに計量をすら許さぬ無限である。かかる絶対的無限のみ宗教的無限たり得るのである。しかし人々はこの絶対なる意味に向かってさらに多くの独断を加えて、無限の観念をいっそう不純ならしめている。彼らは絶対の意味をすら相対的に考えねば止まないでいる。

普通、相対の対辞としてわれわれは絶対という言葉を用いている。例えば楽園に対して地獄を想起するように、相対と言えばこれに対して絶対という反律を想い起こしている。したがって絶対は相対の否定の意に用いられている。したがって余が言う絶対的無限も一種の相対的無限に過ぎぬと評するかもしれぬ。しかしその用語の不明とその著しい誤謬《ごびゅう》とは、まず絶対を相対の対立として取り扱うことにある、もし絶対が相対の対辞であるならば、両者の関係は対立的である。したがってかかる絶対はすでに絶対ではなく相対である。対立を許さぬ独立自律の絶対が、相対に対比せらるるなら、すでに絶対の性を失っているのである。かかる絶対は一種の相対に過ぎぬのであってなお不純な絶対と言わねばならぬ。しかしこれによって純粋絶対が不可能であるということにはならぬ。

次にこの通用語の難点は、相対の否定と絶対とを同一視したところからくる謬見である。相対の否定は、単に相対への対立であって絶対ではない。相対の否定と絶対とはその本質上内容を異にする。前者は単に相対の対辞に過ぎぬのであってそれみずから相対的性質にとどまるのである。絶対とは自律自全であって、何らの対辞をも許さぬ絶対であらねばならぬ。「相対」の対辞は「相対の否定」であって、「絶対」ではない。この両者は厳密に区別されねばならぬ。

第三にかかる錯誤は人々が「絶対」なるものを対辞なくしては考えられぬ思考の貧弱に起因する。「絶対」とは常用語でありながら、よくその真意を理解する者は少ない。絶対と、「相対の否定」とは前述のように区画せねばならぬ。単に相対の反対というがごときはまた一種の相対に過ぎないのであって、何ら絶対の真の意ではない。反と絶とはおのずから明晰な区分がある。「反」Anti とは字の示すように対立する相対的二者を待ってはじめて成立する概念である。唯一不二の絶対は、これら二者の相互的関係を待って存在すべきものではない。「絶」とは反対の意ではない、解脱 Emancipation の謂である。二元的関係の完全な離脱においてのみ可能なる事実である。絶対とは一元的綜合であらねばならぬ。

解脱とは対立的関係の解脱を言うのである、二元界を去って一元を示現する謂である。対立を要するがごときはすでに二元的であって一元的とは言えぬ。相対の対辞として人々は絶対を想い起こしているが、かかる絶対はすでに二元的であり相対的である。何ら自全自律の究竟的絶対性を示すものではない。相対の対辞としての絶対はまた相対に過ぎぬ。純な絶対は相対の対辞ではない。この相対的関係の離脱においてのみ独り真意の絶対は厳存するのである。真の無限は有限の否定ではない、絶対はまた相対の否定ではない。これらは別に自律の世界を持つのである。この世界においてのみ宗教の光がある。

しかも無限に対する人類の信仰の再度の誤点はその無限を遼遠な未来の上に求めることにあ

る。最高の絶対者は未来の終末、空間の最後にあると考えて、遂には神を遙かな天上に安置したのである。しかし無限者はかかる到達し得ない彼岸に屯《たむろ》するのではない、この現在直下の内面的事実に見出さるるのである。神は高遠な天国にある超越者ではない。人心の内底に深く輝く光である。この事実こそはわれわれに類ない歓喜ではないか。人の心の内に宿るキリストは今もなお彼の言葉を重ねて「神の王国は汝の内に在り」と叫びつつあるであろう。

（一九一五年十二月稿）

自我についての二三の反省

「我の無我を了せずして、ただ言語に著すれば、二辺に溺れて、自らを壊し世間を壊せむ」

（楞伽経）

一

われわれの祖先の楽園からの墜落について、何人《なんぴと》もその名を知り得ない著者が、彼の著「ドイツ神学」（Theologia Germanica）の中に驚くべき批評を書いた。「アダムが楽園から追われ、そこから墜落したのは林檎を食べたからだと言われている。だが私は言う、それは彼が林檎を我がものだと言ったからである。『我』とか『我がもの』とか『我に』とかいう心があったからである。

よし彼が七つの林檎を食べたにしても、決してそれを我がものだと言わなかったら、彼は墜落しなかったであろう。しかしそれを彼のものと呼ぶや否や彼はたちまち墜落した、よし。林檎に触れないにしても彼は墜落したであろう」と。

同じ「神の友」'Der Gottesfreund' であった師エックハルト Meister Eckhart は彼がいつもの簡勁なしかも鋭利な言葉で「我」についてかく言い切った。

「『我あり』と真に言い得るのはただ神のみである」と。

これらの言葉がまず読者の心に幾分の暗示を投げるなら、さらに余が加える二三の反省はその理解をいっそう鮮明にするかと思う。余の考想はなお不足かもしれぬが、しかし自我の存在に対して永遠の基礎を与えたい志に基づいている。自我に対するさらに大きな肯定を与えたいがために、余は一般の自我に対する観念を否定して、余の立論を起こそうと思う。

人々は自我が四囲の環境に対して特殊な一個の位置を保有するのを疑っていない。さながら海洋にある島々のように、それは他から孤別せられた各自の存在であると考えている。したがって自我をその特殊な性情と形態とにおいて何人も乱し得ない独立の生存であるとみなしている。人々は鋭い溝を自己と他人とのあいだに掘っている。誰も自我と彼を囲む世界とが差別であることを認めている。自己の意識はただ自己にのみ許された意識である。かくて他に対する我の存在は疑い得ない事実となっている。

この一般の信念は二つの明らかな結果にわれわれを導いている。それは自他の対立と自己所有の念とである。自我とは畢竟《ひっきょう》他に対する自我である。対立を否定しては自我の存立はその理由を失っている。しかも対立とは自我が他に対して特殊な性情を保有するという意である、それは何人にも依属しない独立な自己の所有であるという意である。換言すればその対立性と所有性とにおいて自我はいつも理解されるのである。

しかしかかる考えはいかなる根拠に基づくのであるか、それは自我に対する徹底的な考えであろうか、厳密な思索及び純粋な経験が許し得る考えであろうか、自他の区画は果たして絶対な決定であろうか、いかなる権威に基づいて自我を私有であると断ずるのであるか、自我とは何人が許した言葉であろうか。

余の判断によればかかる一般の信念には驚くべき独断が潜んでいる。しかもこの信念のゆえに人間は長いあいだ罪の反復を重ねている。おそらくこの信念が導く謬見がなかったら宗教及び道徳的罪過は早く地上からその力を失ったにちがいない。

あらゆる自己を中心とする欲望、利己のための排他の努力、征服の欲求、富有への奴隷、掠奪の行為、すべての教えが駆逐しようとしたこれら私欲の罪過はすべて誤った自他の区画、私有の妄念に基づいている。この独断はただに不純な思想にとどまるのみではない、行為に働く力として絶えず醜い陰を人間の生活に投げている。余はあらゆる罪過の大半はすべてこの独断の結果であると考えている。もしも人々が真に自我を理解し得るなら、これらの行為、否、これらの思想それ自身が、自我に対する甚だしい毀損であると気づくであろう。

自我とはいつも自他の観念にわれわれを結んでいる。しかし自他とは果たして絶対の差別であろうか、もしもこれを否定し得ないなら自我は畢竟相対的自我である。しかしかかる性質が自我の面目であるならこの内に宗教の永遠な基礎は求め難い。不幸にもかかる自我は絶対の国に活き得ない定命を受けている。もしも自我を宗教的価値に見出そうとするなら、われわれはこの相対の意味を破り出ねばならぬ。絶対なる自我、自律なる自我のみ宗教を産み得る力である。余は自我にかかる意味を甦らすために、人々が思惟する自我の内容を覆そうと思う。しかし余は自我の対立性、その私有性に関する独断を破るために多くの論争を費やすまい。それよりももしここに自律なる自我をありのままに披瀝《ひれき》し得たら、かかる妄想は自滅すべきはずである。少なくとも自我は永遠の位置を保つためにその内容を改造せねばなるまい。真に光であることを示し得たらそれはすでに陰たり得ないであろう。余は自我が余のものであると言い得る前に、かかることが許されているかを知らねばならぬ。

二

ひどい吹雪の日ブランドが山路にかかろうとしたとき、村の者どもは、彼の無謀さを止めようとした。しかし彼の強く答えた言葉はこうであった。「何者かが自分を招いている、行かなければならない」と。彼はこのとき彼自らではなかった。何者かに招かれた使命が彼の霊を奮い起こした。鮮やかに用いられたイプセンのこの筆を冷やかな反省に導くのは余の本旨ではないが、これらの言葉は余が今画《えが》こうとする自我の意味に対して浅からぬ暗示である。試みに純な内向 Introversion を自我のうちに加えてみたい。余が認めて最も根本的な自我の意識とする精神の「要求」についてそれが何を指示するかを深く省みたい。

人々はこの内心の「要求」がただ自らの要求にほかならぬと考えるであろうか。要求とは自我が心のままに左右し得る要求との謂《いい》であろうか。事実によれば人間内心の切な要求とは要求せざるを得ない無上の要求である。それは不可抑の力である、本然の発作である。要求とは喚求である、何ものかの力があって余を衝動するのである。余自らの意志によるのではない、それは止み難い湧き出る霊の泉である。要求は余自身の取捨ではない、厳然とした直下の命令である。余はかかるとき余自らを意識するのではない。余自身の内面において余を支持する絶大な無上の力を感じるのである。余は「進めよ」と言う厳かな声を耳に聴いている。余が進むのではない、余の裡《うち》に漲《みなぎ》る力が進むのである。パウロは「我活けるに非ず、キリスト我において活ける也」と言った。この無上の力こそ自我の規範的面目である。すでに規範である、それは自己の私有ではない。自律なる自我の発現である。自律なる力の前にすでに自他の区別は失われている。それは渾然とした統体である。「我」または「汝」という差別をすら許さぬ自存の体現である。要求は私欲ではない。私有の感はここに消滅する。それは私を超え私の介在を許さない純な客観の命である。果たされねばならぬ事実である。私有な自我の意志ではない。公有な自我の力である。「私は善といい悪ということを神の命以外には言い得ない」（民数紀略二十四ノ十三）と預言者は言った。偉大なる芸術偉大なる宗教はすべて与えられた啓示であった。次の異常な言葉は内心の事実としては自然を告げるにほかならない。

「私は日夜神の使者の命の許にある。——私はこの詩を精霊からの直接の命令で書いた。しかもいかなることを書くかという予期なしに十二行または二十行、三十行を一時に書き下すこともあった。しかも私の意志に反して書くことすらあった。あるいはこれを多年の努力の後にできたと思うであろうが、実際書くために費やされた時間というものは存在していない」（ブレイクの手紙より）。

自我が対立なる自我であるなら、われわれは自らの意志において絶対なる何事をも為し得ないのである。しかしいっさいはただ自性を超えた無辺な力の働きによるのである。意志の自由とは自我の自由という意味ではない。私有なる自我が真に公有の自我に託されたとき、絶対の自由が示現されるのである。「完全なる霊は神の欲する以外のことを欲し得ぬ」とエックハルトは言った。彼は付け加えて「これは奴隷たるのではない。これこそ真の自由である」と言った。実際行いをして己を離れさすとき、真の己は活きるのである。真に存在を神に依存さすとき、はじめて余の存在は肯定されるのである。われわれは何事もわれわれ自身において行い得るのではない。また何事もわれわれ自身の所有ではない。人間の自我は客観的自我である。随意の取捨を許さない規範的価値である。私有を許さない公明の存在である。いっさいは神の不動な所有である。彼においてのみ絶対の所有がある。他力宗とはかかる教えであった。御心のままに任ずるとき、我に神の力が甦るのである。絶対の帰依こそ宗教の光である。純に神をして彼が心のままに放つとき、そこにはじめて完全なる自由が示現されるのである。何事をも我がものと思うとき、神は遠く我を去るのである。我をして神に没入させねばならぬ。我が内心に力が湧きあふれるとき、人はただ無上な命の許にあるのである。このとき我を破り得るものはひとつとしてこの世に存在しない。余はこの公有なる自我においてただひとり自己の面目を感じるのである。他のいっさいの自我の念は余においてはなお不純である。私有なる自我は余の局限に過ぎない、それは余を永《とこし》えに宗教から離れしめる恐るべき致命の思想である。かかる自我はいかに美しく飾られるとも、何ら自律の権威を保たない、余は宗教に堪え得ない自我を長く忍ぶことはできぬ。人は彼が私有の自我を破り出るとき、公明の世界に入るのである。

三

人々はかかる思想が自力の教えに悖《もと》ると思うであろうか、あるいは自己を否定する消極の一途に過ぎないとみなすだろうか。しかしかかる自我の滅却は余の主旨ではない。余は人為に基づく差別の相を絶して、自律の自我を樹立し示現したいのである。余にとっては自他の区画は理知の反省が加えた貧しい独断に過ぎない。余は自他はその至純な意味において唯一不二であると思う。他力とは何であるか、すべてなる自己を他に見出す謂である。自力とは何であるか、すべてなる他を自己に見出すのである。それは唯一の真理を捕える左右の手である。自己を深く掘り尽くすとき、人は彼が心内に驚くべき力を見出すのである。ある者はこの力に自己を捧げるのである、ある者は自己にこの力を抱くのである。ひとつは自己を空しくして神の力のすべてを現ずるのである、ひとつは自己を神の力に充たすのである。神の力のすべてなる示現においてこの二途はつねに相即である。完全なる自己の寂滅 Self-Annihilation と完全なる自己の充実 Self-Fulfillment とはその帰趣においてひとつである。

時代は個性という字を愛している。個性の表現 Realizaton こそは新しい世紀が標榜するに足りる理想であった。しかし人々はただこれを特殊な自己の私有として誇ろうとするのであろうか。しかし真意はそうではない。個性は与えられた個性との謂である。個性の実現とは賦与せられた使命の実現との意である。特殊なる我が個性とは実に公有の意義をもって認許せられたのである。主観なるこの自我こそは最も客観なる存在である。これは一身が随意に作造し変換し得べき性質ではない。荘厳な使命を持って生まれたのである。個人とは何ら個別を意味するのではない。万人への真理を果たすための個人である。個人は公人である。真に個性を掘り尽くすとき、共有の真理が湧くのである。個性をありのままに現ずるとき、万人の心に触れわたる力があるのである。ありのままな個性とは与えられた個性である。与えられた個性とは特殊な天命を受けたとの謂である。何者か絶大な力が余の存在の根拠である。余の身は余一身ではない、余は公有の人である。主観にとどまるのではない、客観の意があるのである。真の主観は必ずや客観と相即不二である。余自身のものであるならば背律も破戒も余の任意であろう。しかし余の存在には動かし難い法則が流れている。これは桎梏《しっこく》に悩む宿命ではない。無上の法命はそれ自身自由の統体である。この使命の遂行を破り得る力は何ものもないのである。

偉大な個性の芸術は必ず万人の心に触れる。特殊なる主観の哲学も、それが至純であるとき客観の力をおびる。一仏陀は万世の仏陀である。個人が万有に活き得るのは、そこに自他を超えた公有の生命が宿るからである。すべての絶対なる宗教的真理においていつも「汝」は「余」である、「余」は「汝」である。我らは隔たるのではない。愛こそは宗教である。

四

いかなるものもより深いものの象徴 Symbol である。より以上なものの暗示 Suggestion である。路傍の木々もただ生い立つのではない。河はただ流れゆく水ではない。一枝の花も一堆の土もそれ自身に終わるのではない。いかなる存在も活動も何ものかの暗示である。より優れたものを示し得ない存在はひとつとして許されていない。有限に事象が終末するのではない。すべてのものは彼が象徴の意義において永遠である。いっさいは象徴である。何事か恐ろしい力の暗示である。世界はまさにサクラメント Sacrament である。

すべての宗教が示し得た真理は有限の世に光り輝く無限の相であった。余はすべてのものが彼の形相において終わるとする思想を許し得ない。自然は定義されることを厭《いと》う、無限の暗示こそはその生命である。人間の優秀な存在こそ最秀なるシンボルではないか。それはシンボルの内のシンボルである。余は自我をその相対な意味に局限する理由を知らない。我が自我こそは大なる自我の暗示である。「我」に真理が終わるのではない。預言者は神に象《かたど》られて人は造られたと言った。世界は無限者の表明 Manifestation である。「われわれが神の如くなるために、神はわれわれの如くになった」とブレイクは言った。涅槃経の「如来性品」には我の義を指して「我とは即ち如来蔵の義なり。いっさいの衆生ことごとく仏性あり。即ち是れ我の義なり」と。

この秘事を知りぬいていたキリスト教徒がいつも愛した言葉、「内なる光」Light within、「火花」Fünklein、「霊の眼」Soul's Eye、これらの意は今理解されねばならぬ。ある者はこれを「影像」Image と言った、ある者はこれを「心源」Ground と呼んだ（第十四世紀に栄えた「神の友」の人々、近くはベーメ、さらにまたすべてのクェーカーはこれらの真理を最も鮮やかに説いた人々であった）。

彼らは絶えず自我に包まれた光を説いた。彼らはこの内なる閃きに神と人との愛を見た。有限なる肉身が無限なる力に甦るのも、ただこの光あるがためにである。われわれは神を離れて神を知ることはできぬ。ちょうど太陽の光によってのみ太陽を見得るように。われわれが神を求めるのは神自らである。それが我が力ではない。「神に対する心の知的愛は、神が彼自らを愛するその愛である」とスピノザは言った。「余が神を見る眼と神が余を見る眼とは同じである」とエックハルトは言った。パスカルは神の言葉を次のように書いた、「悦べよ。すでに汝が余を見出していなかったら、汝は余を求めはしなかったのである」と。「神を求めるのはすでに神を持っているからである」とデンクも書いた。自我に深く入るとは神に近づくとの謂である。自我は彼が永遠の存在を神に託している。真に我に在るものは神であって自我ではない。「神は余が余におけるよりもさらに余に近くある」とエックハルトは言った。「汝いずこを向くともそこにはアラー Allāh の顔がある」とコーランに書いてある。「汝が『アラーよ』と呼ぶ声は、即ち『ここに余が在る』と言う声である」と詩人ジャラールは歌った。

自我と神との相即について最も深い思想を持ったのはウパニシャッドの哲学であった。梵 Brahman 及び我 Ātman に関する思想において、彼らはかつてない鋭さを示した。彼らの宗教は次の二つのモットーに託されている。「汝は彼である」と、彼とは梵である。かくてさらに言う、「我は梵なり」と。この驚くべき言葉こそは敬虔な信徒が熱情をもって言い得た最後の言葉であった。ある人々はこれを許すまじき不敬であると言った。ペルシャの詩人ハッラージュ Hallaj が「我は真理である」と叫んだとき、彼は殉教の血を流した。人々は彼がすべては神であると言った意味を理解しないのである。真に自己を意識することは神を意識することである。我に在るものは自己ではない、神が存在するのである。「我」のいかなる部分も公の「我」である。すべての人々の心はまた余の故郷である。人々は真にこの公の故郷において同胞である。

五

プラトンは古く思慕 Eros の教えを説いた。利己の罪によって人々は彼が故国から放たれている。しかし心に包まれた一片の愛の印が絶えずその故郷を慕っている。人は己の内に帰るときうたた懐郷の情にたえない。自我への執着は長いあいだわれわれを神から隔絶させた。心を欺いたユダは「我」自らであった。「我」は久しくも我が誕生の地を忘れている。しかし自らを省みるとき人は故郷の香りに触れるのである。「汝自身を知れよ」とアテネの聖者も言った。ただ汝の性質を知れよというのではない。汝がそもそも何者であるかを熟知せよというのである。人は彼が荘厳な存在について明らかな信念を有せよとの謂である。

われわれのすべての心の希《こいねが》い、霊の作業はただ我が一身のことではない。我を生み我を育てた力の意志である。我がすべての努力は自然の慈母が余を招く愛の吸引である。人生の行路は故郷への行路である。真理とはこの愛の旅路の記念である。「哲学とは懐郷の情に病む心である」とノヴァーリスは言った。「至るところに我が家を求めたい」のが知識の心であると言った。

宗教はわれわれを故国に安らえしめる。温かいその誕生の地に帰るとき、われわれはみずからを忘れ隔てを去ってすべての人々と悦び語るのである。そのときすでに余があるのではない、他が区別せられるのではない、ただ一流の愛にすべては漂うのである。永えの春の風が自然を柔らかく包むそのときのごとくに。

これは自我に加えた二三の反省に過ぎない。しかし示し得たところに宗教の契機は潜んでいる。余はこの絶大な意義を想ってひざまずきたい。確固とした不助の基礎を人間の内裡《だいり》に見出したいために、余はなおいっそう自我を破壊して考えぬきたいのである。余の否定は肯定を得たいがための努力である。真の我が存在において「汝」と「余」との結合を見たいためである。余が愛するジャーミーの詩に、

'In solitude, where Being signless dwelt,
And all the Universe still dormant lay
Concealed in selflessness, One Being was
Exempt from 'I'-and 'Thou'-ness, and apart
From all duality.'

(Yūsuf ū Zulaikha)

（一九一七年十二月稿）

規範と経験

現代は鋭い幾つかの哲学を与えた。しかしある立場をとってその思潮を徹しようとする傾きがあって、二つの相対する流れを内面から結ぼうとする企ては、なお未来に託されている。その中で、いつか解かれねばならぬ論争のひとつ、すなわち規範と経験との対峙について、多少余の考えを述べたいと思う。

一般に先験と後験、または規範と経験は疑うことのできぬ対峙であると思われている。哲学の方向もそのいずれかを力説することによって決定される。哲学上、唯理論と経験論とは、すでに長い争いの歴史を残した。また分科上よりしても、規範学（論理学、倫理学のごとき）と経験学（自然科学）とは、明らかな学問上の反律とさえなっている。

規範 Norm とは、まさにかくあらねばならぬ理法の謂《いい》である。経験に先立って与えられた指導であって、これによって経験は整理され遂に知識に構成されるのである。いっそう哲学的に言えば規範は当為 Sollen の謂であって、これを不とするを許さぬ必然的な内容である。したがってかくあらねばならぬという、無上な命令の意を含んでいる。ゆえに規範はその性質上、純に客観的である。いっさいの真理はこの普遍的基礎に依拠するがゆえに、はじめて一般的真理たり得るのである。したがって規範は先験的 Apriori であり、これに対して、経験は後天的 Aposteriori だと言われ、また前者の客観的性質に対して、後者は主観的事実とみなされている。個々の主観的経験は特殊であるが、先験的規範は普遍である。したがって経験によって与えられる知識は、この先験的規範によって構成され、整理され、はじめて客観的真理たり得るのであると言われている。

しかしわれわれは、この明らかな対峙を内面から理解することによって、二つを結ぶことはできないであろうか。未来の哲学はこれを解く任務がある。余には久しいあいだ、すべての二元を解く鍵はただ神秘道にのみ見出せると考えられた。余は今かかる立場からこの問題を捕えて、いかほどこの対峙を近接させ得るかを見ようと思う。

余は規範を単にある約束的規矩とみなす範疇のごときものに解するのではない。かかる静的形式の概念はかえって主観的産物であって真に客観的な規範の面目を伝えるものではあるまい。真に温かい理解をすすめるならば、それは与えられたものの内面的意味であって活き活きとした無上の権威であらねばならぬ。抑え得ない道徳的衝動あるいは宗教的感激を想うならば、その刹那の規範的事実をいっそう活き活きと捕えることができよう。究竟《くきょう》的至上要求の内裡《だいり》においては、かかる無上の客観的命令が動き働いている。規範はその純な客観的内容において、おのずから動的であり創造的である。われわれを離れた理法ではない。われわれに密着する活きた力である。

　われわれが普通経験と呼ぶものも、多くの独断の闖入《ちんにゅう》によってその至純な姿を変えている。一般の信念によれば「かくある」という経験から、「かくあらねばならぬ」という規範は出てこないと言われている。しかしかかる「有」は果たして厳密に理解された「有」であろうか。経験を純粋に考えたら、それは自律な経験というようなことになるであろう。絶対自律な「有」はすでに理知の対象たることを許さぬ。経験を感覚的内容のごときものに解するのは、なおこれを客観的対象とみなすゆえであって、純に主観的な経験的統体からは遠く離れている。「有」に対する一般の理解はなお相対的であって不徹底である。絶対経験は自律である。自律なるがゆえにすでに差別を許さぬ。「有」にして且《か》つまた「当為」である。愛は愛であるとともに、愛せざるを得ぬ愛である。余は真の主観は真の客観であると思う。規範と経験と、その相対義においては反律であろうが、絶対義においてかかる差別は失われねばならぬ。かくて各々の内容を純粋に徹することにおいて、両者未分時の面目を理解することはできまいか、規範と経験との対立が失われるときはかくてわれわれに近づくと思う。

　高調せられた宗教的経験は経験でありながら同時に規範的事実であろう。抑え難い精神要求は、内心の純な主観的衝動であり、且つまた客観的命令である。神を感ずとは感ぜざるを得ぬ謂である。人間の宗教的要求 Demand は一面では神の厳粛な喚求 Call である。約言すれば喚求せられた要求である。シュライエルマッハーが「要求せられたる自己意識」と言ったのはこれであろう。客観なる主観である。経験でありながら規範である。キリストは求めるものは与えられんと言った。求めるという事実の内面にすでに与えられるべき酬《むく》いが温かく包まれている。

いっさいの神秘的経験はこの未分者の体得である。彼らは差別のあいだに和絃の調べを聞いていた。彼らが残した多くの撞着《どうちゃく》の言葉または逆論は、彼らには自然な調和であった。論理的矛盾も彼らの理解において統一であった。彼らはいっさいのものを、その未分時において体験したからである。

いつも言葉を超える神秘道はその真諦《しんたい》を画《えが》くためにしばしば矛盾の表現にその心を訴えることがある。人為的分析によって分かたれた二面の対峙を、その未分時において理解しようとするとき、われわれは必然差別の内に結合を認めねばならぬ。「多忙なる休息」「赫々《かっかく》たる暗黒」というがごとき逆論がかえって真理の真面目であるのを神秘家は知りぬいていた。これは論理的には矛盾であろうが事実としては調和である。ものを未分時において理解しようとするなら差別的理解を離脱せねばならぬ。規範または経験というがごときはなお一種の差別的見方であって人為的である。差別は反目である。しかしあるがままのものはすべての反目の調和である、その離脱である。実在はいっさいの矛盾する内容をすべて容れる。彼には矛盾すべきものがひとつとしてないからである。

余が力説しようとするのは、規範と経験とは、その至純な態において不可分離な統体であるという一事である。われわれはこの未分なものを反省して、規範及び経験という二面に理解するのである。なべていっさいの判断は比較によってはじめて成立する。純に統体なるものは判断の対象たることはできぬ。われわれはこれを分析し比較しはじめて一個の知識に導くのである。理知は命数上二面的である。しかし真に一律なるものは、かかる二面の対立に終わるのではない。先験と後験と、その未分時においてかかる差別は存在せぬ。あるがままの姿は規範即経験であって、規範対経験ではない。規範といい経験というのは、なお不純な相対的思考の痕跡に過ぎぬ。

先験といい後験というも、反省につれて必然に許さねばならぬ仮定というまでであって、元来あるがままのものにかかる差別があるのではない。かかる区分はすでに人工的作為であって、真のありのままなものに対する理解ではない。理知はその命数上比較によって成立するゆえに、ものを分析して思惟せねば止まないでいる。これも一個の要求ではあろうが、これをもってただちに実在の理解となすことはできぬ。分析はすでに作為であり独断である。ありのままなものは差別を容れぬ。かかる実在はつねにその未分時において理解されねばならぬ。人々は因襲的に区分的態度を完全なものとして実在の問題に触れようとする。しかしかかる分析は実在の示現にはならぬ、またこれに哲学の帰趣を求めても無益である。すでにかかる旧套を脱してその未分時にもののありのままな真相を理解したいのが余の要求である。両者を峻別し各の一面を力説し、それを徹底させようというのが、唯理論と経験論との各々の抱負であろうが、本来かかる区分は、すでに哲学者が実在に加えた第一の独断である。余は哲学の帰趣は実在を何らの独断を加えず、人為を容れず、そのままに理解することにあると思う。これを二面に区画するあいだは実在に触れることはできぬ。もし一面を徹して実在に触れ得たとするなら、そのときはかかる一面が失われたときであろう。自律なる実在の理解はかかる未分的理解においてはじめて可能である。

余の知るところでは、在来の哲学は、規範もしくは経験の各事項に関しては精細であるが、これに比して、その未分時についてはまだ不徹底である。余の信念によれば経験論はその終局において、必ずや規範的内容に近づき、先験論は遂に経験的事実に触れるであろう。未来の哲学は必ずやこの両者の調和であらねばならぬ（純粋経験論または唯理論において近時価値という言葉が用いられているのは両者の接近を暗示していると思う）。宗教的事実として、つとにこの調和を暗示したのはいわゆる神秘道である。余にとってはこの道の理解が宗教のみならず、哲学にとり芸術にとっての、最も根本的な鍵を与えるように考えられる。

（一九一七年六月稿）

宗教的究竟語

序

余はこの特殊な一章を次の事情を動因に書き起こしたのである。すべての因襲と独断とを除去して究竟《くきょう》者を表現するに足りる字句を求めたいのが余の長いあいだの希願である。それがために古来文化の民がいかなる表現によってこれを代表させたかを省みねばならぬ。しかしその叙述と批判とにこの筆が終わるのではない。これは一般には功用の薄い題目と思われるだろうが、余は今必要に迫られてみずから正当な字句を決すべきときに来たのである。究竟者の内容を尋ねるにつれて、在来の述語に浅からぬ不満を感じてきた余の心が、新鮮な字句を余に要求したのである。

さて余が認めてまず無謬《むびゅう》に近い言葉を採ったとしても、人々はこれにただ疎遠な思いを抱くにちがいない。首肯を招くためには必然その解説が必要なように思える。いかなれば余がかかる字句を求めたか、またいかなる内容を含めてそれが正確を期したかを書かねばならぬ。字義の問題に過ぎぬと思う人があるかもしれぬが言葉こそはしばしば思想の自由を障害した。特に宗教においてそれが甚だしい。余があえて習慣的用語をさえ破ろうとするのは、こと究竟者に関わる大事だからである。余の要求を汲むに吝《やぶさ》かでない人があるなら、なぜかかる題目を余が取り扱い、なぜ新しい言葉の提出に心を労わしたかを解すると思う。正当に言えば新語は余の選ではない、余に与えられたのである。

一

希《こいねが》わくは正当なしかも簡潔な言葉をもって究竟者の内性を表示したいというのが余の要求である。しかしその結果を急ぐ前に、すでにかかることが可能であるかという問いを起こさねばならぬ。神を「有」なりと断じるとき、人々はこの言葉に対する絶対の信頼を疑っていない。しかしかかる期待には強固な根拠は見出し難い。不幸にも言語にはその本来の性質によって絶対内容を表示することが許されておらぬ。言葉は一個の約束であって、つねに決定せられた不易の内容を保持せねばならぬ。その随意な変換は字義の破壊である。「有」の意は同時に「無」を兼ね意味することはできぬ。いっさいの字句はその一定の意義によって他から孤立する。別義こそ各々の字句の使命である。与えられた字義の不易こそいっさいの論理的知識の根底である。それが自由に変更し得られるなら、一定の断案は望み難く知識は成り立ち得ない。しかし約束の保留が言語の可能であるなら、約束を許さぬ自由な絶対値はこれによって表現することはできぬ。しかも「有」と言うも「無」に対しての「有」である、かかる「有」は相対的有に過ぎぬ。有無いっさいを包含ししかも反律を絶するがごとき言葉はそれ自身不可能と言わねばならぬ。

字義の約束は区別であり、区別は対立である。他に比較し対立することによってのみ意義がある。試みに神を目して「一者」と言うもこれは字義としてただ「多」に対する内容たるに過ぎぬ。いっさいの対立を絶する自律の「一」はこれによって表明し得べくもない。必然その命数として言語にはいつも相対的性質が残る。何らの対辞なく絶対値を表示しようとする試みは、相対的言語に許し得ぬ企てである。絶対値の内容は遙かに言語の可能を超える。いかに美妙なまた深遠な字調も、よく真の「一者」を表示するにしては甚だ不足である。言語に対する人間の過信はいつも真理を枯凋《こちょう》せしめる。沈黙が最後の言葉であることを多くの宗教家は知りぬいていた。自由自全なるべき宗教的真諦は約束せられた言語のあいだに定局せられることを欲せぬ。沈黙を有せぬ言語は畢竟《ひっきょう》浅薄である。禅が「不立文字」と言い老子が「不言之教」と言ったのもこれゆえである。

しかし言葉はまた一個の要求である。この要求が認知せられる限り、われわれは言葉により、しかも言葉の束縛からできる限り脱しようとする最後の試みを企てねばならぬ。この努力は字句がその相対的性質から離脱しようとする企てである。この希願の完全な酬《むく》いがほとんど期し難いことは自明である。なべていっさいの宗教的真諦《しんたい》は「心をもって心に伝え」ねばならぬ。しかしこれを反省し批判し喧伝しようとするとき、われわれの唇には止み難い言葉が起こる。「不立文字」と言うもまた文字である。実際宗教は文字より生まれては来ぬ。しかし宗教は文字を産むに飽くことを知らぬ。文字は反省の結果である。試みに今究竟者を反省する場合、その内容を傷つけずしていかにこれを呼ぶべきかという希いが起きる。この試みはしょせんは不可能であろうが、しかしまた不可抑の要求である。今はその原義に悖《もと》ることなく、せめても何らかの暗示を筆に含ませねばならぬ。余自身がこの企てをあえてする前に、人々がいかにこれを尋ね求めたかを省みたい。

二

批判反省は主として知の作用である。知の学びとしての哲学はこの等しい要求によって、究竟者を表明するために幾多の字句を与えている。ここには知が基礎であるために、概念の様調が強く説明的内容に勝っている。

何人《なんぴと》の頭脳にも容易に浮かぶように、いっさいの事象の根底は一に帰らねばならぬという内心の求めがある。この一元的要求はわれわれに「一者」The One という字を愛させて一元、一切、渾一、統一、または合一、帰一という言葉はすべて一者への信念に基づく最も自然な結果である。これはまさにあるべき究竟性への最も自然な言葉たるに近い。たしかに哲学のみならず宗教的信仰の基本的観念でありまた理想である。しかし不幸な言語の束縛によって「一」は単に「多」Plurality に対しての「一」たるにとどまっている。真に「一」ということに自律的絶対値を含めようとするなら、すでに「一」という言葉すら言い得ぬであろう、それは畢竟「二」または「多」に対する「一」を書き得るに過ぎぬ。一元を追う最後の言葉ではありながらなお二元的臭味を脱し得ぬ憾《かん》がある。真に自律なる「一」を書くべき言葉は存在せぬ。ただ定限的内容においてのみこれを愛することが許されている。余の心を引く最も簡明な言葉であるが、余はこの一字に最後の満足を託すことはできぬ。「一」につれて思い起こされるのは基本の概念である。究竟者はいっさいの本の本《もと》であらねばならぬという思惟要求は必然「本原」Origin の言葉を招いてくる。哲学上しばしば愛された言葉は「本体」であった。しかし本原は開始の予想であって、「本体」ならざるものをすでに仮定する。「本体」もしょせんは「現象」の対辞である。あるいは一面の真理をこれによって伝え得ようが、真に根本的な内容を保ち難い（Noumenon も一元的要求に出る言葉ではあるが、多くの哲学者は明らかにこれを Phenomenon の対辞とした）。

究竟なものは単に思惟概念にとどまらず、実際に存在せねばならぬという要求によって、われわれは最もしばしば「実在」Realityという言葉を選んでいる。スピノザはさらにこれを実体Substanceと名づけたが、すべてこれらは実有Real Beingの理想に基づくのであって、一個の平明な要求を代表する。しかしこれも仮象Appearanceに向かっての対句である。「有」という言葉はこれに絶対値を含めることはできぬ。絶えず「無」という対辞の追迫がこの望みを妨遏《ぼうあつ》する。いわんや実際をのみ真諦としてそれをいっさいの基礎とみなそうとする態度は、すでに独断の誹《そし》りを免《まぬか》れ得まい。

客観を愛するすべての哲学者は好んで「一般者」das Allgemeineという字を用いている。普遍的内容を暗示する上において、また一個の便宜な言葉たるを失わないが、これによって究竟者の全般は名づけ得べくもない。これは単にその性質の一面の指示であって、しかも明らかに特殊das Spezielleの対辞である。そのあいだの溝渠を絶した自律の「一般」という意にはなり難い。いわんや前の実有の念に比してこれはあまりに概念の所産である。

ひとつにはかかる対辞を脱《のが》れ、ひとつには両者の結合を欲する心から、必然「統一」Unityの思想は現れてくる。これは二元の調和を志すものの自然な発言であり、またまさに然るべき性質の結語ともみなすことができる。しかしその結果には不幸にも何らの例外を見ない。われわれは容易く「多様」Varietyをその傍らに連想する。統一も不統一あっての統一である。永くこれが安定なものとして真の統一を指示することは困難と言わねばならぬ。われわれはまた好んで「至上者」The Ultimate または「至高者」The Highest という言葉を選んでいる。一見最も明瞭な表現であるが、それに順じて思索は幼稚である。上下、高低の度は単に比較であって自律的内容を含まぬ。数量的思想の闖入《ちんにゅう》は、究竟者を単に相対域に移植したに過ぎぬ。そのあいだに何らの宗教的満足をも尋ねることはできぬ。

詮ずるところいかに究竟者を形容するとも、これが指示する内容は原意に比較すべくもない。あらゆる断定はあるいは一面の真理を代表するかもしれぬが、畢竟定限的性質に終わっている。すべては対峙の桎梏《しっこく》を離脱し得ない相対的究竟語である。何々であると断じても一見して不足である。「有」と言い「大」と言い「深」と言うもすべて不満足である。これらの欠損を感じたため、肯定的表現法よりもむしろ否定法を穏当とした跡も見出すことができる。絶対者 The Absolute、無限者 The Infinite、不可知者 The Unknowable、無制約者 das Unbedingte、無差別者 das Indifferenze、不変者 The Unchangeable とかいう言葉は、肯定的表現よりも消極的であるために遙かに独断を去る特質がある。しかしこれも特殊な意味を含めない限り最初から対辞を予想しての字句である。ともに両者を否定し去ったものという意はこれから出てこない。よしこれらに特殊な意味を与えて厳密な内容を保存しようとしても字義以上のものを内意する限り、これは一般には通用し難い弊がある。真の面目は「有無」「大小」「深浅」の区画をすら容れぬものであらねばならぬ。かかる要求のためにはこれらの言葉もなお不自由である。

すべてこれらは各々の範囲において一面の真理を表示し得る便宜を失わない。しかしこれから全般の真相を演繹するなら、それは皮浅な誤謬に過ぎぬ。懐疑に発し究理に基づくこれらの言葉は因襲を去った分明な特質を持つが、その根底を理知に持つために、多く概念の様調たるを免れない。しかも代表し得るものは説明的内容であって、それ以上を満たすことは望み難い。

言語は反省の所産である。反省は実相からの第一の分離である。特にそれを複雑な理知に導くとき、多く概念に終わって活きた力に乏しい。われわれは哲学的思索の言葉を離れて活きた信仰の分野に入り、そこに愛される宗教的言葉を顧みねばならぬ。

三

最も純に宗教の色調に鮮やかなキリスト教が、一般に究竟者を代表する言葉は「神」God の一字である。この慣用語に対して何ら因襲的束縛に悩まない余は、むしろ最も一般なこの表現を愛したい志がある。しかし特にキリスト教の神学のためになお堪え得ぬ二三の独断がいつもこれによって連想されるのは事実である。

想うにキリスト教において神の内容の最も根底的な特質は「有」Being の観念である。古くヤハウエは自らをモーゼに伝えて「我は我有るにて在り」I am that I am（出エジプト記第三章十四節）と言っている。泉をイスラエルに発して長く西欧の地に流れた一脈の思想は強く「有」に対する信仰に立っている。これを「無」の東洋思想に比べては異常な興味深い差違がある（実際の観念に密着する西欧の文明と、想像に耽る東洋の文化との対比がこの宗教によってさらに影響されたことも省みねばならぬ、これがやがてひとつには科学の勃興を、ひとつには宗教の精神を育てた大きな動因であろう）。実有よりほかに見出すべき固定の性質は彼らの眼に映るべくもない。抽象よりも実際に、幻影よりも実相に、瞑想よりも実有に、いっさいの真諦はあらねばならぬと彼らは信じきった。神は有るものであらねばならぬとのこの思想が、ただちに「有」を目してその根本的内容たらしめたのである。思索に富む東洋の宗教家がただちに退けたこの「有」の一念も、彼らには信仰の温かみによって疑う余地すらなかった。これが批判的立場から見ては、神の内容に加えた大きな独断の第一歩である。

有は存在である。存在の最も明断な観念は「人格性」Personality を措いてほかに求め得られぬ。キリスト教が神の内容に加えた第二の顕著な独断はこの人格的内容である。何人も創生記（第一章二十六節）に記された六日目の神の言葉を想い起こしてくる。「我らをして我らに象《かたど》りたる我らの像の如き人を造らしめよ」と。'Let us make man in our image, after our likeness.' この創造の過程を遡《さかのぼ》ってわれわれの人格性をまた神に求めようとしたのが彼らの信仰的論理である。人格性を離れては真のキリスト教の神は決して存在せぬ。人格の忘失はやがて実有の無内容に終わる。人格性神は人格的神であらねばならぬとの信仰が彼らの固い所有である。これはただに正統的キリスト教信仰の根本であるのみならず、その神学の原理である。これは神の内容を単な思惟から救い起こして、これに活きた姿を与えた特質がある。しばしば仏教に対してキリスト教が誇る宗教内容もこの人格性に対する信仰である。実際この一念は思索より遙かにグラフィック graphic である。一般に及ぼす影響、特に実有につく人心にとって宗教を容易道に導く得点がある。しかし人為的内容の付加は独断の闖入である。多少究理に鋭い者にとってこの人格的性質が、自由自全の内容の中に新たな束縛を介在せしめたという罪を看過するわけにゆかぬ。神は人格に反せずとするも人格によって局限せらるべきものではない。人格は一個の範囲である。自由なるものは範囲を容れぬ。まさに自由自律なるべき神性を人間によって類推し比論することは、やがて本来の真意の破壊である。エックハルトが「神」の字義に満足せずしてすでに「神性」Gotheit の字を選んだのも思索を追う者の自然な結果であった。別に象徴的見方として考えるならば人格の信仰にも浅からぬ意味がある、しかし理性に基づく神学的内容としては独断的思想である。信仰としては成り立つも、思索としては幼稚である。神の内容はここに抽象の影を脱するが、新たに一個の教条に束せられるのである。

ユダヤ教においてヤハウエ Yahweh エロヒム Elochim アドナイ Adonai、イスラム教においてアラー Allāh というもすべて神の固有的名称である。字句はいずれにしても可であるが、一国一派の名称に終わりその性質はあまりに人格に過ぎ、内容は人間を基準の比論である。聖典に伝えられる彼らの言葉は甚だ劇的であるが喜怒哀楽人間を出でず、いっさいの差別を離脱する面目の表言としては甚だ偏頗《へんぱ》である（キリスト教の正統派神学は必ずこの人格的神の思想を厳守する。しかし最も知的思索に優れた神学者例えばエリウゲナまたはエックハルトのごときが神というかかる字義に満足し得なかった心の要求もこれによって理解し得ると思う）。

神の内容に加えるこれらの独断を別として、さらに顕著な一個の態度がある。これはしばしば超越者 The Transcendent の名によって代表される。いつもキリスト教徒から愛される観念によれば神は必ずこの世界の外に屯《たむろ》する。この信念は超自然的 Supernatural 見方である。自然と神とは混一して考えらるべきものではない。神は必ずやこの世界を超越するものであらねばならぬ。神を自然に内在すると見る汎神論がキリスト教の神学から忌み嫌われるのもこの理由に基づいている。しかしこの思想が神を宇宙の彼岸に追放して万有から隔離せしめた罪を見逃すことはできぬ。神と自然とは対律の二元的関係に立っている。超越とは二者のあいだの新しい溝渠の是認である。しかも決して架橋を許し得ない溝渠である。かくて超越者は遂に到達し得ない彼岸に屯する高遠な神に終わっている。威厳は保たれるも近づくを許されず人は彼に触れる希いを断たねばならぬ。神の超越性はキリスト教神学の根本原理であるが遙かに人間内心の満足からは離れている。彼らが神を天帝 Heaven と言うも等しい思想態度の結果である。しかし天はつねに地に対しての天である。天地は相容れない二元的区分である。天を慕う者が地を忌み、霊を愛する者が肉を矯《た》めたのもこの思想を信じたからである。人々は天空を指して神の御座を想い、地下を目して地獄の苦を説いている。しかしかかる区分が畢竟人為の所産であって真の福祉がかかる分離の悲哀に見出されようとは思われぬ。かかる差別を絶し融合の悦びを心に希う者にとって、天へのみの信仰は奇形である。ブレイクは「天国と地獄との婚姻」を歌った。ホイットマンは「霊と肉との詩人」であった、ニーチェは「善と悪との彼岸」を欲した。「超越者」とは決して神の真義ではない。神は天にのみ屯するのではない。

人々はまた好んで「上帝」The Ancient of Days と呼んでいる。おそらくこの語源は幽遠な過去に「創造者」The Creator の存在を仮想した結果である。創造者の思想は遠く旧約時代から涵養《かんよう》され今日に及んだ長い伝習的思想である。これは甚だ劇的見方であり、画相に富む色調がある。しかし理知の批判からこの思想が長く看過せられようとは思われない。創造者の是認は、被造物の是認であるゆえに、一個の二元的世界観である。両者はいつも対峙する内容であるゆえに徹底した一元的要求が長くとどまり得べき真理内容を持たぬ。しかも神を原因者とみなすこの態度は、因果律を脱せぬ思想である。因果律は単に現象界にのみ許し得べき仮定たるに過ぎぬ。神を目して「支配者」The Ruler と呼ぶも同じである。なべて神と万有とを区画し対比せしめる思想は甚だしく人為的独断である。思索する者にとっては堪え得ぬ幼稚な観念である。

彼らは神を「主」Lord よ「父」Father よと呼んだ。これらの声には親しさもあり、愛もあり、その心を察するに難くはない。しかしこれはむしろ情性の字句であって到底理知の要求をも兼ね満たすことはできぬ。主と僕と、父と子と、そのあいだには情愛も濃く肉身の血脈にも温かであるが、かかる比喩から厳密な内容を採取することはできぬ。暗示として浅からぬ意味はありながら、ただ一宗の用語であって知解の字句ではない。さらに彼らは神を目して「愛」Love と呼んだ。これはその暗示において秀れた音響がある。異性の結合、二者の一致に心を訴える一元的要求の発露として滋潤《じじゅん》ある言葉と言わねばならぬ。また真に宗教的真諦がこのあいだに潜むことは疑い得ない。またこれが宗教的真理の理解にとって最も温かい鍵であることも否み得ない。また宗教上の最も大きな象徴であったことも歴史的事例である。がしかし知的理解をも示す語としてはあまりに情に過ぎ詩味に勝つ憾がある。暗示として象徴としてこそ価あれ、これをただちに知解の語に導くことはその字義の殺戮である。反省の字としてはほかに何ものかを求めねばならぬ。

キリスト教はむしろ情意の宗教である。特にその芸術的色彩において甚だしく暗示的であり象徴的である。彼らの字義を単に知的に批判することは誤りである。思索を彼らに要求すべきではない。われわれはそこにむしろ直観の詩句を味わわねばならぬ。幾百年の神学が積み重ねた因襲の重荷は、われわれの理知の開明にはならぬ。字義は不幸にも独断の侵入によって自由を欠いている。おそらく彼らの特異な神学は多くの東洋の宗教家には不可思議であろう。思索は彼らにはまだ不足である。よしその真意において驚くべき内容があることを知っても。余は特殊な臭味に過ぎる術語を棄てて、むしろ公明な意義を新鮮な字句に含ませねばならぬ。余は今東洋の宗教を一瞥《いちべつ》すべきときに来たのである。

四

実有に彩られ情意に濃いキリスト教から、むしろ哲理に近い仏教に移るとき、等しく宗教でありながらほとんど別種の世界に遭遇する。これらの比較はいずれの点においてもわれわれの興味を招いている。瞑想に秀で知解に富む東洋の思索には決して人格的神も宿らず、超越者への信仰も見出され難い。知解の徹底はいつも彼らを独断的思想から解放した。用いた言葉は遙かに豊有でありその選択も厳密である。字義は暗示にあるよりも理解の表示である。彼らは瞑想し思索し真義に肉迫した。彼らの思想を代表する言葉にはいつも長い疑惑と追求との背景がある。彼らはあらゆる思想を批判してその絶対値を求めることを忘れなかった。これを表すべき字句にも周密な用意を払った。西欧の人々には疑い得べくもない「有」の観念をも彼らはいち早く許価し去った。神の超越性はキリスト教徒の要求であるが、いかにしてかかることが可能であるかという問いがまず仏教徒の批判であった。疑いを許さぬ信仰がキリスト教の生命であるに対して疑い尽くす瞑想が仏教の特質である。必然前者において字句は肯定的であり後者において否定的である。

しかしかかる否定は肯定の否定に終わるのではない、否定をも否定し去る最後の否定である。肯否ともに無辺の内容を語るにしてはなお不足である。必然彼らが愛した知的表現はただ一途よりほかになかった。彼らはいつもかかる対辞をともに捨て去って、さらに別に伝えるところがあらねばならぬのを感じていた。われわれは経典のほとんど随所にこの適例を選ぶことができる。維摩経見阿閦仏品に「我如来を観ずるに……晦なく明なく、名なく相なく、強なく弱なく、浄にも非ず穢にも非ず、方に在らず方を離れず、有為に非ず無為に非ず……知ならず愚ならず、誠ならず欺かず、来らず去らず、出でず入らず、一切の言語道断す」と。人々はこれを否定に終わる教えとしばしば呼んでいる。しかし真意はかかることにあるのではない。肯定否定の二元をともに離脱しようとする要求に基づくのである。彼らの許し得べき字句は「有」でもない、またその対辞としての「無」でもない。無限でもなく有限でもなくまたその中位でもない。字句で表し得べき内容はいっさい不足である。これを強く感じぬいた彼らはかかる言語をいっさい棄て去りたい要求にかられていた。しかも言葉を用いる限り、「是にも非ず彼にも非ず」と言うよりほか言い得べき表現を持たぬ。これが言葉に束せられしかも言語の束縛から脱しようとする最後の試みである。これが東洋宗教が特に選んだ知的要求に基づくいわゆる「否定道」の表現である（Via Negativa と言われるも、厳密に言わば否定でなく離脱の意である）。キリスト教においてもそれが知的内容を容れるとき、著しく東洋の色彩をおびている。なべて神秘説の許に集まる一連の宗教家はほとんどこの「否定道」を選んでいる。彼らはいつも否定に否定を重ねて、いっさいを離脱し真諦《しんたい》に迫ろうと企てている。かのディオニシウス・アレオパギテスを始め、彼の著書を翻訳したエリウゲナまたは彼らの影響に立つエックハルトのごときすべてこの例に洩れない。神学の父である聖アウグスティヌスも実にこれらの言葉を残した。「神はその統体において一切に存在しまた存在せず……彼は最も匿《かく》れ最も現れ、最も美にしてしかも強、容易にして難解、不変化にして一切の変化、新に非ず旧に非ず、つねに働きつねに休む」と。人々は否定的消極的というゆえをもって東洋の思索を難じるが、しかし思索の度において批評家は彼らの深さに比し得べくもない。

かかる態度がすべての東洋的字句の濫觴《らんしょう》であった。瞑想が産み出した数々の言葉、無住、無為、無名、否々、空々または一字無というがごとき、すべて言葉を絶しようとする最後の言語的表現である。でき得るなら彼らは「無」の一字をすら用いたくないのである。沈黙を彼らは愛していた。それが最も雄弁なのを知りぬいていたからである。「大弁不言」と荘子は書いている。碧巌集に漸源が道吾に道を尋ねた一章がある。答えはただ「不レ道《いハ》不レ道《いハ》」であった。梁の武帝が達摩《だるま》に問うたとき、一言「不識」と言われている。聖ヴィクトールのフーゴーは瞑想の期を三つに分けた。第一は中止、第二は沈黙、第三は休眠と。すべてこれらの内に宗教の秘事が温かく包まれているのを彼らは知っていた。言葉こそは皮浅である。最良の言葉はいつも沈黙を出ない。「直指人心」においてのみ宗教は活きている。「以心伝心」においてのみ理解がかわされている。心はあらゆる言葉から解脱されねばならぬ。

空滅 Emptiness、休止 Rest、無言 Dumb、無識 Ignorance、暗黒 Darkness、貧困 Poverty、これらの言葉は一見拭い得ない欠陥を持つようにさえ思われる。しかし彼らの真意を理解し得るなら、これらの言葉も異常な意味に甦るであろう。真に無にしてはじめて有たり得るのである。老子もキリストも嬰児を愛した。彼らが最も神に近いのを知っていたからである。無は消極の意を含まぬ、また否定の意にも終わらぬ。無なるがゆえによく有たり得るのである。それらの奇異な言葉もかくして自然に理解せられねばならぬ。

真に知解を進めるならば、彼らの言葉こそかえって真理の面目の把捉である。思索の結語は「無」の一字を措いて求め得ることはできぬ。しかしこれが果たして最後の満足すべき表現であろうか。理解はよしその真意を汲《く》むとするも、「無」の言葉にはかくて二重の意義を生じる。ひとつは有に対しての無、ひとつは有無を絶しての無。しかし「無」の一字は一般に前者の意であって対句たる以外に何らの絶対値をも含まぬ。一元の「無」は特殊の理解を要せねばならぬ。しかもなお長い歴史の推移によって原意はその外装を変えている。今の人々から一般に愛されるにしてはこの一字はなお難解である。いわんやあまりに東洋の色調に過ぎる憾がある。余もまたこれを避ける前にまさにいかなる内容が余が欲する言葉の内に含まれねばならぬかを書かねばならぬ。

五

望むらくは二三の字句をもって、無辺なものの内容を表し得たいのが余の本旨である。しかも活きた力の表示として概念に過ぎることなく、且つ情趣と知解とを兼ね備えた字句でありたい。

なおでき得るなら慣習に痛まず、滋潤ある新鮮な薫《かお》りをこれに加えたい。

まず余は注意をもって特殊の思想及び字句が自由な内容を殺傷せぬように努めねばならぬ。なべて説明的内容に字句を委託させるのは危険である。究竟なるものは定義を容れぬ。あらゆる断定は定限の宣告である。余はかかる桎梏に自由なものを幽閉すべきではない。人為の加味は原意の殺戮ならずとも大きな破壊である。いわんや皮浅な理解とそれに基づく言葉とをもって彼を代表せしむべきではない。まずいっさいの独断をわれわれの思想から除去せねばならぬ。人格的内容のごときは、なお人為的独断の遺跡である。「超越者」と言うも思惟の速断が致す理解に過ぎぬ。よし善意において「至善者」と呼ぶも内容はなお稚態を免かれぬ。

第二に自全自律なものに対する相対的性質の挿入は愚かな反逆である。しかも一元を二元に引き戻してなおその一面をのみ高調しようとするのが一般の傾きである。本来善悪の区別をすら離脱するものを人は往々「善」と呼んでいる。しかしこれは不完全な相句である。神を大であると言い至上であると言うもすべて比較級を出ぬ貧弱な形容に過ぎぬ。すべて対辞を持つ言葉「一者」「本体」「一般者」「無限者」「絶対者」というがごときは、よし一面の真理を伝え得るとしても、これでいっさいの差別を許さぬものを代表せしめることは無理である。真の字句はかかる相対的二面のいずれをも含み、しかもそれに束せられない何者かの表明であらねばならぬ。これがためにわれわれは少なくとも二個の内容を要求せねばならぬ。

まず厳密に一元的内容を保留する努力を試みねばならぬ。言い換えれば二元的性質の離脱を示すべき字句を選ばねばならぬ。しかも第二に二元両面がその内に矛盾なく調和されるがごとき内容であらねばならぬ。約言すれば矛盾を包含ししかもその矛盾の調和であらねばならぬ。しかし不幸にもわれわれの論理的知解及び言語の性質はこの二つの希願のいずれをも許し得ない。言語はそれ自身において相対的でありしかも一面的である。善は悪の対辞でありしかも区別である。今試みに「善なる悪」と書いたとする。内より見ればこれら矛盾の言葉はかえって真理の真面目であるが、しかし論理的には決して許されまじき言葉である。

しかしこの二つの要求を満たしたいのは特に東洋の思索者の希いであった。あらゆる二元を脱しようとする試みが彼らに「否定道」を選ばせたことは前述した。「有にあらず無にあらずまた有無にあらず、その中位にあらず、総和にあらず、一切にあらず」とは彼らのいつも止み難い声であった。実際これが論理的に誤謬なくして言い得る最後の知的言葉であった。詮ずるところいっさいを「無」の一字によって代表させるよりほかに道はない。しかし一般に「無」は対辞からの離脱としての「無」ではなく、単に「有」の対句である。必然これが仏教に対する甚だしい誤解の端緒である。東洋の思想を否定的消極的と評するも「無」を「有」の単なる否定に解するからである。

仏者はこの一字すらもの足りないのを知っていた。果たして彼らはいっそう能動的態度によって論理的言語の破壊に及んだ。彼らは論理に許されまじき言葉によって、その束縛を脱し真の面目を画《えが》こうとした。これは知的には解し得ぬことでありながら、彼らは這裡《しゃり》に真諦の実相が躍如としているのを知っていた。いわゆる神秘家特に禅家の言葉にかかる事例は夥《おびただ》しい。雷のごとき一黙、多忙なる休息、赫々《かっかく》たる暗黒、無音の響き、いっさいを含む無、饒舌なる沈黙、または橋流れて水流れずというごときあえて矛盾を高調して、這裡に無辺の調和を示現したのである。

これは驚くべき企図である。ただ無言の理解のみがこの驚愕を同情に、奇異を自然に変え得るであろう。彼らはあえて玄妙を句に衒《てら》ったのではない、これが必然の与えられた道なのである。しかし彼らはこれに終わるのではない。「知解道」はすでに「無」の一字に尽きている。「矛盾道」はこれらの逆説 Paradox に充たされている。ひとつは論理の終末でありひとつは論理の打破である。彼らにとっては今理論の解脱が所望である。思索は思索によって絶せられねばならぬ。「最も確実な審判によれば最も抽象的な真理は最も実際的である」とエマソンが言ったが、彼らはその思索を徹することによって情意の道に逢接した。一転して知的表現から芸術的表現へと突き入った。すべて神秘説を代表し得る思想、わけても禅宗のごとき道教のごときは芸術と密な関係がある。あらゆる神秘思想がいわゆる象徴主義に豊かなのはこれによるのである。禅は実に釈尊が拈華《ねんげ》のとき、迦葉が破顔微笑したあの詩的物語をもって始まるのである。すべての宗教的儀礼は象徴にその起源を発している。これが彼らの好んだ「象徴道」である。

しかし純の象徴は芸術であって知解ではない。一面知的要求によって一元を喚示ししかも象徴によってこれを具体化しようとする要求がわれわれに今残されている。抽象に流れず詩美に過ぎず、説明に終わらず暗示に豊かな字句をば選ばねばならぬ。

六

かくて余がいかなる字句を用いるべきかを披瀝《ひれき》する順次は来たのである。しかし余の要求に対してさらに一度瞑想に傑出したわれわれの祖先の言葉を顧みたい。余はいかに彼らが並ならぬ思索と周密な用意とをもって字句を選んだかを感謝せねばならぬ。

さて余が認めて彼らの深い注意の遺跡であると考える言葉はまず「如」の一字である。「如」とは「ごとし」であって何ものかの指示 Indication であり暗示 Suggestion である。「如」はまさに象徴的意義の最も簡潔な知的表現である。定義によって局限することを恐れた用意深い思想家はおのずからこの一字を愛している。特に仏者がこの表現に好んで思想を託したのは興味深い事実と言わねばならぬ。老子も彼の道徳経に幾度か等しい字を用いた。実際この一字こそ知識的表現と象徴的表現との結合である。仏者は如来、如是、一如、如語者または如々と強く言った。「如」の内に多くの暗示を含めた彼らは遂にこの字句に新しい意義をさえ加えた。後にこの字は転じて絶対値を意味する不変不動の意に変わっている。「真如」とは彼らの最後の句であった。ただ余より見れば真の一字があたら蛇足である。大般若経に「常如《ニハ》其性不二虚妄《ナラ》一、不二変易《ナラ》一、故名《ニヅク》二真如《ト》一」と。また起信論に「当知《ニル》一切法《ノハ》不レ可《カ》レ説《ク》、不レ可《カ》レ念《ズ》、故名《ニヅケテ》為《ス》二真如《ト》一」と言っている。

　余はまずあらゆる周密な知的要求としかも象徴的内容とを充たそうとして、彼らが最後に求めた「如」なる一字を排斥する理由を知らぬ。余は余の優秀な祖先が愛するものを愛する悦びを受けようと思う。維摩経菩薩品に「一切ノ衆生ハ皆如也、一切ノ法モ亦如也、……夫レ如者不二不異」と。「如」はまさに余が要求を満たし得る内容に最も接近する。ここには何らの独断もない。暗示によって定義の桎梏が解放されるからである。人はこれを目して把捉し難い不定の表示に過ぎぬと思うかもしれぬが、決定こそ死滅である。ただ一字「如」にしてはじめて自由である。これは「有」でもなくまた「無」でもない、さらに何物かの暗示である。この単なる「如し」の字が後に「不二不異」または「不変不動」を意味するに至った経路について余は浅からぬ興味を抱いている。これは実際余が後に見出した驚愕である。しかし余は何ら余の慣用において「不二」「不変」の意を加えようとは思わぬ。かく定義すればすでに束縛である、ただ「如」にしてそれで充全である、これが遙かに暗示的でありしかも鋭妙である。

　しかし余はこの一字に対していっそうの強度を加えて鮮やかにこの意を伝えたいと思う。かかる要求に襲われたとき彼らはよく等しい字を重ね用いた。「如々」といい「空々」といい「玄之又玄」というのもこれである。しかし余はかかる旧套を模さず、しかも新しい意義を含めて、余の用いるべき字を活かしたいと思う。余に与えられたのは「即」の一字である。「即」は「すなわち」であって直下の謂《いい》である。二個のものに間隔の介在を許さぬ謂である。間一髪を容れぬ態の消息である。分離を許さぬ規範的命令である。余は真に一元を代表すべき言葉としてこれに勝るものを見出し得ない。これはあらゆる空間的時間的差別相の離脱を内意する、即興、即時、即断というがごときもそのあいだに時間的介在を許さぬ謂である（「即」は「則」と同義ではない。後者は上を承《う》ける説明の接続詞であって直下の謂ではない、また「乃」とも区別せられねばならぬ。「乃」は句調を緩和ならしめる言葉であって、別に上下のあいだの密着を暗示する意味を持たぬ）。

「即」に異字同義を求めれば「近」、「今」、「同」等にやや近い、しかしこれらはすべて明らかな対辞を持つ字であって「即」ほど徹底して一元的内容を暗示することはできぬ。仏者が「即心即仏」と言うのはこの字義の最も明晰な応用である。「即」は何らの継時的説明語ではない。同時的合一を内意する。「即心即仏」というも何ら両者の関係の説明を意味せぬ。心と仏と本来一体であるべきを「即」によって指示したのである。直下、直指というのもややこれに近いがなお容易に対辞を連想する。ただ一字「即」は規範的に二元を許さぬ絶対値の暗示である。観無量寿経疏妙宗鈔に「即者其体不二」とある。「即」を「不二」と呼ぶのはすでに蛇足であるが、「即」の説明としてはこれ以上を出るわけにゆかぬ。余は「即」「如」の二字によってひとつは一元的知解を代表しひとつは象徴的暗示を含蓄せしめ得ると信じる。言葉は畢竟不敏である。しかし余はこの二字が余の要求に最も温かい糧たることを感じている。「即ち如し」でそれで満足に近い。諸君よ、諸君は何の語をもってよく究竟者を呼び得るとするであろうか、在来の語はすべて独断に非ずば因襲に悩んでいる。仮にそのいずれかを選んで彼を名づけてみる。しかしその定義はただ彼を一面の内容に局限するに過ぎぬ。それは無辺なものに対する人為的不敬である。あらゆる定義は自然なものの破壊である。すべてはありのままにして充全であり完璧である。言葉でこれを指示しようとするなら、ただ暗示せしめるよりほかはない。暗示を芸術に託さず知解に結ばせようとするならば、われわれが言い得る最後の言葉は「**即如**」である。

用語のごときはすでに第二義であると言うかもしれぬ。しかし人は第二義のことにおいてすらみずからを誤っている。慣用は親しみであるとともに因襲である。字義の束縛によって人は思想の自由を失っている。字義がもたらした人心の枯死は枚挙にいとまあらぬ。特に宗教においてその弊害は甚大である。彼らは揺籃《ようらん》の内に字句によってすでに心の固定を受けている。用語は第一義ではない。第一義のことはただ心によってのみ伝えられる。ただ反省によってそれを顧みるときわれわれには止み難い言葉が起こる。しかし言葉によって原意を傷つけるべきではない。このためには言葉をこそ謹まねばならぬ。余は反省によって宗教の真諦を画こうとしているのである。必然その究竟者を表明すべき正当の字句を捕えねばならぬ。余はこの希願によって求め得たものをここに叙述したのである。あえて新を衒うのではない。余の要求がこれを求めさせたのである。新語は余の選ではない、余に与えられたのである。

（「即如」の訳語はほとんど不可能である、「真如」は鈴木氏によって'The Suchness'と訳されている。これは甚だ巧みな訳と言わねばならぬ。ただ多少抽象的な憾がある。むしろ平明な原調を保つために ness というがごとき語尾を避けねばならぬ。余は試みに「即如」の訳を'The Likewise'としたい、希わくは原義に近いかと思う）

（一九一七年三月稿）

即如

夜々仏を抱いて眠る、　朝々還って共に起く、
起座鎮《つね》に相随う、　語黙同じく居止す、
繊毫も相離れず、　身影の如くに相似たり、
仏の去処を識らんと欲せば、　秖這《ただこ》の語声是。
（雙林傅大士之偈）

実際われわれは即如について積極的に語り得るいかなる言葉をも持ち得ない。言葉に表し得る即如があるなら、それはすでに即如とは認め難い。言い表し得ぬ即如のほかに、あり得る即如はない。「神は間接の名称を好むが、直接に名づけられることを嫌う」とエマソンは書いた。定義

は畢竟《ひっきょう》何ごとかの限定に過ぎない。即如はいつも文字を超える。表し得る言葉はいつも不足である。言われざる言葉のみ即如を語るのである。経にも「如来は文字に堕するの法を説き給わず」と書かれている。宗教はいつも多言を戒めている。「予は言う無からんと欲す」と孔子は静かに答えた。

もしも即如を語ろうとするならそれを象徴の意に託するよりほかはない。宗教も芸術も象徴を愛している。象徴は言葉を持たぬ理解である。それは説明ではない暗示である。概念なき表現である。しかしかかる象徴に即如を示すのがこの一章の試みではない。かく理知に終わらず象徴に託さず即如を示したいとき、人々はしばしば矛盾の表現を選んでいる。「赫々《かっかく》たる暗黒」とは彼らの愛した神秘であった。「不言の言」が彼らの聞いた声であった。しかしこれは矛盾を肯定することによって論理の法則を棄てねばならぬ。ただ心をもってのみ心に伝え得る言葉である。実に理知は即如については盲目である。即如を光として示し得るのは宗教の信と芸術の美とのみである。

しかし一度即如を想い回して、それがいかなるものであるかを明らかにしたいとき、われわれは哲学に帰らねばならぬ。哲学とは畢竟即如への抑え得ない追憶の情である。かつてノヴァーリスはこれを懐郷に病む心に譬えた。哲学は冷ややかな批判の心に思われているが、即如を温かく想えばこそ哲学があるのである。人は故郷への里数が離れるにつれて、なおその記憶を強めたいであろう。反省はものからの分離であるが、同時にものへの愛着である。反省とは切実な体験についての明晰な認識を求める意である。われわれはこの心の故郷を明らかに思い浮かべたいのである。信仰はそれが真理として認められることをも求めている。無意識はいつか意識されることをも求めている。余の試みはかかる追憶を即如の内容に加えるにある。

しかしすべての分別は未分な即如のそのままな理解とはならぬ。反省に現れる知識は畢竟複写である。反省は反省に終わってはならぬ。分別は差別である。分別の言葉は相対に過ぎぬ。相対であるなら言葉は落ち度なく即如を描くことはできぬ。かえってかかる言葉の否定が即如を示すのである。ここに即如についての反省はおのずから否定的表現に委託される。実に哲学が即如について最後に告げ得るのはこの消極的述べ方に過ぎない。少なくとも言葉によって示そうとするなら、相対を脱した絶対事はこれを否定的に言い表すより道はないのである。

即如は断定されることを厭《いと》う。彼はいっさいの性質から自由である。これを「大であり深である」と言うも貧しい形容に過ぎぬ。「大ならず深ならず」と言うほうが真意に近い。なぜなら即如は大小深浅の区画をすら超えるからである。実に彼に関する否定は例外なく真理である。読者はこの一章が否定的内容にとどまるのを卑下すべきではない。消極的表現はすべての積極的表現が浅薄であるという理解の後に現れるのである。古来優秀なすべての瞑想的思索者はこの否定道を選んでいる。「奥義書」においても「中論」においても、またすべての仏典においても「老荘」においても、用意深くこの否定に意を託している。キリスト教においても深い神学者は同じ道をとった。いわゆる偽ディオニシウスのごときエリウゲナのごときまたはエックハルトのごときはその例である。これは空虚を説くのではない。有無をすら絶した絶対の自由を表示したい要求があるのである。

象徴に委ねるなら別である。また矛盾に言葉を託すなら別である。かかる道によらず余は今思索によって即如が内容上いかなるものであるかを書きたいのである。いっそう切実にいえば即如はかくかくのものでないということを明らかにするのである。イスラムの聖女ラビアの言葉に、

'Thou knowest Him as such and such, I as non-such.'

でき得るなら余もまた即如を non-such として説きたいのである。哲学は畢竟宗教を裏から告げるのである。しかし濃い影はいつも強い光の裏書である。もしも否定をつきつめたら、それは明らかな肯定を予想するであろう。余の企てはこの理知の影を濃く画《えが》くことにあるのである。哲学の帰趣は必ずや宗教である。

一

即如の内容は言うまでもなく絶対義において解されねばならぬ。しかし究竟《くきょう》または絶対とは

すべての思惟が最後に愛する言葉であるが、不可思議にもほとんどこれに対する厳密な理解を保持した場合がない。絶対がいっさいの対立二元を絶した内容であると知りながら、よく思惟が相対の域を破り出て、絶対を認知し得たことは非常に稀だと言っていい。人は「本体」または「実在」Noumenon, Reality を説くが、これが「現象」とか「仮象」Phenomenon, Appearance とかに対比されずして考えられたことはほとんどない。しかしかかるものが実在であるなら、その実在は単に現象への対辞 Anti-thesis であるというまでである。かかる絶対は一種の相対に解された絶対に過ぎぬ。これらはすべて厳密を欠いた絶対の理解と言わねばならぬ。本来あるがままの一律をすでに分析した人為的所産である。即如が真に絶対として解されるなら、かかる対辞を持つ内容を認許することはできぬ。余は現象に対せずして実在が理解されるとき、はじめてその絶対義を捕え得るのであると思う。対辞なき内容のみ自律である。即如は純にそれみずからにおいて解されねばならぬ。

一般に「無限」とか「絶対」とかいう言葉も、ただ「有限」と「相対」との反律としてのみ理解される。しかしこれらが対辞に過ぎないならば、かかる無限は一種の有限に過ぎなく、またその絶対もなお相対的であると言わねばならぬ。かかる無限は有限なくしてはあり得ぬ無限だからである。有限の否定と絶対とは別事である。真の絶対においては絶対相対の分別すらないのである。カビールが「梵は有限にして且《か》つ無限、また有限を超え無限を超える」と歌ったのはこの意であろう。かかる境は概念以前である。左がなくしてあり得る右である。隻手の声とはかかる意味であろう。その裏面の反律によって得られる正面は絶対な正面とは言えぬ。純に「中」を想わんとするなら決してこれに上下の概念を随伴してはならぬ。真の「時間」は過去と未来とを許さぬ時間である。いわんや歳月に刻み得る時間ではない。「無」もその絶対義においてはつねに有無ともになきの「無」であると知らねばならぬ。いわんや「無」とは有の対辞ではない。純にものをその未分の境に理解するときはじめて即如に触れ得るのである。

哲学はしばしば一と二とを峻別した。しかし第一次 Primary とか第二次 Secondary とかいう区別も、何ら一に対する真の理解とはならぬ。一般に一は二または多に対して考えられる。哲学上一元論二元論の争いはまったくかかる見解に起因する。しかし真に自律する「一」は対辞を持たぬ。一元が二元の対辞であるなら、かかる一元はなお二元に過ぎぬ。二に対する一は純な一ではない。二元多元の連想を離れて一元が認識し得られるとき正当な理解が許されるのである。即如を「一者」であると言う場合、それは純に自律するものとして理解されねばならぬ。かかる一はいかなる数でもない。一は単位ではない、二になり得る一ではない。即如に数はないのである。数え得る一は相対的一に過ぎぬ。一とは未分を示さねばならぬ。未だ二の観念すら入り得ぬ境である。数なき一である。純の「一」は「無」である。「神は一なるゆえ名づくべからず」とはこの謂《いい》である。人は一に執着する。しかし一に堕するときはすでに二である。「二は一つによりてあり、一もまた守ることなかれ」と「信心銘」は書いた。一とは一の数でもなくまた字義でもない。分別せられた一二は即如の解明にはならぬ。一二の未分時に一としての即如が在るのである。一対二ではない、一即二である。いわゆる「一に多種あり、二に両般なし」とはこの意であろう。一元と二元との争いは哲学の栄誉ある仕事ではない。一と二とを結ぶのが哲学の本旨である。詩人が「天国と地獄との婚姻」を歌った心は、またすべての思索者の愛する求めであらねばならぬ。

「無限」The Infinite と有限の否定としての無限とは明らかに区別されねばならぬ。「一者」The One は数えられる一であってはならぬ。「統体」The Whole は部分に対して思惟されてはならぬ。ヘーゲルは Das Endlose と Das Unendliche とは異なると言っている。前者はただ否定に過ぎなくしたがってなお相対的であり、後者のみ真の規範的な当為 Sollen の内容である。プロクロスも統体ということには三つの異なる意味がある、第一は部分に対する統体、第二は部分の加としての統体、第三は部分全体を許さぬ渾一体である、この第三の統体のみが究竟の統体であると言っている。誌公和尚の「十四科の頌《しょう》」にいわゆる「菩提煩悩不二」、「持犯不二」、「静乱不二」、「善悪不二」、「生死不二」云々といった境が即如の如実な相であろう。もし即如の宗教的意味を捕えようとするなら、これは純粋に二元を超えた意に解さねばならぬ。一とも二とも言い得ぬ一であらねばならぬ。自律する内容のみ即如を示し得るのである。即如とは対辞を容れぬそれ自身の内容である。

いかなる対辞をも許さぬ内容とは、われわれの思想に根底的な改造を迫っている。究竟の真理はよく相対の言葉が断定し得る内容ではない。在来の即如について用いられた言葉「有」、「一者」、「実在」、「本体」という意味はまずその字義を根本から覆さねばならぬ。即如は文字を超える。かかる字義に執着しては闡明《せんめい》し得る即如がない。反省はものを両面に区別する。しかしあるがままのものはその原始において未分である。区分は便宜のための作為である。区別に堕するとき、人は本末を転倒する。哲学は字義の争いに終わるが、対辞に悩む字義の解脱によってのみ哲理は満たされるのであると知らねばならぬ。ディオニシウスが言ったように知見を離れるときが、かえって真の知見を得る刹那であろう。

畢竟すべての言葉は対辞に傷つく言葉である。われわれは即如に関して何事をも言い得ないのである。すべての言葉は容易にその裏面を予想する。老子は不言を教えた。禅は文字を立てない。無名とは彼らが与え得た最後の名であった。深い宗教的意識においてはいつも沈黙が最良の言葉であった。われわれは究竟な即如を形容する究竟な言葉を知らないのである。無限であり永劫であると言ってもなお微弱な意を伝えるに過ぎない。エックハルトは驚くべきことを明言した。「人間は神よりも優秀である」と。神において besser とか best とかいう比較差別はあり得ないからである。すべての比較すべての差別は人為である。即如においては相対も二元もその影を没するのである。即如はいかなる束縛をも許さない。真に自由自律であってその前に何らの対辞をも許さない。これは即如に関して否定的に言い得るひとつである。

二

自然は多面な相を示している。それは知にとっても情にとっても驚くべき至宝の蔵庫である。われわれはその美を味わうために種々な道を選んでいる。ひとつの花も生物学の充分な対象である。われわれはここに生成の秘密、進化の原論を読むことができる。しかしこれにとどまるのではない。そのひとひらの花弁も自然を貫く科学の法則を内在する。しかもそのか弱い姿は物理学をさえ支えるに足りる力を包んでいる。数理も一日としてこの内に潜まないことはない。ここに科学は彼の尽きない倉庫を持つのである。あるときはまたこれが歴史の興味深い数頁《ページ》を飾るであろう。またあるときはその嚮動《きょうどう》に心理の過程をすら尋ね得るであろう。しかし花の秘密はなおこれに終わるのではない。それはしばしば美しい詩篇に編まれ、また驚くべき画布に活きている。深い洞察にとってはこれが宗教への暗示であろう。われわれは各々の相を見ることによって花の自然に近づくのである。なべて自然にある理解を求めようとするなら、必然ある立場を選んでそれを極め尽くさねばならぬ。

科学もその立場の明らかな例である。その理解に順じてある者は機械論を守り、ある者は生気論を選ぶであろう。数理もその立脚地のひとつである。歴史もそのひとつである。社会学も心理学も哲学もある立場の表明である。種々の学派はさらに分かたれたある主張に基づく明晰な立場である。

山の頂《いただき》はひとつであるが登る道は多岐である。実在は普遍であるがその様調は多面である。自然は種々な相を呈してわれわれに与えられる。したがってこれに近づく道も多様である。科学の存在は芸術の否定にはならぬ。自由の肯定は法則の破壊にはならぬ。各々は各々の立場を守ることによってその真理を保有するのである。さて即如はいかにして闡明せらるべきであろうか。今は即如の理解に対していずれの立場をとるかということが問題である。しかしいっそう適切に言えばいかなる立場が許されているかという一事がより重要な問いである。

花は種々な理解をわれわれに招くであろう。しかし知り得るその構造も生理もまたそこに潜むすべての法則も、物としての花に加えた分別である。かかる知識の綜合がただちに花の即如の理解であろうか。おそらく花の真の味識は花を前に置いての観察ではない。花そのもののうちに活きるとき、花に宿る即如は理解されるのである。すでに分別を容れ得る内容は即如の表明とはならぬ。分別による万言の説明よりも、呼吸をすら奪う美観の刹那がより内面の理解であろう。心が花の美に打たれる刹那、花についての反省があるのではない。花そのものがあるのである。このとき余は花に活きるのである。余は花を前に置いてある立場をとるのではない。否、この瞬間には余と花との区別された意識すらないのである。余が在るというよりも余の脈拍が花の美に打たれるのである。余と花とのあいだにはひとすじの隔たりすらない。花と余と相即であるこの折に、花の即如を余は味わいつつあるのである。美感の内容はすべての科学的内容を超える。余は花のある部分を知解するのではない。余は花の統体を心に味識するのである。いかなる立場による観察が余に美を与えるであろう。美とは何であるかとの理知の解答より、言葉もない美観の刹那がより深い美の理解であろう。即如は果たしてある立場を厳守することによって認識し得られるであろうか。何の立場がよく物そのものの理解となるであろう。

そもそもある立場を守るとはいかなる意味であろうか、ある立場から見た内容とは、それによって尺度された内容であるというまでである。これはその立場によってのみ許された真理の肯定である。みずからの立場を選ぶとは特殊な観察に立つ意味である。ある一定した単位を選んで約束せられたその仮定の上に真理を築く謂である。立場そのものは約束であって自由な変易を許し得ない。われわれはかかる特殊の立場からどうして絶対の内容の理解を予望することができるであろう。ベルクソンは純粋の時間を捕えようとしてこれを縦断面に理解した。しかし彼の継時的理解もある立場からの見方に過ぎぬ。横断、同時への対辞であるこの内容はなお一種の相対的理解に過ぎぬ。時間の即如はかかる一面に限定されるべきではないであろう。真の絶対な時間はすでに継時同時または動静の分別をすら容れ得ないからである。

即如を味わうとする者はその未分時において理解を求めねばならぬ。ある立場をとるとはすでに区別せられた観察に過ぎぬ。われわれは即如のありのままな面目をある立場によって示すことはできぬ。かかる立場によればかかる理解が加えられるというまでである。それは即如の本然な表示ではない、特殊な人為的な解説である。元来渾一である即如を分別せられた定義に納めるに過ぎない。即如そのままな理解はかかる立場のいずれをも許し得ない。立場をとる暇もなく即如に直接した刹那が、その如実な体認である。反省ではない、直観がより真な理解である。われわれは即如を外に観ずるのではなく、即如そのものに活きねばならぬ。すべての立場からの離脱のみ即如を如実に味識し得るのである。立場によって得られた真理は複写された即如の諸相に過ぎない。あるがままの即如はかかる分別を絶するのである。立場は一個の途程である。しかし何らの途程すらなく、ものを直下に理解するのが宗教である。即如はおのずから宗教を招いている。「神と汝とのあいだに何ものをもおいてはならぬ」とエックハルトは書いた。立場をすら介在せぬ理解がはじめて即如の真実な理解である。

かかる意味において単に夢幻のように思われる芸術は、実証の科学よりも遙かに鋭い即如の理解である。芸術とはある規矩によるものの見方ではない。したがって定義であるよりも暗示である。思惟以前の象徴の境が芸術の分野である。芸術は主義を脚下に踏みながら、何らの人為なく加工なく自然の奥底に迫るのである。捕え得た美がよく永遠であり得るのは即如を直下に暗示するからである。真の芸術は自然の説明でもなくまた註解でもない。科学が分別に自然を写そうとするとき芸術は未分にその美を捕えようとするのである。彼らは人工によって変易すべき自然を持たない。ロダンが「自然はそのままにして完全である」と言ったのは、この未分なる自然、「未だ造られず造らぬ」自然の美を指したのである。かかる信仰は哲学的にも理解されねばならぬ。人工に堕するとき、自然はすでに未分の境を去って分別に移るのである。立場を選ぶことによってその一面は披瀝《ひれき》される、だがその統体は隠匿されるのである。芸術も一個の立場であると言うなら、自由さがその立場とも言うべきであろう。

芸術にとって主義は堕落であった。宗教にとっても流派は凝固であった。形式は生命を拘束する。われわれはすべての手段を絶し介在を破ってただちに即如に触れねばならぬ。立場を選ぶとはその立場を守るとの約束である。立場を守るとはその立場に限るとの謂である。ある立場に活きるとき、われわれはその立場に死ぬのを知らねばならぬ。真の即如の理解はいっさいの立場を絶するのである。立場のない理解とはものに即する謂である。余がすべてに自由であるとき、余は即如に活き得るのである。哲学も久しいあいだ即如の理解に対するひとつの立場であった。しかし哲学の最後の任務は、即如を何らの立場なく独断なくそのままに理解することにあるのであろう。立場からの解脱が哲学の帰趣である。

いっさいの立場を許さぬとき、人は無為であると詰《なじ》るであろう。しかし美感の刹那は空虚であろうか。否、そのときこそは激動の刹那である。われわれが何事をも為さぬとは、神がすべてのことを為すとの謂である。神をして多忙ならしめるためにわれわれが休息するのである。これはいっさいを神意に委ねるの謂である。神の御心のままにと信仰は言わしめている。このときのみ余は即如に活き得るのである。「何らの方法なく神を知るとき、余は彼であり彼は余である」とエックハルトも言った。立場なき理解とは概念なき理解である。思惟を容れぬ味識である。直観とはかかることを意味するのであろう。即如はいかなる立場による理解をも許さぬ内容である。

三

知識は何事かに関する知識である。対象を持たぬ知識はこの世にあり得ない。飽くことを知らぬ知識の前にいっさいは実にその対象である。しかし一事のみがこの羈絆《きはん》を脱している。対象とはすでに主客の予想である。即如が余の対象であるなら余と即如とは相対の関係にある。加えられた即如に関するいっさいの判断は、かくして即如の内なる味識とはならぬ。人は神学が神に関する知識であるとみなしている。しかし反省せられた神と神そのものとは区別されねばならぬ。神が対象の世界に遷されるとき神学は成り立つであろう。しかし神が対象たるを許さぬときはじめて宗教が活きるのである。即如はその絶対義においてすでに対象の位置を脱している。知はこの前に臨んで何らの施すべき術がない。神が知にとっての「暗黒」であるとはこの意味である。

何事かに関する知識である以上、それは畢竟間接的知識である。対象の是認は実にこの関係を余儀なくせしめる。ものの内面に即する知識はすでに対象の知識ではない。対象化せられるとは分別の域に移された意である。未分である即如は対象化し得ぬ厳然とした内容である。これを対象の域にもたらすとき、ただ反省せられた複写があって即如そのものは遠く去るのである。美に関する解説が美感の事実とはならぬ。宗教も芸術も余に求めるのはかかる直接な体認である。教条や学説はただ後に付加せられた説明に過ぎない。一知識よりも一信仰が生命のより切な要求である。霊の福祉は即如を内に抱くにある。即如を余の前におくのではない。即如に余が活きるとき、ただこのときのみ即如の真の理解がある。

知識が何事をもその対象となし得ると思うのは妄想である。またその知識が即如の表示であると思うならば、それはいっそう許し難い誤認である。対象に待つすべての知識は相対である。余と事象とが主客の位置にあるあいだ、余はその即如を味わうことはできぬ。ものに即するとはそれが余の対象たるを許さぬ意である。対象なき知識が味識である。即如が余の対象である限り余は宗教に触れることはできぬ。即如は一時たりとも対象たるを許さぬ。対象たるを許さぬ内容が即如である。対象たり得るいっさいのものは絶対に飢える心の糧にはならぬ。分析に基づく理知の解明は即如の前にはいつも盲目である。ここにおいては知の明晰もなお不明である。即如は知の明晰を必要とせぬ、自明にして説明にあまるからである。

対象を絶するとは、ものの内裡《だいり》に入る謂である。即如と相即である場合である。反省は真理を画くが、反省を脱してのみ真理に活き得るのである。真理を解するとはこの真理への内生を意味せねばならぬ。知らるる真理は相対である。ただ味わる真理のみ絶対である。即如は知らるることはできぬ。しかし味わる即如である。ここに即如は知を超えて信を要求する。宗教が即如の理解である。

即如は語り得る即如ではない。自然の美がわれわれの筆を擱《お》かしめるように、即如の美は余の口を塞ぐのである。言葉で表し得るのはただ貧しい形容に過ぎぬ。人々は即如の内容について知ろうとする。しかしいかなる内容であるかという問いをわれわれが持ち得るのではない。いかなる内容でないかということを言い得るばかりである。真の理解は言葉にあまる。言葉で示し得るのは「否々」とのみの答えである。すべての「然」はなお浅薄である。

信仰とは神に対する依頼ではない、神に即する内生である。余は見得る即如をも知り得る即如をも持たぬ。余と即如と不二であるとき、余は用いるべき余の眼または加え得る余の思惟を持たぬ。かかるとき余の視覚余の知覚は死してただ神の眼神の意識があるのみである。神に没したる刹那、すでに失われたる余の眼は何ものをも見ることはできぬ。信徒は神を遼遠な彼岸に眺めようとする。天はしばしば彼らの愛の国土であった。しかし彼らが切な宗教の経験に入るとき、神の訪れが彼らみずからの内心の扉に響くのを知るであろう。すでに神を所有せずして神を求める場合はあり得ぬと言ったパスカルの言葉は永遠の真理であろう。神の王国は汝らのうちにありと福音は今も響いている。

われわれの要求は即如を彼岸に持つことでもない、また我らの前にそれを見つめることでもない。即如はすでに前後を持たぬ。われわれは彼の前に立つことはできぬ。その理解はただ即如に即するときにのみある。それを離れるとき知は作られるが信は奪われるのである。「余が活きるのではなくキリストが余に活きる」のが信仰の切な体験である。我らの呼吸が神の呼吸であるときのみ、われわれは真に存在するのである。即如を余が知ると思うとき、余はいささかも即如を知らぬ。即如に余がみずからを忘れるとき、即如は余に味わわれつつある。多くの神秘家が忘却を讃えた意味もここに愛を招くであろう。

言うまでもなく直観とか啓示とかにおいて、より鋭く即如は理解されるのである。これはいっそう直接な知識である。スピノザが「知的愛」と呼んだのはこれであろう。愛が深い理解である。芸術はかかる意味で科学よりもいっそう鋭い即如への肉薄である。哲学の帰趣も等しく瞑想とか静慮 Contemplation とかのうちに見出されねばならぬ。プロティノスが法悦 Ecstasy を説いたのもこのゆえであろう。禅というような境地がすべての最後であろう。哲学はいつか宗教にまで高揚されねばならぬ。

四

傅大士の有名な偈《げ》に次のような句がある。

「空手にして鋤頭を把り　歩行して水牛に騎る
人は橋上より過ぎ　橋は流れて水は流れず」

むしろ突梯《とってい》とも見られるこの偈が禅の密意を言い破った句だとはいかなる意味であろうか。宗教はしばしば恐れることなく矛盾道を歩んでいる。いわゆる「不聞に聞く」とか、「不言の言」

とかに人々は即如の秘事を説いた。彼らが愛したものは「没弦の琴」であった。カビールの句にも「舞は手なく足なくして行われ、琴は指なくして弾ぜられ、耳なくして聞かるるのである。何となれば梵は耳であり聞手である」と。理知はこれらの言葉をただ矛盾として笑うであろう。それが厳守する論理の法則に悖《もと》るからである。しかし何の権利が彼らの正確な立論を最後の理解とみなすのであろうか。

真の絶対は決して相対の否定ではない、また絶対に束される意味でもない。絶対も相対もともに絶せられたるものを、仮に名づけて絶対と言うのである。さてかかる絶対義におけるわれわれの理解とはいかなるものであろうか。試みに即如を「深遠」であると断じても、それが「皮浅」の対辞であるなら、かかる深遠は相対的内容に過ぎぬ。論理の定めるところは「然」であるか「否」かである。「否」なき「然」または「然」にして「否」というごとき絶対義はここに許すことはできぬ。論理がかかる相対に終わるなら、論理は即如の解明にはならぬ。かえって矛盾こそ絶対なるものの暗示であろう。相対に終わらぬ自由の面目を言い破ろうとするなら、われわれには次の道があるばかりである。われわれは即如を指して「深遠」であると言い得るのではない、「深且浅」と言い「非深非浅」とこそ言わねばならぬ。人はこれを矛盾道と言い否定道と呼んだ。ある者はこれを理性の死滅とまで悲しんでいる。

「深浅不二」とは明らかに論理の理解にあまる。深がただちに浅であるとは判断として自同、矛盾、排中の三律に悖る不合理を犯している。しかし「深にして浅に非ず」という合理的判断は即如に向かっては何らの解明にもならぬ。それは即如の相対的理解に過ぎない。ここにわれわれは異常な結論に達することができる。即如はいかなる論理的判断にも終わらぬという一事である。

論理はしょせん「是乎彼乎」の判断である。「然乎否乎」の決定である。その法則の性質上対立する判断を与件として、その一方の取捨に終わるのである。必然論理的内容は徹頭徹尾相対の域を離れることがない。「然」というも「否」なくしてはあり得ぬ「然」である。肯定が否定に対する限りわれわれが得る一個の判断は僅かな対辞に過ぎない。内容は決して自律の意味を保有する場合がない。いかに精細な立論といかに正確な論理とによって即如の内容を帰納し得たとしても、それは遂に相対の桎梏《しっこく》を破り得ない。人々は神の存在を立証しようと企てている。しかし立証せられたものがいかばかり精密であろうとも、それは概念以後の相対な神である。神そのものの光に対しては虚弱な影に過ぎない。即如はいつも論理を超える。理知は決してこれを闡明し尽くす力がない。もし対辞を許さぬ内容が即如であるなら、それは論理が示す「彼乎是乎」の取捨ではない。「非彼非是」の否定である。「彼即是」の矛盾である。かかる場合論理の解脱が真理の確立である。

この不可思議な表現がかえって即如について正当に言い得る最後の言葉である。ホイットマンが「余は肉体の詩人であり、且《か》つ精神の詩人である」と歌ったのはこの深い要求を示すのである。「余はともに善であり悪である」と彼は恐れなく告げた。ブレイクが「天国と地獄との婚姻」を歌ったのもかくして理解されるであろう。

すべての二元をともに容れこれを一元の調和に包むのが即如の面目である。彼において真偽の区別はなく善悪の分離はない。二極相即である。カビールが言ったように生が死であり、右手がただちに左手である。矛盾はそのままにして調和である。差別が平等である。主と客とは未分である。いかに論理の法則を破るともこれが本来あるがままの面目である。論理が矛盾と呼ぶものもここには諧調である。これは論理の破壊ではない。その解脱である。

人は法則による論理が知識に最後の確立を与えると信じている。しかもこれ以上に強固な不動の内容はあり得ぬと考えている。しかし説明し得ないことは時として説明し得ることよりもいっそう強固な論拠である。かかる場合それは説明をすら許さぬ自明の真理である。論理は分明を誇るであろうが、しかし心の満足し得るのは論理に待つ分明ではない。論理をすら絶する自明の事実である。自明であってすでに疑いを許さぬ真理である。分明は不明の対辞に過ぎぬ。自明であってはじめて自律である。科学は分明の世界を産み、宗教は自明の世界を与える。余は二つの世界をともに愛する。だが心はただ後者においてのみ満足せられるのである。

即如は実に証明し得るがごとき即如であってはならぬ。論理的に知解し得られる即如はなお皮浅である。自明なもののみ永遠である。即如は論理を超える。彼は証明し得ない場合においてもなお不動の真理である。

五

何事かを理解しようとするとき、われわれは範疇 Category を要求する。この概念の形式によって事象を整理しひとつの系統に導こうとする。人々の思惟の要求によって範疇の数はおのずから異なりまたその性質も異なってくる。さてすべての問題はある事象がいかなる範疇に依属するか、またいかなる形式によってこれを理解し得るかということに帰着する。しかし即如に関してわれわれはいっそう根本からこの問いを出す必要がある。ここではむしろいかなる範疇によるかとの問いよりも、果たして範疇そのものが即如に対して認許し得べきかという問いがより重大である。

範疇は概念の形式である。しかしいかなる形式に即如が順ずるであろうか。形式は規矩である。もしも一定の法則によって計り得る内容であるなら、それはすでに相対化せられた内容である。われわれはまず即如に加えるべき範疇を無益に尋ねねばならぬ。定不定を破って差別を絶する即如に対して、すでに加えるべき分別はないのである。範疇は一個の差別である。よしある範疇が即如に対して見出されるとも、それは他の範疇に対する意味において、なお一面に限られた特殊の差別に過ぎぬ。即如はただにみずからを当てはめる範疇を許さないのみではない。すでに範疇そのことを許さぬのである。

試みに存在の根底であるとする時間空間の約束を選んだとする。問題は空間的または時間的に理解される即如の内容である。しかし時空間というがごときは即如の何を説明し得るであろうか。単に外延の所有は静止した無内容の裏書である。人は即如の大と深とを想うかもしれぬ。しかしかかる空間的内容は単に数の無限大と言うまでである。量の莫大はわれわれの最後の驚愕にはならぬ。実体のない妄像がわれわれの信頼を欺くように、内容を離れた空間の厖大《ぼうだい》は信仰への偽りである。われわれは平面に描き得る即如を持たぬ。空間の形式は絶対なるものに向かっては何事の解明をも与え得ない。その無限は単に有限の否定に過ぎぬ。空間に束縛せられた思想はなお相対の域に終わる貧しい限定である。即如の存在は空間と何も関係するところがない。しばしば神に加えられた空間的形容は幼稚な思想の痕跡に過ぎぬ。

人はまた時間の延長においても即如の無限を理解しようと求めている。永遠不死の思想はいつも時間の永続的意味に理解される。しかし単なる時間の継続はその停止を否定したまでであって、決して時間の絶対的理解ではない。しかも時間の機械的追加は数の増大であって内容の拡充ではない。真に許し得る永遠は瞬間においてもなお永遠であらねばならぬ。時間を延長に解するとき歳月が残る、それを強度に考えるとき無限がある。永生は時間の追算を許さぬ。即如に前後はなく過去未来はあり得ない。それはまったく時間の形式を超える。宗教的に不死とは無限の未来ではない、永遠の今である。過去と未来とを持たぬ現在である。一瞬時をしてただちに永遠ならしめるとき、即如の相があるのである。言い得るなら時間を絶してこそ即如は理解されるのである。時空間の形式は即如の理解に対して何らの光明をも投げ得ることがない。エックハルトは

「時空間ほど神の思想を妨害するものはない」とさえ言った。

かかる形式によって即如の理解が遅延されたのはこれのみではない。おそらく因果の範疇は人々を今もなお傷つける刃である。われわれは往々神を創造者として記念する。これは果によって因を求める思考の趨勢が産む必然の結果である。しかし因果律を即如に加え得るなら、われわれはとどまることない因の因に対していたずらに循環の路《みち》を踏まねばならぬ。創造者とは単に果を説明し得るまでであって因の解決にはならぬ。因果律それ自身が遂に創造者にとどまることを許さぬであろう。即如は何ものかにてあるのではない、無がその面目である。無住とはかつて温かく理解せられた言葉であった。エリウゲナのいわゆる「造られず造らぬ」自然が最も深い即如の認識であろう。

しかも創造者を遼遠な過去におくことによって人は画然とした溝渠を自然と神とのあいだに掘っている。画かれた創造の歴史は象徴としてこそ意味があるが、自然の理解にとっては新たな独断である。万有は製作ではない、直接な即如の表現 Manifestation である。もしも詩人の鋭さがあるなら「一粒の砂にも野の花にも」即如を直下に感じ得るであろう。創造の真意は内展 Involution である。即如の自覚である。自覚せられたものが自然である。万有と即如とのあいだに墻《かき》を築くのは人為の所産である。両者は因果の関係にあるのではない、即接である。万有の内面にただちに即如が躍如として活きるのである。余は神を遼遠な天外におく思想の幼稚を忍び得ない。詩人トムソンが歌ったように「地のうちに天があるのである」。ここに創造の真意が包まれている。即如は因果の差別を言下に絶するのである。

範疇に容れ得べきものは有限の態に過ぎぬ。真に無限なものは自由である。自由が即如である。これに向かって束縛すべき何ものもない。彼は上下なく前後なく、いわゆる「不来不去不断不常」の否定である。われわれはすでに把捉すべき即如を前に持つことはできぬ。われわれみずからが即如に活きつつあるからである。彼は聴手なる歌手である。彼は自由自律である。何ものの対立をも許さない、何ものの形式にも順じない、何ものの知解にも終わらない。彼は右にして左、大にして小、善にして悪である。彼は全一切である。すべてはその内に摂取される。矛盾がそのままに調和である。二元も一元である。三祖が歌ったようにこれは「有即是無、無即是有」「一即一切、一切即一」の境である。実に即如に関してわれわれは言い得べき言葉を持たぬ。「言語道断」である。沈黙がこのとき最も鋭い饒舌である。一切は即如に休止する。この神秘を知りぬいた人はこの境を「多忙な休息」と呼んだのである。「赫々たる暗黒」と言ったのである。

（一九一七年十二月稿）

個人的宗教について

一

磔刑せられた聖徒の画像が遠い受難の昔を語りながら幾つとなく寺院の硝子《ガラス》を飾っている。信徒は尽きない崇仰の想いをそこに集めて静かに瞑目することを怠っていない。だが描かれた顔は苦悶の情に満ちて、眦《まなじり》は下がり頬は痩せ色は青ざめている。時として四肢は釘づけられ、時として体は幾十の矢に刺されている。鮮やかな血の滴が冷ややかな皮膚を流れている。しかしこれは死の苦しみを語るがためではない、殉教の荘厳を記念して長く信仰の焔《ほのお》をわれわれの心に燃やしたいためである。人々はこれらの画像を仰ぎ見て栄誉ある古史を想いかえしている。だがこれらの追憶には痛ましさと悲しさとがにじんでくる。燃えたつ心にもいつか慄《おのの》きがある。受難者は喜べよとは彼らに語っていない。信仰の証も温かい自然の賜物からは離れている。誰《たれ》かかる事例がこの世に反復されることを望むであろう。そのもの凄い姿は霊の不自然な勝利である。殉教の歴史には不撓《ふとう》の信念が刻まれているであろうが、そこには宗教の陰が暗い色を投げている。人は再び望むまじき光景を寺院の裡《うち》に眺めている。

宗教は互いを愛せよと教えるが、憎しみが宗派のあいだに絶えないのは事実である。共有であるべき真理はこれがために反目し、同胞でありたい人間はこれがために区画せられた。神への道は幾つかの流れに定められて、各々は他を排そうと企てている。霊の自由な開放をこそ求める宗教は、みずからを堡塁の内に固めて他の教えを破ろうとする。呪いの言葉のために彼らの唇は乾いたことがない。かつて僧日蓮は他宗への罵詈を彼の題句とした。モハメットは、コーランを示すとともに片手に剣を忘れていない。営々として企てられる伝道はすべて自宗の喧伝である。肉の争いはむしろ瞬時の激怒に終わるが、霊の争いは止むことなく心に追随する。人間が忍んだ虐殺の事例はほとんど宗派のためにであった。今なおアルメニアから運命の惨事がしばしば聞こえてくる。遠い昔にかかる殺戮が暇なく反復されたことは想像するに難くはない。愛が憎しみを購《あがな》うとは矛盾である。だがかかる矛盾が調和を求める宗教の一面であったことは拭い得ない事実である。

ある人はこの醜さを厭《いと》って真理の帰一を乞い求めている。宗教の統一はしばしば繰り返された理想であった。思想の分割は再び綜合せられねばならぬ、反目は人間の意志ではない、宗教は平和を全《まった》くするがためである。流派を絶した公有の宗教こそ、われわれが理性と感情とに叶い得る唯一の宗教である。畢竟《ひっきょう》すべての分岐はひとつに帰らねばならぬ。この理想への信念は実現せられねばならぬ信念である。宗派の区分は言語の多様とともに人文への阻害であった。ある者はかかる理想を果たし得ない夢想に過ぎぬと評するであろう。だが夢想にしてもすべてのものに対する統一は人間の忘れ得ない一個の要求である。分離とその反目とはわれわれの愛を引きつけていない。

しかしこの要求を容易に打破しようとする障害が存在する。理想は帰一であろうが個性は特殊である。平等な真理とは個性への否定に過ぎまい。位置の差違、寒暖の異変によって自然みずからが特殊の様態を示している。人は自然を母として、血をその土地に承《う》けついでいる。北方の憂愁、南方の歓喜は与えられた性情の対立である。さなきだに東西両洋はその歴史を異にし、人種はいっそうこれを区分し、しかも国風と家風とはさらにこの差別を錯雑にする。先天的決定と後天的境遇とは人間を育んでその特殊な個性を形成する。平等の理想は抽象し得られようが、特殊が現実の姿である。多様な個性はむしろ多様な宗派をこそ要するように見える。その統一はかえって自然への無益な反抗ではあるまいか。個性の否定はいっさいを空無にする。その肯定的表現こそは自然の意志であろう。畢竟この差違は帰一を不可能にし、また永く未来においてもこの理想を破るであろう。要求は統体《とうたい》を愛するとも、異なる性情は流派をさらに区分する。われわれはここに矛盾する二個の要求に逢着《ほうちゃく》する。ひとつは異宗の調和を求める心、ひとつは個性の自律を認めたい希《ねが》いである。前者は一般の樹立、後者は特殊の是認である。われわれはいかにして争いの宗派を脱し、しかも各々の個性を保有すべきであろうか、想うに未来の宗教はこの二つの対立する希願をいかにしてともに活かすかということを解かねばならぬ。

二

試みに厳格な理性の批判に訴えて、宗教の要素とも見られる一般の原理を帰納する。合理的という意味をもってこれは何人《なんぴと》も信頼すべき内容であると主張する。しかしかかる批判が果たして統一の根底たり得るであろうか、帰一ならしめようとする理想は必ずや普遍の理《ことわり》に立たねばならぬ。しかしかかる抽象の原理が果たして信仰を伴うであろうか。学びとしてはわれわれの感興を引くに足りる充分な内容を保持するとも、これは純に知の仕事であって信の分野ではあるまい。宗教を理知が築く原理の上に建てようとするいっさいの企ては、さながら木の実を岩上に植えるに等しい。帰一の理想は抽象の形骸を脱がねばならぬ。それは知識の樹を持ち得るとも生命の樹を望み得まい。

さらにある者は既成宗教のひとつを選んで、いっさいの人類をこれに順化させようと試みている。しばしば放たれた伝道者の嘆きはいっさいの人間が未だにキリスト教化され得ない事実であった。あるいは仏教徒も等しいことを夢みて、宗風の微弱を悲しんでいる。しかし彼らの希望こそは恐ろしい僭越である。色さまざまな花の春を、ただ灰の一と色によって染めぬこうとする企てに近い。イエスを解する者にとって釈尊の生誕は呪いであろうか。野には紫のすみれと黄のたんぽぽとがともに咲いている。彼らは自然の美を汚すであろうか。宗教を一宗に限ろうとする欲望は、人類を平等の図形に容れようとする無謀な企てである。

この企ては彼が選ぶ宗教がほかのそれよりも優秀であるという信念に基づいている。しかしいかなる理由がこの解答に根拠を与え得るであろう。しょせん彼は理性の批判に還らねばならぬ。ここに再び宗教は理知の盾に守られる危機に近づいてくる。仏耶《ぶつや》両教いずれが優越であるやは、われわれが心霊の栄誉ある問題とはならぬ。これらの比較対照はまた一個の興味深い学術であろう。しかしわれわれが今欲するものは知識ではなく信仰である。しかも一般的に理知をもっていずれの宗教がより深遠であるかを定めるのは、得られない解答を望むに等しい。よし明晰な理論が彼に一個の宗派を選択せしめたとしても、彼が購い得るのはその神学であって宗教ではない。かつてある人々は牡丹《ぼたん》と蓮花《れんげ》といずれが美であるかを言い争っている。しかしかかるときすでに美感は彼らの心から消え失せている、残るものは無味な言葉の遊戯に過ぎない。千万の客観的理論も一美感の温味《ぬくみ》に比べては何の力があろう。

純な理知が宗教を産まないことはしばしば告げられている。ある者はこれに対して「感情」に「直観」に宗教の泉を見出している。さらにまたこのロマンティシズムの態度に比して、特に近世に理解せられた「意志」の内容が宗教の泉であるとみなされている。余は作為せられたこの知情意の区分を捨てていっそう有機的な「要求」の言葉をもってこれに換えようと思う。ここに要求とは内心に萌えでる抑え得ない要求である、要求は実に喚求である、何者かが我に下す規範的命令である。湧きあふれる自然の求めである。よく宗教が永遠であり得るのは、それがかかる与えられた何者か無上の要求によるからである。要求は単に利己の要求ではない、私を産むさらに大きな力の要求である。何者か無限の力が我を通して求めるがごとくに見える。我は活き満たされねばならぬ。個性の表現は単に余が利欲に基づくのではない。

個性は与えられた個性である。遼遠な過去に生を自然に発した我ら人類は、今なおこの母の懐に温められて、生を長く子孫に承ごうとする。各々の者は各々の住む自然によってその性情を分有し、特殊な事情のもとに特殊な個性を涵養《かんよう》する。想うに自然はその多面な様調によって、無限に異なる個性を創造し、再びこの特殊な個性を浸透して彼が無限の相を示そうと企てている。与えられた個性とは許された個性との謂《いい》である。個性の実現こそ自然の意志であらねばならぬ。個性は私有の個性ではない、すでに使命をもたらすための個性である。

宗教の多岐は多岐な個性の要求である。余は個性を否定する宗教の存在を是認する理由を知らない。特殊を無視した一般の宗教は単に架空な構想に過ぎない。ある者は豊かな詩情に恵まれている。ある者は瞑想の力に優れている。ある者は知解に秀で、ある者は異常な想像に富んでいる。人々は彼が個性の気質に基づいて彼が宗教を持たねばならぬ。宗教が真に個性に密接するとき、彼にはすでに動かし得ない絶対の宗教がある。いっさいの偉大な宗教家は、彼の個性が明白であったということを告げている。個性に与えられた使命の意識が、ひとり心を甦らす無限の力である。

人は彼が性情を過ぎることなくして宗教に近づくことはできぬ。いずれの宗派を選ぶべきかということは、いずれの宗派がより勝れりやという知の問いではない。いずれの宗派が余の心を引くかという意味である。ここに純な理知の審判が無益であることは言うまでもない。いかに精細に宗派の価値が比較されるとも、それは心の宗教とはならぬ。人は与えられた本能を背景とする個人的気質 Temperament に託して彼が宗教を見出さねばならぬ。人は理知がつねに判断への最も確かな案内者であると考えている。だが懐疑を容れ得ぬ理論はこの世に存在せぬ。それはよし分明であろうとも自明ではない。実際われわれにとって直接な真理は固い理論の内にあるよりも、軟らかい人情のうちに潜んでいる。気質の取捨はおのずから絶対であって、理論に俟《ま》つことを要しない。知によって情を矯《た》めて純理の道に歩いても、それは内心の求めを欺《あざむ》いている。試しに深遠である理由を説いて仏教を余が選んだとする、しかし宗教はかかる態度を求めてはいない。余は余の気質が仏教に合うがゆえにという単な答えにおいて充分である。理知は動かし得るとも動かし得ないのは人情である。真に人情に基づく要求こそ絶対の根拠である。説明し得ないことはしばしば説明し得ることよりもいっそう強固な理由である。実にそれは説明をすら許さぬ自明の真理である。

かつて詩人コールリッジは人は生まれながらにしてプラトニストであるか然《しか》らずばアリストテリアンであると言った。実践につく心から儒教は生まれたであろうが、瞑想に優れた者は仏教を生んだ。詩情に豊かなものはおのずからイエスの教えを慕うであろう。人々は生まれながらにして彼が性質を異にする。多岐な宗派はかかる多岐な心の求めによって現れている。個性の特殊を無視して宗教を帰一ならしめようとする努力は自然への無益な反逆であろう。幾千年のあいだ仏教の血を承いだ東洋の人々はおのずから瞑想の教えに故郷を見出すであろう。キリスト教によって世界宗教を統一しようという試みは、単に人情の自然を破って異郷の食を強いるに過ぎない。よしこれが実現せられても、人々はその不消化に健康を傷つけるであろう。人々は各々の故郷を愛していい。活きた美は愛にあるのであって理にあるのではない。

さてかかる多様な宗派への是認は、宗派の反目の是認であろうか、余が求める宗教の調和はこれがために打破せられるであろうか、われわれがこの是認によって得られる著しい結果は唯一なる宗教の樹立でもない、優秀な宗派への選択でもない。他の宗派への肯定的認許である。各々の存立に関する互いの理解である。反目からの離脱である。宗教の統一とは帰一という意味ではない。理解による結合という意味である。新たな宗派の建設は単に反抗の気運に基づくのではない、より深い要求の発作である、未来においても新たな要求はさらに新たな宗教を生むであろう。異宗派の是認のみ宗派を結びつける。他宗の存立は余の信仰のつまずきにはならぬ。聖フランチェスコとともに六祖慧能が与えられたのは感謝である。アウグスティヌスの神学とともにガザーリーの神学は余の前に輝いている。プロティノスの「エンネアデス」とともに馬鳴の「起信論」は余の愛を招いている。誰が仏陀の前にイエスの生誕を、または孔子の出現を呪い得るであろう。ルネサンスの盛代にレオナルドとミケランジェロとをともに持つことは矛盾であろうか。われわれが持ち得る最も恐ろしい想像はおそらくいっさいの世界が一色によって塗抹《とまつ》されるということであろう。多様とは特殊の是認と相互の調和とを内意せねばならぬ。反目が理解に遷るとき、そこに宗風の調和がある。余はその真意において仏耶両教が矛盾する理由を知らぬ。それは等しい真諦《しんたい》が異なった色によって画《えが》かれたに過ぎぬ。ある者は紅の花を好んでいい、ある者は緑の森を愛していい、山に沿って河が流れている、何人もその美を感じるであろう。果てしない砂漠にのみ彷徨《さまよ》うとき、人は自然の寂しさに堪えないであろう。キリストがこの世に生まれなかったら人間はその悦びの半ばを失ったであろう。しかも仏生会はすべての人々が祝福していい日である。

三

しかし余が求める問題は宗派の問題に終わるのではない。流派は宗教にとってすでに第二次である。それに伴う一定の教条儀式、あるいは教風は積極的宗教の与件であろうが、それは宗教そのものの精華ではない。真に自由な宗教の面目はつねに流派の定限を超える。われわれの気質はいかなる宗派を選ぶも自由である。しかし我が内心の自由は宗派のために束縛さるべきではない。宗派の別は中心へ至る途程《とてい》の差である。すべての特殊な宗風慣例はただその道に付随する異なる景色に過ぎない。富嶽の頂《いただき》はひとつであるがこれに登る道は多岐である、われわれは好むそのひとつの道を選んでいい。しかし道は途程である、方便である、第二次である。手段にわれわれを束するとき、目的は遠く失われている。しばしば反復せられた宗派の争いはこの愚かな終末に過ぎない。

頂がひとつであるなら、その頂は何を示すであろうか、われわれは宗教の精華に問題を進めねばならぬ、第一義のことこそ、宗教が関わるべき内容である。われわれが認め得べき宗教の帰趣とは人と神との直接な親交である。

この契機をおいて別個に宗教の意味があるのではない。内心の平和、温かい法悦はただこれに伴う恵みに過ぎない。これは流派を問わずすべての宗教が共有すべきはずの至宝である。この直下の経験において人間は即如に触れる、人はこのとき心の故郷に帰るのである。慈母《じぼ》の温情を心の脈に感じるのである。世の神秘を我に実現するのである。

教条または儀式がすでに第二次であり、神との直接な親交が第一義の真諦であるなら、われわれはこの直下の事実にただちに迫り得ないであろうか、また歴史上かかる態度が宗教に起こらなかったであろうか。しかも宗教の形式は宗派の差別であるが、かかる親交はすべての宗教が共有する精華である。もしこの精華へと迫るならば流派の差別を脱してただちに公有の宗教そのものに面接し得ないであろうか、かかる運動はかつて形式に枯死した宗教を新鮮にしなかったであろうか、余は活き活きとしたこの事例をいわゆる神秘道 Mysticism に見出している。

宗教が時として形式に沈んだとき、内なる光を高揚して神を直下に味わうとしたのはつねにこの一連の宗教家であった。彼らがただにこの真理を宣伝したばかりではない、切に事実の上においてこの真理を示現した。彼らはいつも体験にその宗教を捕えようとした。彼らは絶えず脈流を越え形式を脱して価値そのものに迫った。彼らが即したのは自由であった。神秘道とはいつも自由宗教との意を含んでいる。この流れはいつも形式の塵埃《じんあい》に沈んだ宗教を洗浄した。神との直接な親交において宗教そのものを全くした。彼らは主義を捨てた。そうして宗教を自由そのものの中に建設した。これはただにキリスト教を飾った事例のみではない。遠く新プラトニズムを祖とし、ディオニシウス・アレオパギテスを始めとし、いわゆる「神の友」またはカルメライトの諸聖、またはベーメ、テレサの道はキリスト教のみならず等しくイスラム教の内にも現れている、いわゆるスーフィーと呼ばれた詩人または宗教家はこの同じ流れをとった。東洋においてむしろすべてがこの道であった。奥義書の神秘道を始めとして、仏教に現れたほとんどすべての諸宗、または支那に栄えた道教はこの道を代表する。神秘道はここに宗教の精華を示すのみではなく、それが共有の宗教であることをも告げている。

ここに一定の信条儀式を有する伝統的宗教（ある者はこれを積極的宗教または既成宗教と呼んでいる）

と名づけ得るなら、この個性の切な経験に見出し得る宗教を個人的宗教と呼び得るであろう。いっさいの神秘道は著しく個人的宗教である。ある批評家はこのゆえをもって、神秘道を反歴史主義的とみなしている。しかし神秘道が退けたものは歴史主義であって歴史そのものではない。彼らはもとより歴史に現れた宗派とその宗風とに彼らの宗教を託する危険を知っている。彼らが要求するものはむしろ純な内なる光である。彼らは主義を厭う。反歴史主義もまた主義に過ぎない。彼らが求めたものはいっそう自由な内容である。キリストの歴史的意味に宗教がかかるのではない。彼らはキリストがかつて存すると否とにかかわらず人は宗教的であらねばならぬと信じている。彼らはキリストの歴史的意義を否定しようとするのではない。しかしかかる信条に信仰をおくよりも、宗教をいっそう人間そのものの内面に近づけようとするのである。仏者は仏陀がいると否とにかかわらず仏者であらねばならぬ。仏者とは宗教家の謂であって単に門徒という意味ではない。われわれがより求めるものは宗教であって宗派ではない。真に個性の脈拍を打つ個人的宗教であって名称的宗教ではない。われわれは既成の宗教を否定する理由を知らない。しかしいっそう宗教を自然の心に帰らせたい求めがある。宗教そのものは歴史的名称を離脱する永遠の内容である。

かつて神学者ヘルマンは歴史的キリストの人格に基づく啓示なくしては宗教そのものは不純であるとさえ言った。しかし余の要求はいっそう自由を欲している。ルター派に属する信徒にとってはその神学は有力であろうが、これはただにキリスト以前またはキリスト教以外の宗教を否定するという結論に近づくのみではない、宗教そのものを一面に限ろうとする驚くべき独断に終わっている。一枝の花にすらキリストみずからは神の啓示を見た、真の宗教はかかる裡にある。彼がごとき一定の神学的図形に託されているのではない。希《こいねが》わくは太陽も地球も、または貧しい野の草すらも宗教の光でありたい。

キリストはかつてキリスト教を標榜したであろうか。聖フランチェスコが偉大であったのは彼が一宗の開祖であるという意味にあるのではない、また特にキリスト教徒であったためでもない。これらも彼の偉大の一要素ではあろうが、彼の神聖は犯し得ない内面の宗教的経験そのものに安在する。宗派的生活は宗教を産まない、真に直下の体認において宗教的生活が満たされるのである。すべての教徒はその宗旨ゆえに宗教家たり得るのではない、その味わった個人的宗教経験の深さによるのである。よしヘルマンが真の宗教家の唯一生活はキリストの人格的啓示に基づくと言っても、われわれは仏陀や、孔子や、または慧能や白隠やの宗教的生活を否むわけにはゆかぬ。要は個性が体得した宗教的経験であって宗旨の作為ではない。ある異教徒はキリスト教徒よりも遙かにキリスト教徒であろう。流派は単に名目に過ぎぬ。今の多くの僧侶よりも聖パウロは真の仏者であった、今の多くの修道者よりも親鸞は遙かにキリスト教徒であった。

四

宗教は直接な要求の宗教であらねばならぬ。現代に中世の宗教をもたらそうとする企てはか弱い詩的憧憬の所産に過ぎぬ。あるいは唐宋の宗風をそのままに伝えようとするのは単に時代を古《いにしえ》のために殺すに過ぎない。われわれは切実に現下の要求を活かさねばならぬ。これをおいてわれわれに触れ得べき直下の宗教はない。現代の要求を経由せずしては、宗教はただ美名に過ぎない。時は進むことを求めている、時の意志を無親して現代に活かすべき宗教は存立しない。古代は今のわれわれを活かすときにのみ意味がある。時代が真に現下の要求に活きるとき、そこに新しい宗教は生誕する。

人々は伝統を無視し、歴史を否定するという意味をもって個人的宗教が単に敬虔《けいけん》への反逆であることを唱えている。しかし伝統に束せられず、歴史に死なない個性の自由な実現はいつか果されねばならぬ、あらゆる迂遠な煩瑣《はんさ》、一定の信条、固定の儀式を超えて、その内核との直下の接触が今われわれの要求である。すべての面帛《めんばく》を脱し溝渠《こうきょ》を絶して、ものをありのままに捕えたいのがわれわれの意志である。長いあいだ作為せられた教義と道徳とはわれわれを隔離し、国家を区分し、神と人間、人間と自然とを隔絶した。今個人は個人を欲している、人は自然を恋している、われわれはそのあいだに何らの墻《かき》をすら設けることを欲しない。愛は純一に果たされねばならぬ、真理は簡明であるはずである。あらゆる形式を超えて直接に宗教の精華へと迫りたいのがわれわれの切な要求である。これは歴史への反抗ではない。新たな歴史の復活である。すべてのものの単純化、これは長いあいだ煩雑な文化の重荷を忍んだ人間の霊からあふれ出る要求の叫びである。われわれはすべての障壁を破って神を我が内に抱きたい。単純に率直に赤裸々に真理の光を我が内に体得したい。すべての形式を去って直接にものの核に触れ得たい、われわれは神を我が前におくことを欲しない、内なる心に神を味わいたいのである。理論は反省の後にわれわれに従うであろう、古人の経験はわれわれに暗示を与えるであろう、しかしわれわれはいっそう我が内心において宗教を示現せねばならぬ。宗派はわれわれの好悪によって選ばれるであろう、だがこの中核を離れては宗教は空無に等しい。神への即接――この純一 Simplicity に現代の要求は集注する。

われわれはかくて歴史への否定者であり既成宗教への反逆者であろうか、ちょうど後期印象派の画家が伝習を重んじたアカデミシャンにとって無謀な狂人に見えたように。しかしいずれが精神の要求において真であり、いずれが歴史の創造者であったかは今に分明である。宗教もそれが新たな生命をいっそう直接な内心の要求の内に見出さねばならぬ。余はこの歴史的宗教より個人的宗教への推移が現代の要求でありまた未来への発展であるのを確信する。

自由を心とし個性の平明な実現を志したこの活き活きとした要求の宗教はかつて神秘道の名によって呼ばれている。すべての形式を超えて神との直接な簡明な親交を求めるわれわれにとってこの一連の思潮は浅からぬ感銘を招いている。われわれはここにただに宗教の精華を見るのみではない、これはすべての宗教に見出し得る共有の流れである。ここにすべての宗教は互いを理解し互いを結んでいる。われわれは宗教の統体をここに感じ、しかも自由な個性の実現を見出している。さらになおここに現代の要求は反映する。

幸いにも信仰においてわれわれは自由である。何らの伝習に悩むことなく、宗教を真に内心に発し得る恵みをわれわれは保有する。自由宗教、個人宗教はこの裡から生まれ出ねばならぬ。これは歴史的宗教への反逆ではない、新たな歴史の創造である。時間が宗教を歴史的にしたのである。宗教の興起はすべて個人的であったと言わねばならぬ。いっさいの宗祖はかかる創造者であった、伝統を超えみずから時代を画した個人的宗教家であった。

（一九一七年十月稿）

神秘道への弁明

序

厳然とした内容を保ちながらも、宗教は未だに弁明の辞を重ねている。しかしかかる必要は早く去らねばならぬ。久遠の真理は非難に傷つく真理ではない。四囲を躇《ためら》う弁護の言葉こそは薄弱な立場の裏書である。かつて太陽はその光を放つのに一言の弁疏を加えたろうか。山嶽は声なくして安らかに横たわっている、宗教もまた万年の基礎を人間の内裡《だいり》に横たえているはずである。否、未だかつて人間が地上に生まれ出ない最初のその日から宗教は永存する。これに対する多くの懐疑も誹謗も、また弁護の辞柄も、その安泰な存在に何の動揺をか加え得るであろう。宗教は権威ある自律の宗教たるべきはずである。

しかし時として時代はかかる弁護をすら欲している。真理がしばしば弁明の形式で発言せられたのは淋しい必要であった。「アポロギア」Apologia は古くプラトンの世に終わったのではない。近世神学の祖シュライエルマッハーも彼の宗教論を「弁護」の一章をもって書き起こした。近くはニューマンが企てた弁明の声もまだわれわれの耳朶《じだ》に残っている。余はこの一篇が等しくアポロギアのためであるのを悲しむ。しかし余が愛するこの題材は長いあいだ誤認のもとに受難の苦を重ねている。余はみずから保護の位置に立たねばならぬ。しかし正当な弁護は早くかかることの反復をこの世から除きたい心に基づいている。弁明はそれが最後の弁明でありたいことを希《こいねが》っている。

いつか真理は光として説かれねばならぬ。人は彼の信念において強大であるべきはずである。自由には強さの美があるが、顧慮には陰の悩みがある。輝く光は雲に対して訴えの辞を設けはしまい。暗雲の帳《とばり》を越えて彼はゆるやかに光っている。宗教はいつか人生の太陽でありたい。すべての弁明が無益になるときこそは、やがて宗教が白光を放つときであろう。余は未来にこの願望を抱いて、今は弁明の言葉をあえて余が愛する真理の上に加えたい。

一　神秘と不明とについて

神秘といえば何人《なんぴと》も把捉し得ない糢糊《もこ》とした内容を連想する。不分明という批評の追随によって、かつては温かい理解を託するに足りたこの言葉も、今はかえって侮りの的である。よしこの字を好んで選ぶとしても、わずかに心を幽妙に頼る陰の意味に終わっている。光としてこれを説く者はすでに理知を失したという誹《そし》りを免《まぬか》れ得ない。神秘とはただ理知の刃を恐れる者が、あえて幽玄に身を委ねる隠れ家であると言われている。神秘への愛着は理性の敗滅であり、不明への信頼である。ちょうど日光を厭《いと》い夜陰を喜ぶ梟《ふくろう》のように、知解を避けて不明に安んじる心にはつねに陰の醜さがある。もしも幽玄の名によって理知を排するなら、それは懐疑への満足という思想の停止に過ぎぬ。もしもただ不明に託して神秘を語るなら、それは単に許し得ない独断を許したというまでである。かかる態度は知としては何の解明を与えず、情としてはただ不安を購《あがな》うに過ぎぬ。特に勃興した科学的気運に際して、かかる神秘道は何の帰依をも受けるはずがない。すべてが理知によって批判されるこの時代に、神秘と言えばむしろ明らかな侮蔑《ぶべつ》の意がある。科学があらゆる超自然的内容を知識の国土から駆逐し去ろうとする今日、ある者はこの字義とともに遠く昔の魔法 Magic をさえ連想する。占星 Astrology と錬金 Alchemy とに命数を定めたこれらすべての霊術は今はただ面白げな追憶に過ぎない。科学がなおも精密に入ろうとする未来に対して、神秘道はただ無意味な復古の教えであるとみなされている。畢竟《ひっきょう》いっさいは知によって解決せられねばならぬ、人間の理想と満足とは不明なものの完全な討伐にある。これが彼らの所有する大きな抱負である。人々は言う、神秘はいつか文明に代わらねばならぬと。実際神秘道が受ける何事よりも著しい不幸はこの不分明という意味の連想である。

果たして神秘がこれらの不順を伴うなら、余の理性もまたかかる批評の味方でありたい。何人か不明への信頼に宗教を求め得るであろう。光を慕う木の芽は陰の地から出ようとする。解明を幽閉するすべての教えはただ疾病に悩む信仰に過ぎぬ。これらの非難が正当であるなら、神秘は早く地上から失われねばならぬ。しかし余は十全の理由をもって神秘に久遠の生命を甦らそうとするのである。

もとよりこれらの頁《ページ》はかかる非難に対する弁明のためである。しかし以下の解答はあえて超自然を挙示し、または科学の価値を卑下することによって神秘の堡塁《ほるい》を築こうとする企てではない。不可思議ということはものの内容を深めはしない。不明への弁護は不明を追加したというまでに過ぎない。精密科学に対するすべての非難はただに余の理性の為すべきことでないのみならず、かかる態度は人文の開発にとって無益な反逆である。少なくともわれわれの真理は理知以下の内容であってはならぬ。理性の破壊は決して信仰を温め得ない。ただしかし一般の科学者が理知の名のもとに信仰の自律を疑う宗教の樹立を図るのは妄念である。ただしかし一般の科学者が理知の名のもとに信仰の自律を疑うのを、いっそう激しい妄念であると余は断じるのである。

理知は懐疑に厭《あ》くことを知らぬ、実際疑問こそ真理への発足である。神秘もまた理知の対象として他と何の選ぶところがない。かつては疑惑を絶した信仰の事項も今は一個の平明な分析の資料である。知はいっさいを疑いの対象とする。この傾きは怪しむに足りない。だが驚くべき事実は、理知が理知みずからの内容に対して未だかつて徹底した何らの批判をも試みないという矛盾である。理知はすべてを知識に活かそうとするがみずからに関してはほとんど無知に近い。科学が理知に立脚する限り科学者の為すべき第一の義務は、理知に関する明確な概念の獲得にある。すべての科学書はその第一章を科学批判に始めねばならぬ。余は彼らから神秘についての正当な理解を期待する前に、理知そのものについての明白な解答を所有したい。余は科学が宗教に加えるいっさいの妄念は、切に理知に関する理解の不明に基づくのであると考えている。彼らが十全なものとして絶対の信頼をおこうとする理知に対して、余は少なくともいっそう批判的でありたい。

果たして知解が真理に絶対値を与えるだろうか、理知の解明が唯一の分明な真理へ導くであろうか、分明が信仰を託し得る最後の理由であろうか。これらを反省することこそ理知の務めであらねばならぬ。もしこれらを会得し得るなら宗教を科学に移そうとする彼らの企て、とくにまた神秘の自律を否定し去ろうとする彼らの批評を正当な審判に持ち来《きた》すことができるであろう。果たして神祕は不明の別辞であろうか、ただ不可解なるがゆえに神秘であろうか、この信仰の懐抱は科学への否定であろうか、神秘の道は理知を恐れる道であろうか。これらの批評こそまず分析せられねばならぬ。人々にとっては理知が神秘へ加える刃である。しかし余は神秘こそ理知へ加えるべき刃であると信じている。われわれはすでに科学以下の内容について弁ずべき言葉を持たない、余の注意は少なくとも理知の水平線より始まらねばならぬ。しかも理知の優秀を信じる今日、それはいっそう高い見地から批判される必要がある。

頂《いただき》はひとつであるがこれに登る路《みち》は多岐である。もしもその路を唯一であると断じるなら、人々はその稚愚《ちぐ》を笑うであろう。しかしこれは比喩にとどまるのではない。ここにいっさいのものは理知の対象たり得るという考想がある。少なくとも理知が触れ得ない世界の存在を認許し得ないなら、科学者のこの抱負は実に世界を一面に開展しようとする異常な企てである。真理はすべて科学的であらねばならぬとするのが彼らの思潮である。でき得るなら、神をも理知によって購いたいのである。もしもこれを購い得ないなら、神の存在は否定されたというのがその傲然とした結論であろう。しかしこれは多様な世界をただ一面に局限したものの見方である。立体であるべき世相が平面によって伝えられたと言うまではあるまいか。余は異なる世界の存在を示すために次の例証を選ぼうと思う。

科学の趨勢は明らかに神話的擬人法からの脱出である。昔人間の吉凶を語らった自然の現象は、ようやく神話の手を離れて、批判を理性の哲学に求めた。しかし霊のことに属したこの第二の見方が、物質に奪い去られる日はまもなく来た。自然哲学の名称が科学の名によって示されて以来、特殊な事象も遂に幾ばくかの普遍的法則に還元された。この人間からの離脱と自然の独立とが科学の与えた教えである。主観から客観へ、感情から理知へ、想像から実証へ、特殊から一般への推移、一言でいえば擬人法からの離脱が科学の方向である。いっさいの法則は太初からの法則である。人間が地上にあると否とを問わず果たされねばならぬ法則である。個人の自由な作為ではない、すでに決定せられた自然の計画である。科学の美は機械の美である。

しかし美はこの一面にのみ終わるだろうか。われわれの傍にはまさにこれに反逆する美の世界が厳在する。この世外において機械は醜である。決定は死である、法則は邪である、美を与える力は反省ではない、直観である。この鋭い対比を示すのは芸術の世界である。科学に対し芸術の目途は個性への貫入にある。人間への浸透がひとり芸術を清浄にする。美は実に個性の美である。人間そのものの表現である。黙する万有によく人間の心を読むとき、彼こそは詩人である。尽きることない人間の象徴、これが芸術の世を通じる不断の流れである。科学は人間を離れようとし芸術は人間に入ろうとする。法則は個人を退け詩美は一般を排する。自然の運行に自由の介在は紊乱《びんらん》である。芸術の作動に規矩の闖入《ちんにゅう》は破滅である。芸術は自由を心とし、すべての定義を厭う。永遠の暗示こそその生命である。機械は芸術において醜の醜である。

さて人はしばしば反省する、いずれの世界が真実であろうかと。この二つの流れは鋭い対比である。しかし人は何がゆえに対立を避けてその一面をのみ選ぼうとするのであろうか。理知をもって芸術を空に感じるとき、科学者は世界を一面に見る罪を犯している。時として芸術の真を保存するために、科学の偽りを讃えようとする。しかしそれは芸術家の誤認である。多様な世界がわれわれに与える教訓は各々の世界の分有に関する自覚である。想うに科学者の任務はまずそれが所有する分野についての謙譲な承認であらねばならぬ。分野は限界である。実に科学的真理はこの限界においての真理である。われわれは古今を通じる法則の永遠性を疑うことはできぬ。ただかかる真理がつねに科学的であることを忘れるべきではない。いっさいは理知の対象であろう、ただかかる場合それが理知の単位に基づく計量であることを看過してはならぬ。単位は特殊の約束である。科学的約束に立つ真理が、何ら全般のまた唯一の真理でないことは自明である。理知が持つべき第一の自覚はこの分野に関する明確な理解であらねばならぬ。

問題は必然、理知そのものの内容に帰ってくる。知解の所業は分析である。分析は比較に及んでここに知識を構成する。必然いっさいの科学的知識は相対を原則とする。われわれが持つ運動の概念、空間の知識、音響、色彩、ひとつとしてこの約束の従順な保有でないものはない。しょせんその内容は「彼」に対する「是」であり、その帰結は「然」であるか「否」かである。断定は畢竟相対の性質を出ない。これは理知が保存する論理の法則そのものに原因する。論理は二個の矛盾する内容の対比に発して、そのいずれかの選択に終わる。自同、矛盾、排中の三法則が与える約束は、対立の与件に基づく取捨である。これはいっさいの論理的断案がその命数上、相対的比較によってはじめて可能であるという裏書である。科学は畢竟この差別知の範囲を出ない。永遠普遍と目せられる科学的真理も、この条件を具備しての真理である。その分明もまた差別の域を出ることがない。すべての科学的知識は一定の限界と一定の約束とに立脚する固定的知識である。必然、世界及び人生の理解を科学の一門によってのみ尽くし得るとする態度は、ただ科学の隆盛に伴った変態な気運に過ぎない。理知の過重は時として理知の殺傷である。

ここにもし差別相対を絶する内容があったなら、科学的理解はこれに対して可能であろうか。必然、沈黙が科学のとるべき正当な態度である。しかし人々はいかなる問題も知の対象であり得るとしばしば考えている。だがこの妄想がみずからを裏切るときは幾ばくもなく来るであろう。理知の力は是対彼の差別に終わる。是彼の彼岸を求め、然否の一致を求めようとする要求に対しては理知はその刃を納めねばならぬ。人は差別に不満である、相対を脱し絶対を慕い、二元を去って自律につく心こそは宗教である。絶対は差別を許さぬ。無差別を追う心が宗教心である。理知の差別によって宗教の位置を奪おうとする企ては理知に欠けた暴逆に過ぎない。理知によって破られたものは信仰ではなく理知自身である。知解が産む真理は宗教においてはなお不足である。人はこれをしもなお唯一であり最後である理由とみなすだろうか、知の分明すら力なくせられる別種の世界を否むことはできない。実に宗教の使命はかかる世界の示現にある。

人々は知解し得ないというゆえをもって神秘を難じている。不分明という連想も理知を無視した内容という意味である。だがそれは理知的に不明であるというまでに過ぎない。理知的に不明であるということはそのものの分明性をただちに否定することとはならぬ。かかる不明はすべてある立場からしては不明であるというまでである。知解が差別を示すなら総合を示すのが神秘である。無差別な内容が差別にとって不明であるのは、理知の不足をこそ示すが神秘への非難にはならぬ。論理的理知が神秘を単に不可解と評するのもただ自然な帰結に過ぎない。差別は総合ではない。相対的態度は絶対値の理解を許さぬ。神秘は実に論理的意味において可解の内容ではない、だが同時に不可解の世界でもない。可解をも許さず不可解をも絶した不許解の世界である。神秘をただちに非科学的として卑下するのはこの不可解と不許解との錯誤に基づいている。実に神秘は科学的でもなくまた非科学的でもない。すでに科学的知解を許さぬ規範的内容である。

知解し得べきほどの真理はまだ相対の真理である。絶対を心とする宗教は差別を言下に絶する。知解をすら許さぬ厳然とした自明の真理であってこそ信仰に価する。解かるべき真理はそれに対して不なるべからずとの意であって、不なるを許さぬ規範的謂《いい》ではない。神秘は規範的要求である、差別知を容れぬ価値である、知の分明をすら超える統体である。いわんや知解以下の不分明ではあり得ない。神秘とは知を絶した世界である。

人々は理知によって証明し得べき真理が信ずるに足りる唯一の真理であると考えている。時としてかかる要求は神の存在をすら証明しようと企てている。しかしこれは閑《しず》かな仕事に過ぎない。宗教は立証せられると否とにかかわらず厳存する宗教である。我らが内心の求めるところは自律の真理である、証明し得ずともなお存在するがごとき内容こそ余の心を託するに足りる。実に証明をすら許さぬ真理であってはじめて絶対である。証明を俟《ま》って明らかな真理はよし確信を購っても信仰を産まない。自然の法則を信ずということと神を信ずということとは全然別義である。証明し得べき真理は科学にとどまる、証明を許さぬ真理であってはじめて宗教を示現する。分明はただ理知のことに属する。明晰ということをすら許さぬのが神秘である。それは明不明を超えた内容である。これを漠然とした不明の義に解するのはただ貧弱な理解の痼疾《こしつ》に過ぎぬ。理知の明晰は単なる差別である。自律なる明晰に比べてはなお陰に等しい。何人が神秘を不明と呼び得るであろう。自明がその面目である。神秘はすでに知解を許さぬ。それは批判し得べき対象とはならぬ。自明なるがゆえにただ認許せらるべき自律の内容である。神秘はすべての疑いを容れぬ。信仰は試みる心を卑しむ、「神を試みざれよ」とイエスは言った。ブレイクの歌に、

'He who doubts from what he sees
Will ne'er believe, do what you please.
If the sun and moon should doubt,
They'd immediately go out.'

自律なる分明、それが神秘の世界である。否、明不明の区画をすら許さぬ未分の境こそその意味である。

科学は分別を旨とし、宗教は未分を心とする。知の分明は矛盾を避け、信の敬念は矛盾を絶する。理知は分析に事相を理解し、神秘は統一に真諦を保持する。絶対はひとり未分の裡に宿る。差別は本然の姿ではない。是と言い彼と言い、明と言い暗と言うもすべて貧しい区別に過ぎぬ。いっさいは淡然として言語を絶する。真に離言自証がその面目である。分明への執着はそもそも

末枝である。

科学の真理は知解すべき真理であるが、宗教の真理は体得の真理である。知解の法則は三段の論法であるが、神秘の理解は一段の直観である。理知は真理を前に置くが、信仰はそれを内に抱く。第三者としての観察に知識があり、第一者としての合一に体得がある。前者は知ることによって味わわれ、後者は味わうことによって知らるるのである。科学は言う、「われわれは知る」と。しかし宗教は言う「われわれは味わう」と。真に即如に関してわれわれの知は何の知るところがない。しかしわれわれの心は独りそれを味わう。クラショー Crashaw が「聖テレサ」Saint Teresa の歌に、

'She never undertook to know
What death with love should have to doe;
Nor has she e're yet understood
Why to show love, she should shed blood;
Yet though she cannot tell you why,
She can love, & she can Dy.'

解くことを許さぬ内容を認めるのは科学への侮蔑であろうか。否、これこそは知の否定ではな

くその解脱である。世界が理知の差別に終わるならば科学はみずからの桎梏《しっこく》に悩まねばならぬ。未分の世界こそわれわれが追い求める心の国土である。人は生まれながら相対の域に安んじる術を知らぬ。宗教はかかる求めの示現である。想うに未だ分かれない太初のその深みに、我らの心は生を発している。人々はこれを省みて長いあいだ分別の労を重ねた。だが心はたえずその故郷を慕っている。人はこの未分の郷を神秘と名づけた。われわれはいつか分別からの解脱を遂げねばならぬ。この悦びはただ神秘の味わいにおいてのみ満たされている。しかし理知に慣れた人々は差別を離れたゆえをもってこれに不明の罪を数えている。しかし未分なるもののみ自明である。神秘の自明に比べては理知の分明はなお陰に近い。「明」を絶対義に解するとき、それは神秘ということを離れては思惟し得べくもない。

神秘とは事を秘する意でない、密に親しむ意である。不明なるがゆえの神秘ではない、自明なるが神秘である。明と言い不明と言うもただ貧しい言葉に過ぎぬ。自律なるものの前に理知は沈黙せねばならぬ。さらに説くべき差別の相がないからである。三祖「信心銘」に「虚明自照、心力を労せざれ。非思慮の所識情測り難し。真如法界、他なく自なし」と。

二　神秘道と流派とについて

この思想の脈流を人々は主義 ism の名によって伝えている。流派に基づく規定の桎梏から脱《のが》れて自由な道を憧れたこの思潮を、神秘道とこそ言うべきであろうが、習慣は語尾に主義の字を添えてこれを神秘主義（説または論）*Mysticism* と呼んでいる。おそらく嘲る者が与えた侮蔑の意に萠《きざ》した言葉であろうが、しかし一般の用語として今は長い経歴を残している。たえず形式の信仰を破って自由を呼び覚ましたこの一連の思潮は、いずれの宗教史をも飾る活き活きとした事例であった。思想の固着に信仰の死を見た彼らの理解は主義に限られることの愚を知りぬいていた。永遠に流動する自由の真内容こそ彼らの尽きない求めであった。実際長いあいだの歴史においてある信徒が主義の態度に彼の信仰と理論とを託したかもしれない。しかしこれは真の宗乗に活きる者の主旨ではなかった。神秘主義とはただ便宜のために人々から選ばれた習慣的用語であって、字句は何らその内容を指示するものではない。禅宗と言い禅学と言うもまたこの不幸な例に洩れない。宗教はいつも言葉を超える。言葉はしばしば誤解の発端である。

直下の衝動によって、神（即如）との親交を内なる心に経験するのが神秘道の本旨である。多くの神秘家がわれわれに示現し得た永遠の真理は、心に輝く「内なる光」'Light Within' であった。この信念によって二重の可能がわれわれに示されてある。ひとつには人間に賦与せられた神性の是認、二つにはこれによって可能である人間と神との親交である。一葉の地に落ちるすらかつて摂理を離れていない、いわんや人間の創造は神が労《ねぎら》いの印である。これこそは罪に傷つくわれわれの心すら、神との直接な親交を受け得る実の証明である。次の驚くべき言表は神秘を知る者のモットーであった。

'God becomes as we are, that we may be as He is.' ——Blake

彼らは波打つ鼓動をもって内なる心に輝く神を見つめている。有限の身にも無限への連鎖がある。この事実は完全に示現せられねばならぬ。この切実な神の体認こそ彼らが味わい得た久遠の法悦である。倡仰の帰趣、宗教の精華がただこのうちにのみ潜むのを彼らは堅く信じていた。これをおいてほかに認め得べき信仰の意味は存在しない。神によって許された神との親交、人生の至極はこの永遠な瞬時に包まれている。抑え得ない求めに応じて彼らが切に追ったものはこの最後の直接な体験である。彼らはこの根本事にのみ不二不動の宗教があるのを確信した。

しかも彼らが宗教の精華に対するかかる理解は、これを何らの作為なくして体験しようとする要求を産んだ。いつも彼らの心はこの人と神との即接に向かって急である。純に信仰をこの内に集め、また唯一なる宗教をこの内に建てようとしたのが彼らの企てである。生命の本核に直下に触れ得たいこの希願に対しては、精密な信仰の階梯《かいてい》はむしろ迂遠である。われわれは宗教の純一を信じる。果たされるべき宗教の帰結は簡明であるはずである、これに加えられるあらゆる考想は純一の相を錯雑に表すに過ぎない。ものはその周囲に学説を集める、しかし我らの心には思弁よりもその核に直に入ろうとする要求がある。すべての面帛《めんぱく》を脱いで赤裸々な真諦《しんたい》に触れ得たい心がある。千万の教義の疏註《そちゅう》よりも一体得にこそ宗教の閃きがある。これら神との直接な親交、至純なる経験を心とするのが神秘道の意味である。

必然宗教は真に我が身に関わる宗教であらねばならぬ。我が内心に関わり得ないいっさいの外事は、生命にとってはすでに二次である。ここに宗教は個性に密接する。果たされねばならぬ一事は与えられた個性の表現である。かくて宗教は内なる宗教である。内面の意味をおいてはすべての教条も形式もまた救主すらもただの空名に過ぎない。流派は単にその形骸であってその精華ではない。欲するものは内に味わう価値である、外を飾る名目ではない。宗教は内心の宗教であって流派の宗教ではない。この直接な個性の内的宗教が神秘道の宗教である。

主義は言説と運命を始終する。理論は変換し得べき理論に過ぎぬ。いかなる思弁をも許し得ない不二の信仰は、その基礎を移動すべき主義の上におくことはできぬ。主張は限界である、あらゆる流派は一個の規定であり制限である。宗派は必然反目を内意する。あらゆる主張はこれに対立するものに向かっての態度である。畢竟主義は相対の業を出ることがない。それは何ら自律の内容たることができず、ただ批判し得べき対象たるに終わっている。我らが欲するものはいっさいの判断をすら許さぬ規範的事実そのものである。すでにいかなる拮抗をも許さない自律の体験でこそ絶対である。宗教の根底はただこの一事にのみ安在する。教条はただ後に付加せられた形式である。もしも宗教がある特殊な神学によって決定せられるなら、それは心の桎梏であっても開放にはならぬ。宗教は束縛すべきための宗教ではない。それが一定の形式に沈溺するとき信仰にはただ枯凋がある。神学は理論として主義を要求する、しかし宗教は帰趣として主義の離脱を喚求する。知識は畢竟差別を与えても、総合を離れている。ものを未分に理解するときのみ真理の体得がある。主義は分別であり相対である。宗教はみずから永久を追い、内面につき、根本に帰る心の求めである。何事よりもこの精華をと追い慕うとき、彼は正しく神秘道に歩みつつあるのである。

宗教は真に離言の道である。それはすべての言語を絶する。即如は定義せらるるを許さぬ。断定はものの内容を局定する。無限の自由であるべき絶対の面目はこれによって表示し得べくもない。すべての批判反省はこの渾一の態を分析して平面にもたらす差別知に過ぎぬ。すべての差別を絶するときにのみ彼に完全な自由がある。いっさいの形式、いっさいの主義はむしろ自由の拘束である。

自由に即する心が彼らの心である。この心の切なことにおいて神秘家は人々の要求を超える。神学は宗教への弁疏であろうが、活きた宗教そのものは弁疏を脚下に踏んでいる。神秘経験は言説の堡塁に依拠するのではない。知識はわれわれを美《うる》わしく装飾する、しかしそれは霊の量ではない。かつてパスカルが言ったように宗教は「心」のことに属する。権威は内に湧くのであって外に在るのではない。

彼らは厳かな霊の示現の前に、いっさいの教条、儀式、聖典をすら第二次とする。これら各々の価値を忘れるのではない。ただかかることにのみ拘束せられるとき、宗教の真諦が失われるのをより明らかに知っている。神秘道は長く院制主義 Institutionalism にとどまることはできぬ。彼らはこれによって規定と院制とを卑下し去ろうとするのではない。ただ彼らはより直接な宗教的内容に憧れている。正統派に所属するすべての信徒、また時として純な学者すらも教会帰依 Churchmanship をもって信徒の本旨とさえみなしている。彼らにとっては教会員 Churchman たることが宗教家たる所以《ゆえん》である。しかし教会は神の国を示現すべき途程ではあっても、信仰はこれに終末すべきではない。われわれは教会を否定すべき理由を知らないが、教会に束せられる理由をさらに知らない。教会は目的に達すべきひとつの方便ではあっても、われわれの目的そのものとはならぬ。われわれの内心の要求はいっそう直接的である。何がゆえに目的そのものを直に捕えることが許されないであろう。神秘道とはたえずかかる要求に迫った一脈の流れである。

批評家はこれがためにしばしばこの道を目し反歴史主義と呼んでいる。内心直下の体験を宗教の本質とする者にとって伝統と歴史とがすでに第二次であるのは言うまでもない。しかしこれらの態度を反の字によって示そうとするのは誤解である。自由を欲する彼らにとっては反歴史主義もまた一個の束縛である。いっさいの拘束を絶して真に自由なる面目に活きるとき、永遠の宗教が示現せられるのを彼らは信じている。歴史に沈み、歴史に反するのはともに彼らの満足し得ない態度である。彼らはいっさいの条件を絶して宗教の核に急ごうとするのである。神秘家にとって彼と神とのあいだには何の介在すべきものがない。

外囲よりも内なる光を慕ったこれらの態度を、宗教の枯凋に対する単な反抗的気運としてのみ認めようとする学者がある。彼らはこの思潮が信仰を覚醒した数々の例を忘れはしない。しかしこれを異例な発現として宗教の精華が別個にあることを讃えている。もとより変態は正当な宗教を伴い難い。しかし神秘とは果たして異変の態であろうか、果たしてこの気運は反抗をその心としたであろうか。これらの批評はただ不足な理解を告げるに過ぎない。余は自然を示すがゆえにこそ神秘を愛するが、その変態のためにこれを弁じるのではない。

神秘道は人為の所産ではない、厳然とした必然の事実である。神秘家は生まれながらの内なる光に発したことにおいてのみ神秘家である。彼らの安らかな信念は与えられた人間そのものの本質に潜んでいる。神秘とはこの自然なものの別名である。彼が生まれながらの本性に活きるとき人はおのずから神秘家である。神秘道はものをありのままに見ようとする態度である。あらゆる人為を脱して事相をその本来の意味において理解しようとする道である。如々《にょにょ》な本然な面目において真諦を抱こうとするのがその心である。神秘道は自由道である。それはいっさいを開放する、人間そのものの自由を復生する。否いっさいのものにかかる自由の活機を認めるのがその至悦である。すべての束縛はまず離脱せられねばならぬ。人工の作為に傷つくとき彼らは人間を離れ神を離れ、宗教を失うのである。神秘道の永遠な基礎は主義の上に建つのではない、人間そのものの内に安在する。

彼らの必然な経験がよく永久であり普遍であるのはただこの与えられた本然の表現によるからである。人間そのものに立つことにおいて彼らの経験は真に人間の共有の財産である。神秘道はその個性の直下なる経験において宗教の精華を示し、人間に立脚することにおいてあらゆる宗教の神秘道である。この二重の真理はわれわれに何を語るであろうか。

もしも神との直接な親交が宗乗の帰趣であるならば、神秘道はかかる帰趣である。それがいかなる形式をとるにせよ、この事実においていっさいの宗教的経験は神秘的経験である。しかも共有の宗教がこの道に見出され得べき悦びをわれわれは持っている。人間本性の要求に基づくことにおいて、神秘道はあらゆる宗教の共産である。それは一宗一派にのみ許された神の恵みではない。彼らは人間に活きる公有神秘家であって宗派に限られた専有神秘家ではない。人々はこの共有の宗教を理解することによっていっさいの宗教に敬念を抱くことができる。多くの信徒は自己の宗派を固守することによって排他の醜さから脱れ得ないのである。なぜすべての宗教を貫通して流れる共有の至宝を愛し得ないであろう。神秘道はあらゆる宗派をひとつに結ばしめる。救いの専有はキリスト教にのみ許されるのではない。神はキリスト教的であるとともに仏教的である。真理はつねにイスラム教的であり、儒教的である。余は正当なすべての宗教はその根底において調和さるべきものと思う。争論は理解の不足に過ぎぬ。

神秘道は主張ではなく傾向である。理論ではなく気質である。組織たるよりも開放である。思想たるよりも精神である。定義たるよりも暗示である。規矩たるよりも創造である。形式たるよりも流動である。彼らの危期は神秘道を主義に託すときにある。理論が生命の位置を奪うとき、宗教は言葉の宗教に死滅する。偉大な宗教家はすべて言葉を謹んでいる。彼らには沈黙が最良の言語であった。かの圜悟の「碧巌集」が広く愛されたとき、嗣子の大慧宗杲はこれをすべて焼き棄ててしまった。この大胆な努力は、言辞に基づく宗教の絶滅を志したからである。

一般の理論を旨とするよりも、特殊な個性の求めに起つこの宗教は、必然その方向において多面である。神秘道の多様は個性の気質に基づくのであって主張の分岐ではない。いかなる神秘家も他の神秘家によってひとつの拘束をすら受けない。彼らは彼ら自身においての神秘家である。時として彼らの道は瞑想的でありまた情的である。いかなる道も彼らの各々を妨げない。彼らは自身において自由であり自他の関係において自由である。神秘道においては彼らは各々の個性を実現する。かかる実現においてのみ相互の理解があることを知っている。彼らは彼ら自身の内部生命の樹立者である。人間そのものの宗教として彼らはいつも宗団を超える、人間は宗団よりも根本的であり、内容は遙かに広汎である。

実際神秘家がある時代に一団をなして起ってきたことは事実である。例えば十四世紀ドイツに栄えた「神の友」、または英国に起こった「クェーカー」宗のごときはその実例であろう。しかし彼らは何ら宗派に自己を防備したのではない。厳然たる個性の要求に出発した信徒である。同じ求めに活きた彼らは互いを愛し互いに集い合った。しかしそれは党派を夢みたのではない。彼らの道を流派の名によって呼ぶのは誤りである。主義からの離脱をこそ彼らは希っていた。おのずから集った彼らは流派の名を避けてみずからの群れを「友」と呼び、「会」と言った。「神の友」'Friend of God'、「友の会」'Society of Friends'、「愛の家庭」'Family of Love'とは彼らの好んだ名であった。実際神秘家の一団に名づけられた宗派の名目は彼らよりも他人によって名づけられた侮蔑の称号であった。クェーカー Quaker とは神の前に「慄《おのの》く」人々である。ある者は誹《そし》りをもって彼らをいわゆる「神霊家」Spiritualists と呼び、「探索者」Seekers と呼びまたは「誇言者」Ranters と呼んだ。かのイスラム教の神秘道をスーフィズム Sufism と言うも、それは何ら ism の道ではない、「毛皮」を纏《まと》う人々との意である。

神秘道が一個の宗派でないことを主張するとき、批評家は禅宗、またはクェーカー宗を指摘するかもしれない。実際偉大な系統をさえ引いて今日に続く禅宗のごときものをこの例に悖《もと》るとみなすかもしれない。しかし真の禅者が繰り返し繰り返し言った主旨は禅に差別知を認めない意であった。何人か呼んで禅宗と言い禅学と言ったかを知らないが、それは単に名づけられた称号に過ぎぬ。禅において派流、学知は許すべきでない。禅はただ一字禅においてすでにありあまるのである。でき得るなら彼らは禅の一字さえ用いたくないであろう。禅の五家分立も何ら根本の分岐ではない、ただ異なる人格の表示であって、むしろ禅がいかなる様態にも現れ得べき自由の裏書である。人々がその性に基づいて平等の真諦を見守るに過ぎぬ。名目は何ら十全に内容を語るものではない。禅はみずから標榜する通り不立文字直指人心である。彼らは説くを許さぬ絶対事をみずから持っている。「無」と言うのもただ這般《しゃはん》の消息の反映である。

かのフォックスFoxによって創設されたクェーカー宗Quakerismも一個の宗派の形に終わるものと評すかもしれぬ。しかしそれはただ沈黙の法悦を知る者の一団である。その教えこそはあらゆる形式に反抗して、ひとえに「内なる光」を求めようとする態度である。彼らは流派にみずからを囲む宗団ではない。その心を愛し合った「友の会」'Society of Friends'である。主義は分離の予想である。何ものが流派のもとに永続するであろう、ただ活きるものはかかる説議を絶した内心直下の経験である、宗教はただこの根に栄えてのみ花に飾られるのである。かの神秘道とはその語義において口を塞ぎ眼を被うの謂である。

（一九一七年八月稿）

哲学におけるテンペラメント

I charge that there be no theory or school
founded out me,
I charge you to leave all free as I have left all free.
From *'Myself and Mine'* ——Whitman

この小篇で明らかにしようとする論旨は、むしろ簡易な常識的批判の範囲を出ない。しかし多くの批評家はしばしばこれを看過して空しい論争の痴愚を重ねている。自分はここに哲学上（もしくは一般思考上）の論理的立論（Logical Argument）と、哲学者（もしくは一般思想家）の個人的テンペラメント（Individual Temperament）との関係を論じようと思うのである。内容は思想態度の問題に終わっているが、しかも哲学の価値について、ひとつの見方を開き得たことをひそかに信じている。

一

一般の信念に従えば、理知を主として立つ哲学は徹底して論理的正確を必要とする。われわれが哲学的立論を行うときは、必ずその知的思考に数学的精緻を加えて、明確に理性の活動を階段的秩序に開展しなければならない。そうしてその立論はいつも客観性と普遍性と必然性とを具《そな》えた冷静な理論的断案に終わらねばならない。しかも種々の思考はそれみずからにひとつの体制的配列を要求する。ゆえに哲学的思考の理想は、その思想内容を一般的図形に構成することにある。ひと言でいえば哲学的体系（Philosophical System）の組成にある。

偉大な哲学者という名誉は、いつも広汎な体系を持つ哲学者の頭上におかれている。体系の壮大はただちにその哲学の雄大と、その哲学者の偉大とを連想させる。したがって哲学に対する人々の尊敬と信頼とは、ほとんど彼らの立論に潜んでいる論理的正確性の上にある。かかる思想の習性から、われわれはいっさいの哲学（もしくは広く一般思想）の価値を、ほとんどそこに包まれる論理的客観性の多寡によって評価しようとする。一般的妥当性に乏しく、客観的に非論理的であり、且《か》つ何らの体制的系統をも欠く哲学は、ただちにその思索の不正確と幼稚とを予想させる。ゆえにいっさいの思想内容はほとんど論理的一般性を標準として批評され評価される。もしもその哲学的思想の結論が、客観的一般的内容に乏しいとき、人々はその立論の哲学的価値を卑下することに決して躊躇《ちゅうちょ》しないでいる。

したがって哲学的思索ならびにその批評の方向は、すべて論理的正確性に向かって集注される。その見解の一致も反目もすべてこれを焦点としてその周囲に回転する。かくて哲学的論争は、いつもその思考の結論が論理的に真であるか否かの問題に終わっている。実に真理を愛するために立った哲学者は、真理を得るための論理の争いに身を浸している。不幸にも哲学ほど反目と争闘とに充ちた歴史を持つものはない。議論は議論を重ねてわれわれはとどまる術を知らない。幾百代の祖先が今日われわれに残した賜物は、帰結することができない問題の無数を、数え尽くし得ないほどの多くの書籍に記載した事実である。かの科学のように夥《おびただ》しい資料が幾つかの単純な法則に節約されて、それが永遠の真理として承認されるのに反して、哲学はほとんど論理の戦場に傷ついて、永遠の真理を示して長い勝利の誇りを得る者はほとんど稀と言わねばならない。

かのタレスが紀元前六百年の昔に、水をもってこの宇宙の原質とした時代から、二千有余年後の今日、流動をもって自然人生の本質を説こうとするベルクソンの哲学に至るまで、哲学的論争はさながら永遠の波動に終わる海水の宿命にも比較し得られる。汀《みぎわ》に立って止むことない彼ら動乱の反復を、人々は寂しみの心を抱いて見つめている。いつの時にわれわれは平穏な真理の霊水に浴し得るであろうか。明確な論理的立論はかえって不明な渾沌の世界をのみ与えるようにさえ考えられる。

しかも今は哲学的不安の時代である。ただにわれわれは反目する多くの哲学的立論の雑然たる配列を前に見るばかりでなく、実証を慕うわれわれの心は科学の力を忘れることはできない。二千年を経由した今日の哲学史がわれわれに供給するものは、科学がわれわれに示した確固とした法則のごときものではない。いっさいの結論はむしろ一般性を欠いて、彼は永遠の客観的真理を今なお示し得ないでいる。むしろわれわれは永劫の安住を哲学に見出すことが許されない事実であることを知るばかりである。人々はようやく哲学を離れ科学にいっさいの説明を求めようと焦っている。そうして今は科学に対する信頼の時代に遷っている。

しかしこれらの訴えは果たして正しいものであろうか、しかも人々が疑うように哲学はその存在の意義を棄てて科学にその務めを譲らねばならないのであろうか。自分は哲学に対するこれらの見方が謬見《びゅうけん》に基づくことを明らかにすることによって、哲学の使命に新しい価値を甦らせたいと思うのである。ここには少なくとも従来の見方に対して三つの疑問を挟むことができる。果たして哲学本来の要求は、客観的真理の論理的獲得にあるのであろうか。これは自分が提供する疑問の第一である。第二にわれわれは哲学的思索の価値をただちにその論理的内容の価値に還元することができるのであろうか。第三に哲学に恒久の生命を与えるものはただその立論の論理的正確性のみであろうか。

実際、論理的正確性が哲学的思考に重大な価値を与えることは否み得ない事実である。しかしかかる論理的意義がいかなる点まで哲学の内容を形造るのであろうか。自分はこの問題に対して明らかな答えを与えることによって、ここに哲学の価値に新しい光明を見出したいと思うのである。

二

在来の期待によれば、人々は哲学の恒久性をその結論の論理的価値に求めようとしている。論理的価値とはいつもその内容が必然的であり一般的であり且つ客観的真理を示すことを予想させる。主観的断案に充ちてただ特殊な独断にとどまるものは、いつも避け難い論理的誤謬に終わらねばならない。論理的正確性はいつもその立論の価値内容を左右する力がある。しかしわれわれの想像がよく許し得るように、一定の規則と約束とのもとに成立する明晰な論理的思考が、二個の離反する内容に逢着《ほうちゃく》するとき、その真偽正邪を判明するためには、しかし多くの困難を感じないわけである。一と一との加がいつも二であるということを思考の法則が示すように、論理にとって二者の是非を決定することはむしろ簡易なことのように思われる。しかし理性に基づく冷静な立論を標旨する哲学的思考の論理性が、今なお判明な客観的断案を下すことの少ないのは、むしろ不思議な事実と言わねばならない。思うに哲学的内容のすべてが論理的価値に終わるべきものであるなら、哲学的真理は、すでにアリストテレスの時代に終わっていたかもしれない。なぜならわれわれは思考の働きに対して、一定の破ることのできない法則を持っているからである。したがって純に論理的に思考を進めるなら哲学の統一はむしろ容易なように考えられる。しかし何がゆえかすべての人は、今なお各々異なった哲学を持とうとしている。

いつも論理は哲学に一定の客観的真理を下すことを命ずる。しかし哲学者は各々の主観的立論を固持して、それに客観的価値を見出そうとする。われわれは何の素因が明晰であるべき哲学的真理に、錯雑と混乱とを与えているかを見ねばならない。哲学的動乱に対して不安を抱くわれわれはその素因を見出すとき、哲学に新しい容色を見出すことを禁じ得ないのである。

哲学が古来二つの対峙する学説に絶えず充たされていることは何人《なんぴと》も知っている。一元論と二元論と、観念論と実在論と、唯心論と唯物論と、経験論と主知論と、機械論と目的論と、絶対論と相対論と、かかる相反の原理は実に哲学史を編む経緯の糸になっている。理性に立つ人間の理知が、しかも静淡を旨とする哲学的思索が、さらにまた一定の論理を持つわれわれの批判力が、かかる反対の思想を送り迎えるのはむしろ奇異な現象と言わねばならない。何がゆえに是非真偽の判断に起こる哲学が、かかる愚昧《ぐまい》を長く重ねているのであろうか。極は極を拒み、表は裏に背き、右は左を離れようとする。谷川が永《とこし》えに山を与件とするように、哲学はいつも反目の哲学を連想させる。しかし二千年の哲学が争いの跡を見守るとき、しかもまた新しい戦いの叫びを今みずからの唇に挙げようとするとき、自分は著しい事実の存在を注意することができる。

もしも思考の論理性が哲学内容の始めであり終わりであるならば、哲学が一定の図形的範疇に安んじるためには、多くの時間を費やさないはずである。しかし哲学的内容はついにその思考の論理的内容と同一ではない。われわれの精神的要求が論理の円周を破り出ようとする憧憬は、人々が思念しているよりも幽遠な根底を持っている。われわれ本然の要求は遂に純知的の領域に帰趣の地を見出すことはできないでいる。想うに人生の内容は限りないものを包むがごとくに見える。しかも個性は各々無窮な拡張と充実とを得ようと焦っている。人は有限の身に生まれながら、無限を追い求めるように造られている。しかもすべての人はその各個の存在に永遠の是認肯定を与えねば止まないでいる。実に人生第一次の原理は、すべての人がその各個の存在を否定し得ない事実である。すべての哲学的思想の分離と錯雑とは、それが哲学者各個性の要求に動かし得ない基礎をおいているからである。一般的原理に立つ論理は少なくとも一定の客観的形式を得ようとする。しかし特殊的原理に立つ個性は自己の特性を通じてこの自然人生に触れようとする。前者は一様を後者は多様を要求する。いつも哲学的主張の反目はこの二つのものの接触から起こる。哲学の一般的統一は論理の理想である。しかも個性の存在は王冠をみずからの頭上におこうとする。彼は客観的帰一を、これは主観的統制を企図する。実に純粋論理はいっさいの主観性を排除して客観的真理を与えようとする。しかし個性の偉大な抱負は主観的真理にいっさいの客観的価値をおこうとするにある。一般的約束は個性の堪え得るところではない。彼はすべての論理的規則を包含して、しかもなお尽きることを知らず自由な翼を翔《かけ》って無限に高遠なものを追い慕ってゆく。拭い得ない一事実は人生の内容が一般的論理的内容を遙かに超えていることである。

かくして哲学の論争は実に哲学そのものの本質をさえ示現する。いっさいの反目はその基礎を幽玄な人生内容の事実においているのである。ただ一般的客観的真理にすべての信頼をおこうとする人々は、その不統一を嘲《あざけ》って遂に哲学の価値を否認しようとする。しかし新たな是認はこの不可思議な事実に底深く宿っている。人々が哲学に向かって訴える不信任の第一の誤謬は、哲学をただ純粋に静的な理性批判とみなして、その価値のすべてを思考の論理的内容に移そうとするところにある。哲学的思索を衝動して哲学に動因を与えその方向を定めるものは果たして何の力によるのであろうか。しかもその哲学に価値と権威とを与えるものは何の力であろうか。前にも言ったように、一般の思想によれば哲学は冷静な理知を出発として、われわれに純粋な客観的真理を与えるものとされている。したがって哲学の価値も権威も、すべて思考の論理的内容から起こるものとして、そこに信頼のすべてをおこうとしているのである。しかし多少の反省によって知り得るように、偉大な哲学はむしろ動的起因を深く内在して、個性の抑え難い特質をその背後に潜めている。事実が告げる明瞭な真理は、哲学者各個性の特質、すなわち彼らのテンペラメント（気質）が、すべての哲学的思索を衝動して、その方向を決定する基本的動因となっているのである。

哲学の第一次的基礎は哲学者の個人的テンペラメントであると自分は認めている。われわれは決して自己を離れて、抽象的客観的真理を得るがために思索するのではない。また個性の特質に何らの関与をも持たない一般的普遍的原理を見出そうと企てているのでもない。またその思想の方向は冷静な純知の働きが決定し命令するのでもない。すべての哲学的思索は尽きない具象的テンペラメントを源泉として湧きあふれてくるのである。われわれは論理的にまず理性をもって最後の心的活動とみなすゆえに合理主義（Rationalism）を主張するのではない。かかる抽象的判断に先立って、理性を重んじる具象的テンペラメントがかかる学説を要求するのである。われわれは学理的に実際的効果を最も緊要な事実とするがゆえに、実際主義（Pragmatism）を唱導するのではない。実際的経験を慕う動かし難いテンペラメントの衝動が、かかる哲学を人々の口に叫ばしめているのである。かの主知論はドイツに栄える、その国民は深く理知のテンペラメントを持つからである。経験論は英国に生い立つ、その国民は実際的テンペラメントに優れているからである。われわれにかく思索せよと命じるものはわれわれのテンペラメントである。われわれの個性を充たす思想の獲得にわれわれを動かすものはテンペラメントである。かくてわれわれの哲学を歓喜悲哀、一元二元、主知経験、いずれかの方向に決するものもわれわれのテンペラメントである。これに従ういっさいの論理的立論は、テンペラメントが進む足を安定にさせる努力に過ぎない。すでに方向と性質とはテンペラメントの既決するところであって、われわれのすべての理論は、ただ個人的テンペラメントに偉大な客観的価値を与えようとするわれわれの理知的作動である。哲学は実に単純な抽象的真理を見出そうとするのではない。各個性の存在に対する偉大な肯定的立言である。哲学の多様は実に哲学そのものの一本質を示すのであって、ひいては各人の個性の要求が各々無限であることをわれわれに告げているのである。

しかし人々はかかる事実を喜ぶよりも、個人的テンペラメントの不統一と動揺的性質とに信頼の想いを棄てて、ただそのうちに見出し得られる僅かな一般的客観的真理にのみその哲学の価値を帰そうと求めている。したがって哲学の理想はあらゆる個人的テンペラメントから脱離することであって、ひとえに客観的普遍的原理の獲得に急ごうとしている。哲学の価値はようやくその論理的内容の価値に還元されて、本来の資質は失われようとしている。多くの批評家が抱く一般の趨勢は、哲学を静的抽象的学理の一部門と思惟して、しかもその見解から起こる要求が充たされない今日、さらに不安を抱いて哲学の意義をも卑下しようとする。学派の多岐と学説の幽遠とは哲学を一般の人心から隔離させて、科学の力がこれに代わってその位置を占めようとしている。しかし哲学を傷つけるものは哲学みずからでない。彼を葬るのは世の多くの無知な批評家である。彼らはひとつには個性に基づく哲学本来の深い意義を忘れて、二つにはこれを単なる抽象的学理としてただそこにのみ価値を認め、三たびその理論の不統一を悲しんですべての信頼を擲《なげう》ち、四たび実証の学に頼ってすべてを科学の力で説明しようとする。

しかし哲学はすべての批評を超えて、その真意義を発揮するときが来なければならない。棄てられた哲学の生命を甦らせて、その価値が新たに固く樹立されるときが来なくてはならない。何が哲学に永遠の生命を与え、何が哲学に新しい権威を生むのであろうか。自分は人々とともに立論の論理的内容の価値を是認するとともに、人々に反してさらになおテンペラメントを愛し、そこに哲学が根本の力を得ることを明らかにしなければならない。

三

どんな抽象的概念に哲学を築いても、そこには何らかのテンペラメントが潜んでいる。テンペラメントが立論の方向と内容とを衝動する力だからである。哲学上範疇の問題は至難なことに属する。しかしこれを把捉することに困難な範疇の内容もしくはその数は、理知よりもテンペラメントが定めたのである。実に人々の個性の要求によってその性質は変わりその数は増減しその名目も変更する。どこに客観的な範疇の数があるであろう。特殊な個性の要求がその数を定めるのである。哲学の組織もその体系もただ理論が定めるのではない。ヘーゲルとベルクソンの哲学の相違は彼らのテンペラメントの相違である。

自己を措いて哲学にはいっさいの出発がない。個性の深い衝動によって、自己の存在に偉大な知的肯定を建設しようとする企ては、哲学真性の抱負である。個性を経由することなしに、われわれは何らの明晰な人生観、世界観を画《えが》くことはできぬ。自己を離れ自己の要求を措いて、哲学は何らの力をもたらさない。彼にとってあらゆる特殊性を排除する客観的態度は許されない事実である。個性は哲学にとって永えに絶えることのない神前の燈火である。燃える焔《ほのお》の光によって彼が四囲は色彩に充ちて、その光景は明確に彼の視線に触れる。この衝動の燈火がその力と光とに燃え上がるとき、彼が世界は栄光を四囲に反映する。この個性の光を失うとき周囲にはただ暗黒と曚昧《もうまい》とが残されてくる。その焔の鮮やかな色彩こそは彼のテンペラメントである。焔の色に従ってすべての世界が彩られるように、テンペラメントは世界に自己の色彩を投げる。昇る旭日の真紅の色をテンペラメントに持つ者には、世界は希望の世界に映る。詠嘆の月光をテンペラメントに持つ者にとっては世界は寂寞《せきばく》の色調に漂う。哲学の多岐は、多岐な個性に基づく多岐なテンペラメントの彩るところである。個性に潜むこの特質を棄てては哲学は何ものをも産み得ない。詮ずるに哲学は個性を充実させるがための哲学であって、個性はそこに無限な実現を得るのである。彼はテンペラメントに出《い》でテンペラメントを充たすがために理知が企てる荘厳な肯定的作動である。われわれは自己充実の偉大な抱負と希願とを措いて、哲学に身を浸すの愚を学び得ない。もしわれわれの哲学的企図が具象的要求を離れて、ただ一般的抽象的理論を追うなら、残るものは把捉し得ない空洞の響きであって、われわれは活きた生命のある何ものをも捕え得ない。人々の思念する想像を超えて、哲学は実に客観を主観により、一般を特殊によって咀《そ》嚼《しゃく》し去ろうとするのである。彼はいっさいの個人的テンペラメントを開展して、そこに論理的立論の客観的価値を認許させようとするのである。主観的価値はつねに第一次であって、その偉大な効力が、遂に客観的権威を産むものである。一般的真理とは偉大な主観的真理が呼び起こす本然の結果であって、彼は動かし難いテンペラメントにその濫觴《らんしょう》を持つのである。

論理はかえってテンペラメントの衝動によって開発される。すべての偉大な哲学的思想の価値は、それが抽象的一般的な客観性をおびるがゆえではなく、特殊的個性色に彩られた強い理論に基づくからである。われわれは決して純粋論理から出発してわれわれの思想を構成するのではない。理論はテンペラメントに基づく個性の動かし難い事実によって決定されるのである。真理はわれわれを離れて、われわれの前に配列せられてはいない。真理は必ず個性の実際的経験を通過してのみ現れてくる。人々は立論に生命を与えるものは論理的内容にあると思っている。しかしテンペラメントこそは論理に生命と確実性とを与えているのである。実に何者の力によっても左右し得ない厳然たるテンペラメントは、それ自身に強固な密着性を持つ永遠の論理的内容を喚起してくる。弱いテンペラメントの傍に決して強い論理的立論は現れない。いわんやただ個性を離れて抽象しきった論理それ自身には何らの力、何らの権威をも内在しない。偉大なテンペラメントはすべて個性の実験を浸透してくるがゆえに、絶対的確実性をその理論的立言に与えるのである。具象的経験の事実を持たずまたは自己のテンペラメントと合一していない理論はひとつとして人を動かす力を産まない。いっさいの哲学的確実性と権威とは、抑制することのできないテンペラメントの本然の叫びから湧き出るのである。実に人々の想像に反して、哲学的立論に恒久性を与えるものは個人的テンペラメントである。なぜならば、個性に基づくテンペラメントは何者の前にも屈し得ない事実であって、しかも最も具象的実有の経験だからである。

かの幾何学が動かし難い公理に基づいてすべての理論を開発するように、哲学は動かし難いテンペラメントに基づいていっさいの思考を開展する。実際的個性色の明瞭な立論は、哲学を貫く滾々《こんこん》たる流れである。すべての理論の沃野《よくや》は、その流水に潤いを仰いで緑草の衣を着るのである。哲学の美観は実にそこに内在するテンペラメントの美観にある。その論理も体系も、荘厳なテンペラメントの力を内在するがゆえに偉大なのである。体系は決して単純な論理の理想から造られるものではない。たえず動的な個性の要求を待って開発するのである。かかる見方は一般の批評家を悦ばさないかもしれない。しかし事実はいささかも自分の言説を破ってはいない。理論は理論によって改造し得られる。しかしテンペラメントはこの世界の何ものによっても打破することができない。哲学に永遠の威力を与えるものは実に客観的理論にあるよりも、むしろ主観的テンペラメントにあるのである。

倫理学史をひもとくときわれわれはカントのいわゆる定言命法（Der kategorische Imperativ）の学説に逢着する。カント以後倫理学の発達は、多くの優秀な学説を産んで今日に及んでいる。しかし自分の経験に従えば今日の学説としては不満足なこのカントの思想ほど、自分の心を底から動かしたものはない。自分はカントのこの言葉を読むごとに荘厳な哲学的権威の前にひざまずかざるを得ない。われわれは理論的にかのグリーンらに基づく人格実現の学説が遙かに勝っていることを知っている。しかしその権威の偉大において自分はカントの精神に崇仰《すうぎょう》の念を捧げることを禁じ得ない。彼の学説は理論として破られる宿命を持っている。しかしカントの学説に潜むテンペラメントは、実に久遠の生命を持って今なおわれわれに厳粛な畏敬の念を起こさせる。彼が立言の価値は論理的誤謬を持ちながらも、いっさいの矛盾を包含して、なおも悠々たる威厳をもってわれわれに臨んでくる。カントの哲学の偉大は単にその立論が論理的精緻を極めているためではない、またその哲学が壮大な体系を持っているためでもない。彼が個性に量り知ることができない深いテンペラメントを宿しているからである。彼が哲学の権威も正確も、すべて彼の鮮やかなテンペラメントの厳然たる衝動によったのである。

われわれはまた最も美わしく深いスピノザの哲学を選んでくる。この一ユダヤの哲学者もわれわれに無上の教えを垂れている。彼は強い究理心に襲われて、静かに厳かに思索し追求し、彼が思想に数学的正確を与えるがために、その哲学書に幾何学書の形式を模している。しかし彼が偉大は決してこの単なる数理的探求の事実にあるのではない。彼が偉大は残りなく彼のテンペラメントにあり、彼が権威は一にその敬虔なテンペラメントにある。彼が心身に関する学説、もしくは本体に関する原理は、今日の鋭い批評から逃れることはできない。しかしどうしてわれわれはこの哲学者に限りない愛慕の情を感ぜずにいられよう。われわれは彼の書を通じて彼のゆかしいテンペラメントに手を触れて、その温かみに恍惚たる情趣を味識することができる。ノヴァーリスが言ったこの「神に酔った哲学者」は実に人類の貴宝である。もしも哲学いっさいの価値がその純知的論理内容に還元されるならば、スピノザは過ぎたスピノザである。しかし彼は今なおわれわれの傍にあり、今なおわれわれの心に限りない法悦を与えている。理論は過ぎゆく、しかしテンペラメントは永在する。この事実こそはわれわれわれに深い福祉を与えている。

われわれは哲学史上どんな哲学を選んでも、それが偉大なテンペラメントに基づくときは、どんな非論理的、非実証的理論にも、なお絶大の価値を見出すことができる。なぜならその哲学に潜む霊の要求は、その哲学が与える実証的論理より遙かに偉大であり神秘であるからである。近い時代において自分はその実例としてフェヒナーを好んで選びたい。

かの無心に想われる花にも、かの無生に想われる星にも、すべて精神の存在を認めた詩的世界観が、厳密な科学的方法を好んだフェヒナーの思想であることは、一見して矛盾のようにさえ思われる。見るがごとくに書いてある彼の「死後の生活」は、冷やかな理知に生きる者には単なる空想とより想われない。しかし客観的に論理の正確を欠く彼の世外観は、哲学としてわれわれに何ら価値をも権威をも持たないであろうか。テンペラメントの意義の省みられない今日の哲学界にとって、彼の世界観は実に花のごとく星のごとくわれわれの前に輝いている。フェヒナーは古今を通じて最も偉大なテンペラメントを持った哲学者の一人だからである。思うに彼の思想がいつか科学者のあいだにも是認せられることは自分のひそかに信じているところである。理論的構成はいつか改造される日が来るかもしれない。しかしいっさいの彼の思想は悠然として彼がテンペラメントの上に安住の床を得ているのである。単純な理論は決して彼の平安を乱す力がない。

ここにわれわれはテンペラメントの内容が、哲学的権威の起源そのものであることを想わざるを得ない。われわれが威力の前にひざまずくとき、または権威をもってわれわれみずからが臨むとき、そこにはテンペラメントの具象的動力が粛然としてわれわれを襲いわれわれを熱しているのである。哲学は実に個性色の鮮やかな起源を持つものと言わねばならぬ。

四

人生の内容はつねに論理の内容を超える。論理がわれわれに既定的真理を示そうとするとき、人生はわれわれに創造的真理を与えている。生命の活動が既約的機械的行動に終わらない限り、論理的内容はまた生命の衝動とともに開発される。そうして人生に関与する真理は進化的発展を容れるごとくに見える。

もしもこの宇宙のすべての事項が、物質の世界に見られるような機械的制約に成立しているなら、すべての自然人生に関する真理は固定的な宿命を受ける。科学者の功績による自然法は、多くの実在論者が主張するように完全な客観的固定的真理であって、その法則を乱すことはわれわれには許されていない。過去現在未来を通じて科学的真理はつねに同一の内容と意味とを持っている。もしもこの自然がただ科学者の示すような法則の世界であるならば、永遠の生命を持つものは必ず一定の固着的性質を持つ客観的真理である。われわれはみだりにそのあいだに主観的独断を容れて、その恒久性を乱すことはできない。いっさいの真理は決して個人的テンペラメントによって左右することはできない。すべては一般的に客観的に抽象的に決定されているからである。したがって真理とはただ見出されるべきものであって、造られるべきものではない。われわれの思索は単に自然に対して受動的位置に終わるのである。機械論が主張するように、われわれは決して法則の世界に対して自由の活動を営み得ない。個性とは偶然的存在であって、何ら特殊な意味を持ってはいない。いっさいの運命は客観的に機械的に約束的に固定されているとせねばならない。

しかしこの自然は科学が示すような法則の世界に限られてはいない。生命の世界にわれわれが触れるとき、すべてのかかる形式は打破されて、そこには自由と創造との世界が現れてくる。彼らの活動は絶えず約束の世界を超えて、自由に向上し前進しようとする。いっさいの作動は個性を経由して自己の世界を創造しようとする。生命の世界とはいつも創造の世界を意味している。したがって彼には静的停止がない、絶えず進化し運動し改造する。一定の規定に安堵するには、彼の要求はあまりに限りなく、彼の憧憬はあまりに高遠である。彼の作動は絶えず自由と発展とに栄える。創造的進化は生命の実質であって深い根底を人生そのものに潜めている。

したがってわれわれは法則の世界に「見出されるべき真理」を持つのみならず、生命の世界においてて「創られるべき真理」を持っている。われわれの個性にとってこの事実より悦ばしい福祉を贈るものはない。すべての偉大な哲学者、宗教家、芸術家の事業は、すべて創造の名誉を持っているのである。もしもこの世界が計画された図形であって、いっさいの事項がただ機械的関係にとどまるならば、われわれの希望の運命は悲哀の宿命に終わらねばならない。しかし個性は幸いにもその裡《うち》に創造的自由の力を深く内在している。

これらの立論が容易にわれわれを導くように、われわれは今二つの明らかな事実に逢着している。第一はいっさいの創造的活助が必ず個性を経由することであり、第二は個性の発展とともに真理が創造的発展を容れる事実である。

真理とはすべての主観的特殊性を排除した純客観的一般性をその内容とするように思われている。彼はまずすべての個性的関係を脱離しなければならない。自分は真理がつねに客観的権威を必要とすることを否もうとはしない。しかしすべての人生に関する知識は、個性の内容に密接な関係を持つことを明らかにしたいのである。言い換えれば偉大な真理とは、いつも偉大な個性の実経験によって獲得されたのである。個性の内容をおいていかなる真理をわれわれは捕らえ得るのであろうか。いっさいの人生に関する真理はかつては経験であった。真理の真の理解はただ思惟の力、悟性の作動によってのみ得るものでは決してない。体得された真理のみ永遠である。真理を語り得る者は、ただその創造者のみである。抽象的思惟はただその概念的記載を与えるに過ぎない。真理はわれわれを離れて決してわれわれの前に羅列されているのではない。すべては個性の泉から湧き、内より外にあふれるのである。真理を宿すものは個性であって、個性の表現がただちに真理の創造である。偉大な真理は決して卑しい個性からは生まれてこない。真理はつねに天才の創造にかかる。それが客観的価値を具有してくるのは、その内に権威ある個性の力が張《みなぎ》っているからである。それは抽象的論理に成立するのではない。真理は絶えず個人的テンペラメントの衝動を受けて表現される。真理の生命はひとつに個性の内容に依っているのである。

思考の過程に関する心理的観察は、われわれにかかる事実を供給している。人生の荘厳な問題に対してわれわれが思索し、探求し、真理を愛慕する情にかられるとき、われわれを動かすものは単純な抽象的知的思考の作用ではない。むしろ荘厳な感激と、無限の渇仰《かつごう》に充ちる情意の衝動である。しかもわれわれが与える立論はかかる個性の内容に始終して開発される。したがって哲学的立論の発展は、個性の創造的表現に伴っている。個性の向上は思索の向上を意味し、思索の向上は真理の向上を意味する。彼はいつも個性の内容とともに創造進化の性質をおびてくる。彼は静的の性質を持たず動的の生命を負って、絶えず個性に作動し、絶えず実際的効果を及ぼしてくる。実に真理は個性の内に建設される。彼は既定的内容を超えて、無限に向上するテンペラメントの内容に一致する。

近世においてこの思想から、ひとつの哲学を樹立しようと企てたのはプラグマティズム(Pragmatism)であって、テンペラメントの価値に対する哲学的思想の最も著しい現象である。彼はただにその主張内容においてのみならず、近世人心の実際的効果を追うテンペラメントを背景として立つ哲学である。われわれは彼自身をテンペラメントの哲学とも目し得られる。真理の内容に自由な進化を肯定して、その人生に及ぼす実際的効力を第一義とするその主張は、哲学史上における最も大胆な叫びであって、多くの新しい世界をわれわれに提供しているのである。この哲学が示すように真理はすべて個性を通過したときはじめて価値的事実になってくる。個性に対する実際的効果を持たない真理は、われわれにとって空虚な一個の抽象的概念に過ぎない。彼は個性に作動しはじめて生命の力を獲得する。彼はいつも自己とともに働き自己とともに向上する。彼は過去に決定せられているのではない。未来になお創造的生命を持っている。

実に哲学は既決的真理の発見ではない、個人的特性の表現である。自己の生命の拡張と充実とに対する無限の努力である。彼はいつも個性の強い色彩によって、世界を自己の光で被わねばならない。哲学は自然人生に対する自我の表現（Expression）であって、印象（Impression）の記載ではない。すべての真理はただ個性によって存在の価値を具えてくる。詮ずるに個性の存在はすべての四囲に対して第一義的位置にある。永遠的客観的真理とは、徹底して個性に忠実な主観的テンペラメントによる真理である。すなわち実際的経験と生命と始終する真理である。そもそもわれわれの偉大な抱負は、個性に基づく主観的立論をして、いっさいの客観相をおびるまでに自己を拡充させることにある。自己の拡充はやがて真理の拡充である。したがって真理は個性の向上とともに向上し、個性の内容の改変とともに改変される。時としてわれわれの思想は強烈な意志から出発する。意力ある真理はそこからにじみ出される。時としてわれわれの思索は無限の憧憬に充たされる。真理の内容は情緒に浸ってくる。時としてわれわれの立言は予言の叫びを伴う。日星河嶽の文字はかかるときに湧き出てくる。詠嘆と渇仰と、悲哀と法悦と、真理とはすべてかかる背景を潜めている。彼は決してテンペラメントなくしてわれわれに与えられない。

もとより主観的立言は、時として矛盾に被われることがある。しかしそこに明らかなテンペラメントが宿るときは、つねに美しさをとどめている。時として高度の憧憬は、現実の実証から離れてくる。しかしそこに鮮やかなテンペラメントが潜む限り、なお匿《かく》れた神秘を宿している。例えば多くの芸術的感能に襲われて、美と完全とを追う心からこの自然人生を見ようとするとき、哲学はロマンティシズムの傾向をおびる。彼らの立論は大胆な想像と、幽玄な美想とに抱擁されて、われわれに美の世界を示そうとする。純知的立脚地から見れば、そこには何の客観的もしくは科学的実証もない。しかし彼らの思想には驚くほどわれわれを引きつける力がある。われわれは彼らの広大な見知らない世界に逢着して、驚嘆の眼をもってそれを見つめている。プラトンの示す世界はかかるものであった。プロティノスの説いた世界もかかるものであった。ブルーノもベーメも、近くはシュライエルマッハーもシェリングも、ロッツェもフェヒナーもすべて美と完全との世界をわれわれに残している。われわれは彼らの思索を通して彼らの人格の前にひざまずく。われわれは彼らの理論を超えて彼らの偉大なテンペラメントに触れる。かくて今なおわれわれは動かされわれわれの心の喘《あえ》ぐのを感じる。あらゆる静穏な理論を過ぎて、われわれは限りない憧憬に自己の個性を開放する。実に彼らの哲学がただの理論的価値に終わっていないのは、偉大なテンペラメントに出た哲学だからである。

われわれは理論立論がいかなる基礎をテンペラメントにおいているか、またテンペラメントがいかなる価値をわれわれの思索に与えることができるかを見るために、ここに純正の哲学を離れて一般の思想界を省みたい。

五

かの科学的立論においてすら、テンペラメントは深い関係を持っている。真理を恋い慕う異常なテンペラメントによって、科学者はわれわれに様々な真理を与えている。まずいかなる真理の是認を仰望するかによって、彼らの理論はその方向をさえ変えるのである。われわれは生物学上の問題に二つの異説を持っている。ひとつは機械論であり、ひとつは生気論である。彼らはともに夥しい資料を提供して、実験と理論によって自己の学説の真であることを証明しようとする。しかし彼らの争論は決して単純な理論的争論に終わっているのではない。彼らの方向を決定するものは理論にあるよりもむしろその科学者の持つテンペラメントの衝動である。ひとつは分析的科学的テンペラメントを持ち、ひとつは総合的宗教的テンペラメントを持つ。生気論者が主張する理論は、観察と実証とをほかにしてなお生命の肯定を憧れ、その価値の無限を知る心から湧いているのである。理論は互いに争いを積んでゆく。しかし彼らの立論の是非を決定するものは、おそらくは抽象的理論ではない。彼らの立言に内在するテンペラメントがいつか最後の審判を行うに違いない。人々が機械的世界観に満足し得ないで、自由と創造との心に漲《みなぎ》る日が来るならば、機械論は遂に否定を受ける。もしも人心が生命の自由な活動を機械的約束に導くことを喜ぶならば、生気論はその存在に否定的運命を受けるのである。

ダーウィンと並んで記憶されるウォレスの著書に「宇宙における人間の位置」(Man's Place in the Universe)という本がある。今日の天文学からすればむしろ突梯とも見られるこの学説は、多くの科学者から彼の名誉を毀損するものと評されている。しかしわれわれは彼の立論に対してなお尊敬の意を抱くことができる。人間の価値の無限なことを是認しようとする抑え難いテンペラメントにかられて、彼は人間の位置を宇宙における最高の位置においたのである。彼の「ダーウィニズム」(Darwinism)の最後の章が一般の進化論と異なることは広く人の知っているところである。齢九十に達したとき彼は最後の生物学的著書「生命の世界」(The World of Life)を公にして彼の楽天的世界観をその結論に書いている。想うに彼の理論はいつか改造せられその価値を失うときがあるかもしれない。しかし彼の主旨がいつか人々の上に勝利を得ることは自分の信じているところである。彼を笑う多くの科学者よりも、彼は事実において後世に偉大な遺産を残しているのである(この頁を書きおえてからほどなく自分はこの大科学者の訃音に接したのである。自分はこの偶然な数行が彼の死に対する追悼の言葉としてはあまりに短いことを恐れている。ウォレス Alfred Russel Wallace は一八二三年に生まれたのであるから今年九十歳である)。

さらにわれわれが一般の思想界に入るとき、テンペラメントの色は鮮やかさを増してくる。かのトルストイのごときは十九世紀に出た最大なテンペラメントの人である。われわれは純粋理論の立脚地から彼の言説に含まれている謬見を指摘することができる。しかし彼のテンペラメントの前には何人もひざまずかねばならない。彼の立言は時として明らかな誤謬がある。しかしひとつとして偉大でないものはない。彼は彼の謬見においても彼の偉大を保っている。彼が思想は今日のわれわれにとって充分な満足に価するものではない。しかし彼の人格は模範的光栄を永く歴史にとどめている。彼が生涯を通じて奮闘した不断の道徳的向上に対して、われわれの首はおのずから下がってくる。彼の伝記を読むごとに、しかも彼の晩年と臨終とに夕陽の荘厳を見るとき、自分の眼はいつも涙に濡れてくる。彼が言葉はすべて彼の血から湧いている。彼の容貌は彼の経験が彫刻した創作である。彼の生涯は個性の表現の偉大な痕跡である、彼が論説は時として極を超えている。しかし彼のテンペラメントは明瞭な弁明を彼らに与えている。彼の獅子吼《ししく》はすべての彼の理論に密着性を贈っている。彼が説は時として粗野に過ぎている。しかしすべて強い権威がある。理論的立言に対してテンペラメントがいかに多くの影響を持つかは、トルストイがわれわれに最良の例証を与えている。

ニーチェもまた、彼の思想の危険性によって多くの批評家から退けられている。しかしもしも個性を離れた純理論的見地から彼の価値を批判しようとする人があるなら、彼はニーチェの価値について何事をも知っていないことを表白している。しかしかかる時代は早く過ぎなければならない。われわれは彼の幾多の矛盾する思想の背後に実に明確な終始一徹したテンペラメントの偉大を認めることができる。彼は神を呪っている。しかし彼は最も神を慕った人の一人である。彼は弱者を卑しんでいる。彼は無限に強者に憧れていたからである。彼の思想には何らの哲学的体系がない。しかし個性から湧き出た彼の思想には強大な確実性がある。彼はひとつとして軽浮な言葉を放ってはいない。彼の異常なテンペラメントは彼に敵し難い勝利の力を与えているのである。いかに彼の言葉に誤謬があり撞着があっても、彼のテンペラメントはすべて彼らを包含して、彼らに永えの弁明を与えている。ただ学究に終わる哲学者が汲々として客観的真理を摸索するとき、ニーチェは悠々として自己の理論を千歳に活かしているのである。

人々はよく哲学者としてのメーテルリンクの価値を論じている。しかしこれほど愚昧な批判はない。ただ知識をのみ追う人が彼の思想に哲学的精緻を危ぶむとき、メーテルリンクの思想はあらゆる彼らの期待を超えて、悠々たる神秘の衣を纏《まと》って、美と完全との世界をわれわれに示している。理論は彼を評価し得よう。しかし彼には消し難いテンペラメントの価値がある。もしも彼のテンペラメントを洞察するならば彼の言説ないし彼の戯曲はすべてわれわれの愛慕に価する。

ここにまた鮮やかなテンペラメントの人ストリンドベリを挙げるならば、われわれはさらに明瞭な知識を捕らえることができる。この率直な一徹した直観的思想家は、自己の本然なテンペラメントが命ずるままにその生涯を直線的に進めている。彼はこの貫徹を妨げるものを残りなく切り棄てている。彼の思想はいっさいの複雑を摂取しながらも、それをストリンドベリという単一の焦点に引きつけている。彼は決して自己を離れて一般に通じる平等の思想を讃えなかった。彼はただ自己の個性の特殊性を最高の位置において、全般をそれで併呑《へいどん》しようとした。ストリンドベリは遂にストリンドベリを拡充させた。彼のテンペラメントは彼の思想のアルファでありオメガである。もしも客観的見地から彼を見るならば、彼はただ一人のストリンドベリであって、残る万民は何ら彼に関するところがない。

しかし事実の示すところによれば一個のストリンドベリは遂に万民のストリンドベリであることを失っていない。否、彼はよく一個のストリンドベリに透徹したゆえに、万民の個性に接触し得たのである。われわれは彼の思想に、「人間」の最も深い反映を認めることができる。彼の思想は特殊的である。しかしすべて確実である。何人の力によっても破壊し得ない固執性を持っている。彼は彼を貫徹させることによって時処を征服して永遠の記念碑を人類の思想に残したのである。彼は高くから人を睥睨《へいげい》している。人は遠く彼を仰いでいる。かかる権威の獲得はすべて彼の恐るべきテンペラメントの力である。

テンペラメントが理論に確実性を与える動因であることを知ったわれわれは、テンペラメントがよく二個の矛盾した思想をも調和させることを知らねばならない。ストリンドベリは女を卑しんでいる。彼ほど真に女を愛した人はないからである。トルストイはベートーヴェンの音楽を批難している。しかし彼はその音楽者の曲を聴くたびに涙を流したと言われている。ニーチェは弱者を卑下して超人の力を讃えている。しかし彼の性質は婦女のような優しさをとどめていたと言われている。イエスは「権威ある者のごとくに」人々に語った。しかし彼は神の前に何人よりも謙譲であった。もしも彼らの言葉が字義通りに解釈せられるなら、彼らは偏屈な例外的主張を残したにとどまっている。多くの世の批評の愚昧は、ただかかる字義的理解の不憫から起こってくる。われわれは彼らのテンペラメントを見ることによって、奇異に思われる彼らの思想が実に自然であって、しかも必然的な確実性を持っていることを知るのである。あらゆる彼らの特殊的奇癖は、彼らのテンペラメントによって永遠の討征と勝利とを得ている。理論の是非を決定するものは理論ではない意力に充ちたテンペラメントである。ホイットマンの詩に、

'Do I contradict myself?
Very well, then I contradict myself;
I am large—I contain multitude.'

われわれは実にテンペラメントを理解することによってまた相反する二個の命題をもともに是認することができる。ホイットマンは、自己を讃美する。フランシスは自己を謙遜する。われわれは両者のテンペラメントを知ることによってこの二個の相反した立言をともに尊ぶことができる。しかもわれわれは両者に説明を超えた深い調和があることを遂に認めざるを得ない。すべての相反する立論に生命を与えるものはテンペラメントであり、テンペラメントが偉大なときはす

べての相反する立論に調和が現れる。深遠と生命と権威とを理論に与えるものはテンペラメントの力である。テンペラメントを欠くときはいかなる精緻な立論もすべて空漠であり卑賤である。理論の勝利は論理的内容に依るよりもさらにテンペラメントの力に依っている。理論と理論とは勝負を定めない。つねに最後の審判はテンペラメントの力にある。

一般の思想界を去って、芸術の世界に来るとき、われわれはさらに強くテンペラメントの意味を知ることができる。かの画家もかの詩人も抽象的理論を待って作画し作詩するのではない。テンペラメントの動くままに直覚を出発として創作する。理論的整頓から始めようとするとき、いつも彼らは生気を失って、やがては芸術の枯死に終わってくる。彼らのすべての価値はただひとつに彼ら本然のテンペラメントに依っている。偉大な作品はすべて必然的であり直感的であり動律的である。彼らは内心の要求の命ずるがままに、さながら流水の自然なるがごとくに創造する。彼らはいつもリズミカルである。テンペラメントの流動とともに流動する。

六

二千五百年の昔に世はプラトンを生んでいる、しかし彼はなお今日のプラトンである。彼が哲学は幾千の批評を受けて、哲学は昔日の姿を変えている。しかし偉大なテンペラメントの哲学者プラトンは今なお人々の愛慕を受けている。歴史は変遷して彼が母国は瀕死の床に横たわっている。しかし一小島ミロスの土中から発掘された一女神の石像が、今なお巡礼者の足を引きつけているように、彼プラトンの哲学書は今なお人々の崇拝を負って、われわれの心を動かしている。哲学が深いテンペラメントに基づくとき、彼は遂に芸術的生命を得てくる。プラトンは実に彼の芸術的思想によって永えの美と力とをわれわれに示しているのである。

テンペラメントの本然的衝動によって開発される哲学は、かくて創造的作品の生命を得てくる。哲学は抽象的思索によって形造られるより自発的直感の衝動に依っている。彼は倦《う》まず創造の真生命に入ろうとする。哲学はここに一個の芸術的作品である。哲学と芸術と、ひとつは知によりひとつは情により両者は相容れないもののごとくにさえ思われている。しかし両者の関係は密に接している。ともに個性の要求の自発的表現であって、ひとつは真に対しひとつは美に対する情意の無限な追慕によるのである。哲学に芸術的内容の存在を認めるとき、哲学はまた新しい意義と価値とをわれわれに示してくる。

哲学は一面においてそれ自身芸術的所産であると自分は考えている。しかも哲学の生命と権威とはテンペラメントから湧き出る芸術的内容によるのであると自分は信じている。芸術は憧憬の心から起こる。思うに愛は芸術の生命である。美を追う心は美を愛する心である。かの哲学者が敬虔な心に充ちて、思索し探求し真理を追い求めるとき、彼らもまた真を愛する心に充ちている。彼は愛の世界に活きてその悦びと悲しみとを綴ろうとする。かくて哲学者はみずから芸術的心情に活きている。彼が叫ぼうとする真理は、彼が愛の心の創作である。テンペラメントの命じるままに、彼が思索の方向を定めて個性の表現を志すとき、彼もまた芸術的創造に身を委ねているのである。彼が真理の世界は彼の美の世界である。彼が抱く世界観は彼が愛する世界の描写である。われわれはすべての深い権威ある思索に芸術的価値を認めることができる。今日われわれの心を動かすものは、実に哲学に内在する活きた芸術的力である。もしも哲学がただの究理的内容にとどまるなら、彼らは決して長い生命を保ち得ない。プラトンもカントも永遠に葬られる過去の産物に過ぎない。しかし彼らは優れた芸術的光輝に充ちて今なおわれわれの前に立っている。かの古いエジプトまたはギリシャの彫刻が、いささかの価値をも落とすことなく、われわれの称賛と感嘆とを今なお集めているごとくに。

哲学に芸術的価値を認めるとき、しかも哲学の恒久性はその芸術性にあると見るとき、個人的テンペラメントが哲学にとっていかばかり重大な役を演じているかが分かる。しかし人は哲学に対してかかる考えを容れることを悦んでいない。むしろ各人に異なるテンペラメントの存在を厭《いと》って、哲学的思想の不統一をその罪に帰そうとする。彼らに従えば哲学的不幸のすべては、テンペラメントの多岐とそれに起因する哲学的錯乱とによっている。かくして人々の哲学に対する不安と不信とは、哲学思想の煩瑣と不統一とにあるのである。

しかしすべての人類の生命の活動にいっさいの統一的帰趣を見出そうとすることは、人間の愚かな夢想に過ぎない。各々の哲学者は決して図形的一般統一に向かって歩を進めているのではない。かえって個性の自由な限りない発揮に向かって努力しているのである。人は帰一の理想を追うが、もしもいっさいのものが帰一せられたならば、人々は個性の存在を滅却させねばならない。われわれにとって多くの哲学があることはわれわれの安寧を少しも破ってはいない。試みに哲学が早くアリストテレスの時代に統一されたとする。われわれは限りない悲哀に充たされるであろう。歴史はカントを産まず、スピノザを与えず、ヘーゲルを失いショーペンハウアーを奪うのである。しかもこの自己の存在をも遂に否定せねばならぬ。かくて哲学は未来を失い、思想の発展は許されない希いにとどまってくる。そこには何らの開発がなく希望がない。ただいっさいの思索に停止があり反復があるばかりである。反復はわれわれの生命にとって最後の恐怖である。

われわれが今日多くの哲学者と多くの学説とを持つことは与えられた恩寵である。相反する哲学を持つことは少しもわれわれに悲哀を与えていない。レオナルドの絵画を尊ぶとともにミケランジェロの彫刻を讃え得るように、またシャバンヌとセザンヌの異なる芸術をともに是認し得るように、またブレイクの詩が決してホイットマンの詩の存在を妨げないように、またすべての戯曲がシェイクスピアに尽きていないことがわれわれの幸いであるように、多くの哲学者と多くの学派はただにわれわれにとって悦びであるのみならず、ひいてはわれわれの個性の発展の永遠な是認を意味している。われわれはかくて自己のテンペラメントに生い立ち、自己のテンペラメントに共鳴する哲学に悦びの糧を得ることができる。哲学の多岐はわれわれの自由を肯定し、人類の思想の向上と発展とを促している。哲学統一に対する空想は、ただわれわれに悲哀と死滅との光景を示すばかりである。

しかも人々は哲学が究竟《くきょう》の理知的解釈を与えないゆえをもって、その価値を呪おうとしている。しかしわれわれを呪うものは哲学ではなく、かかる要求である。哲学は一般のための哲学ではない。しかしわれわれが哲学に客観的抽象的一般的究竟の真理をわれわれに与えようとするのが哲学本来の任務ではない。哲学は個性のために存在する哲学である。彼は個性の内容を拡大し、充実し、実現するがための哲学である。彼は究竟の答えを外に待つのではない、絶対の価値的真理を内から産もうとするのである。彼は無限に向かって個性を延長しようとするのである。人生を一定の形式に納めようとするのではない。

かくて遂に哲学的懐疑は、満足の糧を与えないことを、人は嘲るかもしれない。しかし疑うことは、固定的な答えを得るよりも、さらに自己の世界を拡張するためである。疑いは決して失いではない。よし答えをわれわれが得ないにしても、人はすでに疑いという作動を獲得している。われわれは疑うということによって必ず新しい世界に触れる。想うに懐疑は人生の大きな所得である。そこには決して空しい消耗はない、懐疑にはつねに報酬がある。彼はわれわれを衝動し前進せしめる。領土を開放し増大する。懐疑のない安住は人生の停止である。疑問のないところに向上はない、創造はない、自由はない。われわれは憧憬の心に充ちながら限りない領土に向かって歩み歩む。必ず何ものかを捕え得て歩む。疑うとはすでに得るの謂《いい》である。

われわれの要求は限りないものを追っている。決定せられた解答にわれわれは満足する術を決して知らない。内心の要求は把捉し難いほどの神秘の世界に憧れている。有限の身を抱きながら、われわれは達し得ない極に向かって倦まず歩を進めている。しかしかかる事実はわれわれの存在に何らの悲哀をも与えてはいない。われわれが想像し得られる最大の寂寥《せきりょう》は、われわれの欲望が停止し、われわれの世界に限界がおかれることである。幸いにもアダムの子は無限の野に放たれて、無限の欲望を心に許されている。彼にとっては懊悩は無限である。しかし希望も無限である。人生の族程には蹉跌《さてつ》がある。しかし無窮の前進と向上とがある。実にわれわれのテンペラメントはいっさいの束縛を破って自由の呼吸に活きようとする。無限に志す人生の内容は、一定の論理をも超えて突き進もうとする。永遠の欲求、飽くことを知らない渇仰、限りない世界、ひとつとしてわれわれに歓喜を与えないものはない。疑い、求め、進み、造る。人生はかくせよとわれわれに命じている。かくのごときは真に荘厳な無上命令である。

われわれが哲学的要求にかられるのは、個性の確実な充実に憧れているからである。われわれは無限の欲望を抱いて、動かし難い個性に基づくテンペラメントに自分の哲学を建設しなければならない。自己を離れて哲学に生命はない、権威はない。真理はいつも自己の経験にある。哲学は畢竟《ひっきょう》個性の深い直接経験の学である。古句に、‘*Nur was du fühlst, das ist dein Eigentum.*’

（一九一三年十一月稿）

哲学的至上要求としての実在

序

これは余の哲学的信仰を披瀝《ひれき》する最初の論文である。

余は哲学の攻究者として何ら正統派に属する者ではない。余の哲学に対するいっさいの熱情はこの学術に対する正統な学歴によって起こったのではない。余は究理の衝動をほとんどまったく芸術及び宗教に対する感激から得ているのである。余の知識は何ら古代ギリシャまたは近世ドイツ哲学に依存するのではない、余にとってはルネサンスの巨匠またはオランダの最大の画家の一デッサンこそ限りない思想の蔵庫であった。人々が傍系であると誹《そし》った世々の神秘家の著作にこそ、余にとって限りない真理があった。余は定義せられた哲学よりも、暗示せられた思想に余の心の友を見出したのである。余は幸いに自由に呼吸し自由に反省し得たのである。

哲学者としてのかかる異端的経歴こそは、余の今もなお感じる名誉である。余は余の内心の切実な要求に基づくことによって、学究の冷たさから救われたのである。余はいわゆる哲学者の運命にしばしば起きる醜さから幸いな離脱を遂げている。哲学の学者は世に集まる。しかし彼らと哲学者とは区別されねばならぬ。しばしば正統派とみずから呼ぶ宗団が亡び逝く宗教を伝えるように、哲学も正統な形式に沈むとき、末期の哀れを示すであろう。

余は哲学に新しい美を甦らせたい心にかられている。哲学は元来抽象の辞句に終わるべきものではない。哲学者は彼の哲学において人間の生命に新しい感激を呼び覚まさねばならぬ。余ははじめ究理的要求から、いっさいの詩味を抑圧して余の立論にできるだけ論理的冷静を加えようと欲したのである。しかしかかることは正統派的哲学に没頭している人々によってすでにあり余った方法である。抽象的冷却に終わることは余の内心の要求の堪え得るところではない。余は哲学美なるものを是認する。余は余の若年より来《きた》る名誉と特権とを無に帰するに忍び得ない。嬰児《えいじ》は嬰児たることを恥じてはいない。余は余の眼前に閃く美の世界に至上の栄誉を感じている。哲学と芸術と宗教とは三位一体であらねばならぬ。この理想を実現し得る力はただ若い哲学者の手にのみ委ねられている。

読者はこの篇が説明よりも断定的語勢に過ぎるのを指摘するかもしれぬ。しかし実在を語ることはすでに規範的命令的真理を語るにほかならぬ。余は特に実在に関するいっさいの知識は読者の心を迎えるために告げられるべきではないと想う。太陽は媚を呈してその光を発しているのではない。

一　哲学的実在

知ろうとする意志は愛そうとする意志である。真理に知が飢え渇くのは、真理に愛の招きがあるからである。知識とは我と物とのあいだに起こる理解である。真理は自己を対象中に見出すときにのみ発現される。この知的要求の帰趨は同時に情意の満足せられた状態である。真理におて主客は合一し融和する。知の悦びはここに愛の悦びである。真に知るとは真に愛するとの謂《いい》である。対象は自己に活き、自己は対象に活きる。永遠の真理とはつねに主観的事実であり、且《か》つまた客観的権威である。特殊性と普遍性とはここに一体である。

抽象的思想はおのずからその抽象性に満足せられるべきものではない。思想の正当な過程は円周を画《えが》いている。事実を分析する思索は遂にその綜合に帰ってくる。思惟要求の方法は知である、しかしその満足は愛である。思想は円環の路程を踏んで内展する。真理の方向は内にある、彼は外に放棄せられてあるのではない。その求心の力を破るとき、思索に冷却と破滅とが加えられる。神の都エルサレムは無限に延長せられた不可測な直線の上にはない。神の都は帰り得べき都であらねばならぬ。

'I give you the end of a golden string;
Only wind it into a ball:
It will lead you in at Heaven's gate,
Built in Jerusalem1's wall.' ——Blake

究理の衝動に起《た》つすべての哲学的精神は、真理に内生するときにおいてのみ慈愛ある最後の審判を受ける。哲学的知識とはその真意においてつねに哲学的味識である。Wissen の世界からすでに Kennen の世界に還っている。最高の哲学的経験は必ず美的恍憬、または宗教的法悦と等しい状態を表示する。幽遠な抽象の世界に入って彼らが実際に活かそうとするものはこの悦ばしい具象の世界である。彼らの正当な意志はこの自然と人生とを久しい静寂から新たな熱情に呼び覚まそうとすることにある。「深遠な審判によれば、最も抽象的な真理は最も実際的である」と言ったエマソンの言葉はわれわれの新しい理解を招いている。内感 Empathise し得ない真理は、その存在を一日も許されていない。理論は実現せらるるがために告げられねばならぬ。真理の存在は遂に切実な味識であり愛であるときにのみ可能である。真に知るとは味わうとの意味である。

哲学最後の知識がかく情意をもって満足せられた理知であるならば、かかる理知の世界はわれわれに究竟《くきょう》の世界を示現する。理知はそこにおいては真そのもの美そのものを体認する。哲学的至上要求としての実在はかかるときわれわれの心に閃くのである。われわれが呼んで実在の知識とみなすものは厳密な意味において真善美そのもの、さらに切実にいえば神そのものの知識である。哲学的究理の心とはかかる実在を恋慕する情愛である。この愛を知るすべての哲学者の顔には悦びの微笑みが絶えず浮かんでいる。彼らの知の要求はこの愛の要求に基づいている。われわれが究めようとするのは厳粛な真の世界である、しかし美は一日もその世界から奪われてはいない。われわれが追い求める実在の世界は思慕 Eros の世界である。

哲学的思索の方向は実在に向けられている。思索には抑え得ないこの実在嚮動《きょうどう》 Reality-tropism による力がある。われわれが思念し経験し得る最も切実なこの当面の目的を措いては、哲学はただ永遠の彷徨を続けしめる迷園 Labyrinth である。中心からの分離は悲惨な最後を予想せしめる。神に対する憧憬を除いては宗教は一個の空洞である。実在に対する愛着を忘れては哲学は死の砂漠に過ぎぬ。花が美に傲《おご》るように哲学は実在の思想にその誇りを示さねばならぬ。実在はわれわれの心を引きつける愛の問題である。この思慕の情を離れるとき思索にはただ抽象的理知の遊戯がある。生命は焔《ほのお》を燻《くゆ》らして冷やかに凝固し消滅する。実在にいかなる色彩を染めるかは、その理知の運命をさえ支配する。哲学に現れたさまざまの ism（学派）はこの実在をいかに見守るかによって決定せられる（実在を「我」に限界する者は Solipsism［唯我論］につき、これを観念に求める者はIdealism〔観念論〕を迎えている。また物自体〔Ding an sich〕に事物の客観的本体を是認しようとする者はRealism〔実体論〕を愛し、万有をただ心と観ずる者はSpiritualism〔唯心論〕を説き、物質を唯一実在とみなす者はMaterialism〔唯物論〕を固守している)。そのいずれの学派を選ぶにせよ、哲学者の帰る故郷はこの実在の故郷である。われわれは愛を持つ国土を求め慕っている。われわれの眼には実在の幻像が朧《おぼろ》げに現れ浮かんでいる。理知はその世界を模索する不断の努力である。幻像は慈母の温みを内にふくめて人の近づくを待ち侘びている。思索は帰省の心である。ノヴァーリスが残した断片録に余の最も愛する哲学の定義がある。

'Die Philosophie ist eigentlich Heimweh, ein Trieb überall zu sein.'

哲学の世界は思慕の世界であると余は想う。古くプラトンがPhaedrusに述べた思想はかつて言い放たれた真理のうち最も美《うる》わしく深い思想である。実在は理解せられるために人間に愛の心を与えている。哲学はその誕生をこの思慕の心に発している。実在は絶えず絶大な求心力をもって人間の知情意を引きつけている。この焦点に自己を移入することが思索の帰趣でありまた生命の法悦である。かくてすべての学説はこの中心的事実を理解するものであらねばならぬ。もしも哲学が何らの光をも実在の真景に与え得ないなら、それがいかなる論理的精緻を有するにせよ、われわれにとってその哲学は無意味である。実在の真相に矛盾すべき理論はわれわれの思索圏内から駆逐せられねばならぬ。哲学に起こり得べきすべての辞句、またはその風調は実在の讃歌たるべき使命をおびている。ダビデの詩篇に流れた人間の血脈はまた哲学書の内に躍り流れねばならぬ。かつて万能な神を語るとき人間が底知れない感激を感じたように、実在を語る筆はおのずから宗法の至悦に水滴らねばならぬ。神に放つ矢が愚かにも己の胸を突きさすように、実在に対する理論の反逆は哲学の亡滅である。実在は哲学的至上要求である。すべての理論はこの要求を満たすときにおいてのみ是認されねばならぬ。実在の思想において哲学者は自己を懺悔する。猶予せられない神の審判の声は、刻々にわれわれの頭上に響き渡っている。

哲学がその濫觴《らんしょう》を思慕に発し、帰趣を内生に果たすならば、哲学の問題はただに理論の問題であってはならぬ。さらに多く事実の問題'Quaestio facti'であらねばならぬ。認識論はただ論理的内容に終末すべきものではない。形而上学はただ理知の体系にとどまるべきものではない。すべての理論哲学は直接生命の学としての権威を具有せねばならぬ（ベルクソンが「創造的進化」の序文に「認識論の生命論とは不可分離である」と言ったのもこの意味に理解せられるべきである）。彼らが理解すべきものは名目よりも価値である。形態よりも意義である。哲学の抽象的理論は具象的事実と結合されねばならぬ。彼は理知の対象としての実在を過《よぎ》って、生命の要求としての実在を理解せねばならぬ。その説明が第三者としての説明に始まるにせよ、その終わるべきところは第一者としての内生である。理論と内生とは和絃の美を示さねばならぬ。知識は味識たることを要求する。知能はすでに直観への昇揚を内意する。知は愛を抱かねばならぬ。哲学は理知であるとともに恍悦（Illumination）であり、説明であるとともに覚照（Enlightenment）であらねばならぬ。哲学は人々に福祉を贈るべき使命をおびている。哲学は「活きんとする意志」を新しく活かさねばならぬ。体感、味識、内生、愛、これらの言葉は哲学者の最後の愛を招いている。

余は再び言う、実在がわれわれの哲学的至上要求であり、また哲学の方向がこの中心を指す限り、哲学の内容は実在に閃き輝く法光を理解するものでなければならぬ。もしもその理論がこの至悦を破る刃であるならば、彼らが画く世界とは内生し得ない虚空の概念に過ぎぬ。彼らの示す真理は遂には自滅する理知の産物である。真理とはただちに内生であらねばならぬ。実在は生命に実現せられた究竟の世界である。これを事実に判すれば恍憬の境である、法悦の事実である。実在はその至極において神そのものを示現する。哲学者は正に刻むべき神の姿を心に画いている。理論のすべての鑿《のみ》はその一立像を造るためにのみ石を刻まねばならぬ。最も偉大な哲学は同時に神の詩歌であり宗教である。哲学には美があれ、預言があれ。神の権威はおのずからその思索的辞句に含まれねばならぬ。

二　実在の本性

実在の内容は生命の至上要求を満たすものでなければならぬ。実在を語るとき哲学者は彼の生命の荘厳な帰趣を語っているのである。実在に関する思想において哲学者は自己の上に最後の批評を下しつつある。彼の要求の深さこそはただちに彼が画く実在の深さである。実在の内容はやがて個性の内容に帰る。余は余の実在に関する思想において神の審判を受けつつある。いつかはすべての人も猶予なくこの審判を受けねばならぬ。

余は実在を厳密に価値の世界に求める。内心の至上要求に呼応すべき実在の内容は価値を離れた概念にとどまるべきではない。名目、比較にとどまるいっさいの知識は実在の完全な観念たり得ることはできぬ。実在は最も切実に純一な価値を表示せねばならぬ。抽象的概念もしくは形態にとどまる物体に不動の実在を求めようとする哲学的努力は、最後の是認を享有すべきものではない。概念は反省対比に起こる最も冷静な名目的批判に過ぎぬ、名目は永遠に名目性を反覆する。名辞は実在に付せられた仮相である。人は形体ある事物を顧みてそこに具象性の最も平明な姿を認めている。しかしかかる思想は単に思考の幼稚を示すに過ぎぬ。われわれが呼んでその形状、素質とみなすものはわれわれの思惟の反省的所産であって、純粋な具象的価値そのものではない。実在とは名状し得る物体ではない。すでにわれわれの名辞形容をすら許さぬ価値的事実そのものであらねばならぬ。実在は定義されることを嫌う。無限の暗示であってこそ余の要求に堪え得る実在である。価値は形態ではない。活作である（芸術としての音楽に対する最高の理解は物理学的もしくは美学的知識によって成立するのではない。すでにいっさいの反省思惟をすら絶した音よりあふれ出る美そのものの体感にある。それは価値的事実であり純粋の具象的経験である）。

思惟の前に開ける世界は差別の世界である。思惟はすでに主客の対立を予想する。思惟判断においては自己と対象とに対立的関係がある。物心の分離に成立する理知であって、その合一に示現される内生ではない。価値であり活作であるべき実在はその真意においてすでに対象としてとどまり得べきものではない。吾人の至上要求は差別からの解脱を請求する。実在は批判的概念、もしくは形態的物質中にとどまることを排斥する。彼は対象ではない、目的それ自身である。道程ではない、帰趣である。手段ではない、終局である。相対ではない、絶対である。名目ではない、意味である。存在ではない、活作である。実在は対比にその存在を待つのではない。それ自身において完全の意味を満たしつつある究竟の事実である。実在はあらゆる差別相を駆逐し滅却する。哲学的要求としての実在は独立自全の活動であらねばならぬ。自全は自律である。第三者はこれを乱す何らの力もなく、またそれを補足する何らの権威もない。実在は実在においてアルファでありオメガである。充全である、円融である。つねにそれ自身において安定な絶対性を保有する。哲学は厳密に実在の観念から、あらゆる対比的差別的観念を絶滅させねばならぬ。したがって実在を思惟もしくは形態の世界に見出そうとする哲学的思索は、吾人の要求の忍び得るところではない。思惟の世界は差別の世界であり、形態の世界は対立の世界である。生命の至上要求として十全であるべき実在は、いっさいの対当的区画を絶滅した第一義のものであらねばならぬ。対峙的関係は絶対的至上に到達しようとする努力の途程である。差別分離はなお矛盾、模索の世界である。生命が最後の平和を充たすべきところはかかる試みの世を過ぎて、主客の争いが終わるところであらねばならぬ。要求拡充の実在においては物心の差別も融和に微笑まねばならぬ。我と言い非我と言うかかる態度はすでに実在そのものの真景からは遠く離れている。生命が拡充せらるるところは、いっさいを包含する融合渾一の境である。自我も自然もその対峙を滅して統一ある価値の事実に遷らねばならぬ。主観は客観に没し、客観は主観に活きねばならぬ。すべては滅するがゆえに、すべては新たに甦るのである。これを裏面より観ずれば寂滅である、非有である。仏陀が呼んで涅槃《ねはん》と言ったのはこの究竟の世界である。これを表面より見れば充実である、有である。キリストが呼んで愛と言ったのはこの世界である。実在はかかる統一的活作である。彼は部分の加ではない。渾一的全体である、綜合である。その示現や必ず有機的である。否、有機無機を超えた未分者である。

実在こそは自由である。われわれが思念し得べき自由とは、この実在を離れては不可得である、また不純である。自全なる実在のみ自由である。すべての決定論は実在の説明において沈黙を強いられている。余は永遠の活作、絶対の価値に対して自由を是認することを躊躇する理由を知らぬ。自由は実在において証明を要しない事実である。

理知はつねに証明を求めている。人間はいっさいのものがいつかは理知によって証明せらるべきことを前提する。しかし余はただ一事においてこの夢想が破られることを知っている。理知はいつか理知を絶滅すべき期に逢着《ほうちゃく》する。そのとき人間はいっさいの思惟を棄て去って、その対象に自己を没してくる。そのとき対象は理知によって立証されるのではない。理解によって肯定されるのである。すでに対象ではない。言語弁明を絶した絶対事実の境に遷るのである。そのとき人は実在の美酒に酔ってくるのである。実在は証明によって示現されるのではない。愛によって理解せられる究竟の事実である。余は理知の証明が実在の中において沈黙せられるのを知っている。愚昧な人間は神の実存に対して証明をと求めている。しかしこれが思想の超過症に基づく妄想であることを誰《たれ》か疑い得よう。神の実存は内心の無上要求による荘厳な事実であらねばならぬ。神はすべての理知的証明を脚下に絶滅する。神は対象たるべきものではない、内生することによってのみ理解し得られる厳然たる価値的事実である。神は愛であると言ったイエスの言葉はここに全く理解せられねばならぬ。

実に余が求める実在は愛そのものである。そこにいっさいの差別は融合し、対立は抱擁する。残るものはただ悦び光る愛の事実である。余は敬虔な心に満ちて、哲学的至上要求としてのこの実在が宗教的至上要求としての神そのものに一致することを書き添えねばならぬ。神は実在の姿 Eidos である。実在において人はつねに神の幻像 Vision に面接する。神は遼遠たる天上の彼岸に屯《たむろ》するのではない。実在にわれわれが内生するとき、我が心臓は神の気息に波打つのである。耳に響く鼓動の高さは悦ばしくも我が内から響くのである。神は人間と隔離する超越的存在ではない。神はすでにわれわれの前に在ることをすら許されぬ。理知が高遠な追求によって神を前に捕え得たと信じるとき、彼が我が内心のうちから光り輝くことを誰か否み得よう。神はつねにわれわれと一体ならんことを求めたまう。神は我とのあいだに罅隙《こげき》を作ることを許したまわぬ。神は愛としてのみわれわれに示現される。愛においてわれわれは神を味識するのである。神に対する知識とは神に対する愛である。愛のみ真の理解である。哲学的要求としての実在とはこの理解の世界である。渾一と言い融合と言うのはただこの愛によってのみ示現し得られる。神は主と客とを愛に結び、物と我とをひとつに流れしめる。われわれはすでに神を離れて神を語るのではない。神の懐に温められつつあるのである。パウロはこのとき「我活けるに非ず、キリスト我に在りて活けるなり」と言っている。ベーメはこの真理を「人は神の気息によって造られる」と言い破っている。われわれが活きるのではない。神の気息にわれわれが活きるのである。

信仰は神に対する無限の追慕である、信仰は最も温かい理解である。理解とは愛の情である。愛こそは実在である。哲学は遂に宗教を抱いてくる。

実在とは神の閃きである。実在の知識は神の知識である。余はすべての知識が何らかの程度において実在の知識を分有することを信じる。余は知の対象として成立すべきいっさいの問題はその根底において神の問題を内意することを信じる。いっさいの知識は棄てられるべきものではない。「何事かを知ることはつねによきことである」とゲーテは言っている。すべての知は神の故郷に帰るべき思慕の情を潜めている。すべてのものは実在の世に甦ることを恋い求めている。自然の深い希願はこの至上事実の承認である。

自然を理解しようと試みる者は実在を理解せねばならぬ。実在の知識はいっさいの知識の根底である。実在の理解は哲学的知識の開展である。すべての思索はここに理解の鍵を得て彼が訪ねるべき扉を漸次に開くのである。彼は実在から分化せられた諸々の現象を語る前に、実在そのものを味識せねばならぬ。神学は直接神の知識を持たずして何らの思想をも与え得ない。実在に関する理解の渾沌はやがて自然に関する理解の混迷を導いてくる。おそらくすべての学派の是非はその学説の承認する実在に関する理解によって最後の審判を受ける。哲学者は実在の思想において自己を表白する。神を語るとき、宗教家は彼みずからを評価しつつあるのである。

もし懐疑の追求が遮断せられる境があるならば、それは実在の域においてである。理知は何の権威あってその存在を疑うとするのであろうか。実在に対する遅疑は神に対する逡巡である。この絶大な事実に放つ反逆の矢はついにみずからの胸の上に落ちねばならぬ。われわれの原素的衝動は、実在または神に対する厳粛な要求である。この切実な心の要求こそは神の喚求である。喚求 call は不可抑である。この生命の権威には抗し得る何ものもない。すべての哲学者はこの内心の召喚に応えねばならぬ。余はこの抑え難い生命の意志に偉大な使命を感じている。要求の消滅は生命の死滅である。おそらく人は彼の思慕がいかばかり多く神に向けられているか否かによって運命を決定する。哲学者は彼の実在に関する観念において彼の価値を表白する。神の証明、実在の立証は彼らに対する無上要求の内にすでに内在する。われわれの生命が活きつつあることによって神の実存は最後の証を示しているのである。神に対する愛は神に対する知識である。「ヤハウエを畏るるは知識の本なり」とソロモンは歌っている。実在の愛慕は哲学の出発である。

三　実在の成立

かかる渾一的統体としての実在はいかにして可能たり得るであろうか、余は愛としての実在がいかなる道程を経て実現せられるかを究めねばならぬ。問題はここに哲学的思索の圏内に深く入ってくる。しかしその答えは一般の想像よりも遙かに重大でありしかも詩趣がある。われわれは今実在が顕現される足跡を親しく省みて、自然がいかなる神秘を内に潜めているかを知ろうとするのである。余はこの問題に答えるために抽象の論理よりもむしろ次の例証をもってその立論を起こそうと思う。試みに余は画家セザンヌによって残された一枚の画布を読者とともに眺めてみたい。多少温かい芸術的理解があるならば、彼の一静物画はただちに驚くべき感情をわれわれに目醒ましてくる。その貧しい外装を通して、静物の心ともみなすべき力が躍如として観者の眼を閃き過ぎると思う。われわれの親しい理解は彼の筆がすでに事物の仮象 Appearance を過ぎて、物如 Thing-in-itself とも呼ぶべき基本の世界を表現していることを告げている。画家はただ黙する壺または果物を捕えてその描写に筆を止めたのではない。表されたものは彼らの精、さらに平明にいえばそこに内在する実在の光華である。彼はこの究竟の芸術を果たすために何ら人為的理想をすら加えていない。人はむしろその形体の奇異と色彩の異常とにしばしば驚いている。しかし彼によって画かれた素朴なその静物はすべての必然性を保有してさながら山嶽のごとき荘厳と安泰とを示している。われわれはここに平易な事物さえ彼の精霊との接触によって神聖な光に輝くのを感ぜざるを得ぬ。彼が画いた静物は宗教的真を示す静物である。かかる権威は今われわれによってさらによく理解されねばならぬ。

想うに筆が彼の手に委ねられるとき、彼は異常な心の発現によって彼に面する静物中に自己が没入していたのである。彼の全個性は対象の内部に拡充し飽和して渾一の境に漂っていたのである。おそらくそれらの静物も画家の個性と融化することによって、その物的束縛をすら絶滅し得たのである。実現せられたものは画家の精であり事物の華である。彼らはすでに対峙する二体ではない。現存するものは統一せられた価値的活作である。彼は物に活き、物は彼に活きたのである。彼らはともに一体の実在に甦って、流れるごとく音律的美の世界に活きている。画家が表現しようと試み果たしたものはこの切実な純な内生の感激である。外国の写実ではない、事象に潜む意味の世界の表現である。物それ自体をさえ露出し得たこの奇蹟に対しては、あらゆる讃嘆の辞を捧げねばならぬ。

芸術の価値はただその美によって限られるべきものではない。かつて詩人キーツが「美は真であり、真は美である」と歌ったことがある。余は芸術が真の世界の表現としても幽遠な価値を具有することを認めている（余にとっては自然と芸術とはただに哲学にとって驚くべき暗示を投げるのみではない。彼らは具象化せられた哲学そのものである。余が哲学の衝動を美に求めるのは、そこに最も多く真の世界があることを味わうからである）。美としての芸術はまた哲学的にも理解せられねばならぬ。実在の芸術はまた実在の哲学である。余はセザンヌの画布を想い起こすことによってここに実在に関する哲学的反省を鮮やかに加えようと思う。まず加えらるべき問いは、かかる実在がいかなる過程を経て体現せられるかにある。余はただちにこの統一的究竟の事実がつねにひとつの条件を必須として実現せらるるのを認めている。

統一は対立を内包とする。幾ばくかの反省によってこの事実が底深く自然に充ちているのを知ることができる。実在はその意味を完了するために、いつも主体客体の対立を与件として成立する。静物が彼らの沈黙を破って、その精その物自体をもわれわれの前に露出し得たのは彼らが画家に面接し得た喜びによるのである。認識せらるるの幸いは彼らが認識主体を前に持ち得るときにある。画家がよく全個性をも表現し得る至悦は、彼の前にその心を託すべき自然が横たわっているからである。画家はつねに自然のうちに恋人を見出している。実在が体現せられるのはかかる主客が対立の喜びを見るからである。ここに両者（画家及び静物）は一個の（実在という）意味の世界を示現するための二個の（主体及び客体という）相関的存在である。対立は関係であり依存であり、すでに相互の思慕を内意する。愛としての実在が現れるのはこの二つのものに恋慕の情があるからである。世は幸いにも一面に終わる悲しみから永遠の離脱を遂げている。実在の福祉は孤独にその姿を現さない。実在は双対 Pair を求めている。余は物心の交、心身の和、男女の愛が、実在の世界に認許せられた久遠の律法であることを信ずる。ホイットマンは余の心を歌っている。

'I will make the poems of materials, for I think they are to be the most spiritual poems.'
'I am the poet of the Body and I am the poet of the Soul,
The pleasures of heaven are with me and the pains of hell are with me.'
'I am the poet of the woman the same as the man……
And I say there is nothing greater than the mother of men.'

想うに実在はその意味を表現する意志に飢えている。彼はあり得べきすべての機会を捕えてその飢えを満たしている。自然を被う物心の二体とはその意志の発現 Manifestation である。実在は自然を思慕の自然に致すために両性を与えている。神は美の実在に自然を甦らせるために花には美の姿を、人には愛の心を与えたのである。彼らには顧みられ顧みる互いの悦びがある。認識は愛を事物に目覚ましてくる。認識の世界にはひとつとして実在の光に欠けたものはない（余は認識論を論理の限界に決定する哲学的態度を容れることはできぬ。在来の認識論 Erkenntnistheorie はすでに Erkennen［味識］という辞句の味わいを忘れている。味識とは事物の内面的了解である。実在内生の事実である。認識論はつねに実在または神を闡明《せんめい》すべき使命を果たさねばならぬ）。認識とはすでに物心に横たわる温かい関係を内意する。すべての事物はこの認識の圏内に在って、彼らの内性を披瀝する機会を得ているのである。認識の心はすべてを拉《らっ》して実在に活かそうとすることにある。知覚の方向は必ずその終局において実在に向けられている。知覚する者と知覚せられる物との対峙は、共有の至宝たる実在界に彼らを活かすためである。天国と地獄との相愛を歌ったブレイクにも次の言葉がある。「もしも知覚の戸を清めるならば、すべてのものは無限を示してくる」

愛なる一を表すがために、思慕の双があるのである。二つに別れるのはひとつならんとする心である。ひとつなる実在は二つなる物心によってその意味を果たすのである。統一は差別の礎に安定な意味を保っている。円球とは両極の最も完全な発現である。和絃は二絃を予想し、対立は和合を慕っている。円融の実在は相対の理《ことわり》を法としてこの世界に顕現するのである。余は宇宙のいっさいの事項がこの極性 Polarity の原理によって、各々の存在に永遠の意義を潜めていることを確信する。余は立論にいっそうの明晰を与えるために、世界にこの極性が失われる日を想像したい。ただちに恐るべき虚空の世が亡霊のごとくわれわれの前に現れてくる。

もし世界が単一性に終わるならば世界は無に帰らねばならぬ。もしいっさいが黒色という単彩に塗抹せられるなら、ここにいち早くも消滅するのは黒色という概念そのものである。黒色が色彩としての意味を保有するためには必ず他の色彩との対比を須要《しゅよう》とする。黒色はひとつの極として、他の極の存在を予想してのみ可能である。現象界においていかにこの対立の二元的関係が精緻に編まれているかは幾多の実例によって指摘することができる。いっさいの自然事象はこの原理をおいては哀れな沈黙の運命を永遠に続けねばならぬ。あらゆる観念はその誕生を相対律に発している。同速度をもって進む二個の物体間には運動の観念は消滅する。行く雲も飛ぶ鳥も何ものか静止するものに対比し得るときにのみ飛翔の意味を果たすのである。光は暗きに輝き、音は静けさに冴えるのである。丹青の布は色調光度の複雑な統体である。楽律もまた高低強弱の対性にその美を発している。いっさいの力学的現象はただこの原理に服従するときにのみ可能である。比重が平均化せられるならば重量は事物から奪い去られる。対立抵抗は自然をしてその意味を保有せしめる要律である。善美の理想さえも、邪醜の世にのみ栄えるのである。地を否むのは天を否む矛盾である、肉を矯《た》めるのは霊を刺す痴行である。もしいっさいの現象が物質に還元せられるなら、物質はいかにして存在し得るであろう。もし世界がすべて観念であるならば、それが観念たることをいかにして知り得るであろう。唯物、唯心の各哲学的主張が世界を一面に限るとき、彼らは再び起ち得ない破産にその運命を終えたのである。いっさいを単一に限る世界観は、現象を全然不可解な領土に導いて、明瞭な自然に人為的不明を与えるに過ぎぬ。自然の進化はただに盲目的なるにとどまらず、進化そのものの意義をさえ理解することはできぬ。自然からこの極性を排除しようと企てる者は、渾沌の世を賞するジレンマに身を終えている。余は神が一元の実在に自然を甦らせるために、物心の二元を創造しきったことを驚きの眼をもって見つめている。

物心の両極は自然に永遠な密着と切合とを与えている。一方の否定はやがて自然の否定である。物は心を待ち、心は物に活きている。彼らには相関の神秘がある、補助の和合がある。霊に対して肉を殺すとき、不可思議な諷刺《ふうし》によって屠られるものは霊みずからである。天国と地獄とには永遠の婚姻がある。物心の離婚は自然に許されまじき反謀である。心も物もそれみずからにおいては半である。彼らは円融としての実在を示現するためにともに合してひとつに還らねばならぬ。神は心の物的表現に活き、物の心的統体に活きる。彼らはその発生の端初において相愛の教えを受けたのである。進化とはかかる神意を体現するがための生命及び物質の発展である。進化には意味の不断な表現がある。進化 Evolution はその真意において内展 Involution である。自然は今この栄誉ある神の創造の途上にある。物質なくしてはかかる表現を得ず、生命なくしてはかかる発展を得ない。「対立なくば進歩を見ない」とブレイクは言っている。二元的対立は一個の意味を表現するがための必須的条件である。自然は神意を果たすために世界に双対の愛を与えている。余は自然がこの愛に飽和していることを信じる。

'Nature, with endless being rife,
　Parts each thing into 'him' and 'her',
And, in the arithmetic of life,
　The smallest unit is a pair.' ——Patmore

余はすべての愛の詩句に明晰な理由があることを認めている。すでに単純な言語においてすらこの双対の辞句にあふれている。いかに対辞が広汎な域に普及しているかはむしろ想像の外である。相対の原理はほとんど無意識に達するほど、普遍的であり根本的である。試みにかかる辞句を枚挙するならば人はその数の煩わしさに病まねばならぬ。天地、東西、上下、左右、遠近、高低等空間に現れる対立、または深浅、強弱、美醜、陰陽、明暗、貧富、新旧、遅速、善悪、真偽など質量の差違によって生じる対比、または因果、始終、受動能動、肯定否定、綜合分析、具象抽象、主観客観のごとき概念的対句、あるいは性より現れる男女、物心、無機有機、動物植物のごとき、かかる相対的名辞は事象の無数とともに無数である。人々は争いの言葉を発するときにすら愛の言葉を用いている。双対の関係を離れてはすべての文字、文学は空虚である（文法上にも興味ある幾多の事項を注意することができる。すべての名詞及び代名詞は必ず極性のひとつを表示する。主辞及び賓辞は両極の対立である。すべての形容詞、副詞、動詞はこの対立間の関係を表示する。余は物心のあいだに彼らを包摂する関係の世界があるべきを思う。例えば「余が薔薇を見る」というときは、余と花とは対立し、「見る」という動詞において両者は関係の世界に入っている。「見る」「認識する」というときはすでに美また真の感情を伴ってくる。ここにわれわれは実在の圏内に踏み入るのである。実在はすでに自然の中に飽和されている。余が先に「すべての知識は何らかの程度において実在の知識を分有する」と言ったのはこれゆえである）。

円球は美である。彼は至るところに極性を保つからである。円かな球にも比すべき神はつねにまたすべてにこの極性を保っている。人は自然に現れる二元的対立を見守るとき一元の神を見つめているのである。対立は反抗ではない、依存である。神は密接な結合の上に祝福を与えている。人類は早くこの結合の意味を自然に読まねばならぬ。人は人を恋い、物は物を引き、すべては神に向かっている。全自然はかかる二つの流れに漂う韻律の現れである。全宇宙は二つのものが互いに恋い慕う愛の花園である。思慕は自然の心である。

実在は絶えずその立像を現そうと試みている。実在はその抑え得ない意志を体現するために自然を産み育んだのである。自然の進化は実在の開発である。人間の創造には神の君臨がある。上帝はその栄光を地に示すためにその聖い「気息《きよ》」によって人を産んだのである。自然の歴史には厳かな摂理がある。その内展の過程は燦然《さんぜん》たる光華に満ちている。事物の存在はその誕生を神意に発している。自然に現れるあらゆる極性は、その祝福を告げるためである。対比はその発生上の意味において、実在体現の使命をおびている。すべての両極には求心の力がある。神は円球のごとくすべてを内に引いている。思慕とは神に対する思慕である。自然は再び実在に甦らねばならぬ。「神のものは神に返せよ」とキリストは鋭く言ったではないか。神より流れた事物は神に帰ることを慕っている。エルサレムは必ずや帰り得べき都である。余は神の懐の温かきを想う。人は幼時母の胸に養われた幸せを忘れるだろうか、子が親を愛することは自然の情である。いわんや人が神を愛することはその至情である。神は事物を神に導くためにその姿を彼らの思慕に表している。彼らの安堵の地は彼らの旅路にはない。神の故国にある。余はプラトンとともに神の故郷を思慕する一人である。余の愛するブレイクの句に、

'God becomes as we are, that we may be as He is.'

（余はここに実在がいかにして示現せらるべきかを書いたのである。自然に存する極性をその成立与件とする余の見方は二元論の問題を新たに産んでくる。しかし両極とは互いの分離排除を意味するのではない。二元とは一元を追うための相互依存の現象である。二元の背後はつねに一個の意味すなわち価値的絶対者を予想しているのである。一元を内意せぬ二元はこの世に全く存在せぬ。余の二元的極性の思想はここに全く二元論の離脱を内意するのである）

四　実在の神性

二つのものが拠るところには必ず収穫がある。互いに求める心は何ものかを得ようとする力である。彼らはその存在を意味の世界に活かそうとするのである。あらゆる有形の物体はその形骸を超えて価値の世に甦ることを求めている。物は物に終わり、心は心に枯れることを恐れている。彼らはよく孤独の寂寥《せきりょう》を知りぬいている。自己を閉ざすにしては彼らにはあまりに強い愛の衝動がある。彼らは神の招きに応えねばならぬ。すべての樹木が日光を慕うがごとく、自然には実在に対する嚮動がある。彼らが住む形態の地にはすでに天の心の飽和がある。糧は神の糧である。彼らの住む地のあいだにはすでに神の故郷がある。余はフランシス・トムソンとともにこの地は天国の中にあるべきを想う。「地の美は肉を着た天の美である。かの天を示す神霊のうちに地は横たわっている。神のうちにこそ創造という偉大な思想は安置せられている」

余はすべての確信をもって世界を形而下に限る思想を駆逐する。余は「地」なる観念に「天」なる観念を挿入すべきことの正当なるを想う。形態の世界は無形な天の心に安定せられている。自然には実在の霊気の浸透がある。余は事物を想い起こすとき神を想い起こすことの必然であるべきを信じる。余は十分な信念をもって豊饒《ほうじょう》な実在界をこの自然そのものの内面に是認しようと思う。エマソンの句に言う、「よし一切のものが奪い去られるとも、余はなお余と永遠者との関係において一切のものを保有する」と。

人はこの世界を時空間に配列して、いっさいのものが因果の関係にその運命を終わるべきを想っている。自然の研究者が好んでその理知の尺度とするものは量である、質である、空間である、時間である。彼らがその探求に挿入する思想はつねに因果の原理である。しかしかかる思想態度は対象を形而下に限るときにのみ許されるべきことである。人間の理知はいっさいのものに因を訪ねようと試みている。しかし世界観が因果律に服従するとき彼は実に循環の背理を重ねるに過ぎぬ。因果の約束は実在の前に沈黙せねばならぬ。科学は自然をこの因果律によってのみ説こうとする。しかしこの原理は神もしくは実在なる事実を自然の圏内から排除しようとする貧弱な思考態度に過ぎぬ。因果律には避け難い終焉がある。それはある約束に立つ限界に過ぎぬ。人は何の権威あって神に理知の刃を加えようとするのであろうか。理知が神を理解したとするとき、理知はすでに神のうちに絶滅せられているのである。実在の内生とはこの理知の解脱を指すのである（今日もなお、宗教あるいは道徳において因果的思想に固着している説教者がある。人間の究竟行為を因果的に説明しようとする態度はただに幼稚であるのみならず甚だ醜である。酬《むく》いられんがためにわれわれは神を信じるのではない。善は売買の行為ではない）。

余は実在または神の思想に対して、あらゆる約束的思想の闖入を排斥する。余は明晰に時間、空間の念をすらこの究竟の世界から放逐しようと思う。人は時空間の存在がさながら究竟の事実であるがごとくみなしている。しかしこの法則は約束律である以外に何らの権威をも有すべきではない。形而下の事項を対象とする科学者がこの原理を彼らの説明に適応するのは至当である。しかし形而上の問題に接触する哲学者は何の稚気をもって彼が画く実在に時空間の約束を認めようとするのであろうか。約束は数的関係である。余は自然を数量によって理解し去ろうとする機械的思想に満足する所以《ゆえん》を知らぬ。実在は量ではない、活作である。形態ではない、意味である。彼はすでに時空間の定限から永遠の離脱を遂げている（余はいわゆる「心霊現象」に多大の興味を感じている。その夥しい材料はことごとく時空間の束縛を離れている。余はかかる現象をただの妄想、もしくは迷誤として斥《しりぞ》ける思想を受け容れることはできぬ）。

実在の世界は意味 Sinn, Meaning の世界であり、価値 Wert, Value の世界である。物心の愛を示す相関の世界である。多くの哲学者は実在を物質に求めあるいは意識に求めまたは彼らを超越する彼岸の境に求めている。しかし実在は物的または心的の名によって呼ばれるべきものではない。いわんや彼らから隔離された遼遠な域にあるのではない。実在は物心の融合せられた相関の世界にある。その光は内在 Immanence の光である。神はすべてにこの光を放つためにいっさいの事物にその力を満ち充たしている。実在は潜勢力 Latent power である。エックハルトが「神はつねに備え、神はわれわれの傍に在り、神は内部に在り、神は我が家に在る」と言った言葉もここに理解せられるのである。

人はすべて神のものを物質もしくは精神の範疇に入れている。しかし余はそのいずれの範疇にも局限し得ない価値の世界を肯定する。この実在の世界においてこそ物心は各々の区画を絶滅し愛の活作に新たな生命を起こすのである。実在に甦る自然の光華には時空間に対する永遠の解脱がある。実在は歴史を消滅する。彼にあるものは永遠の「今」'Eternal Now' である。過去の反復ではない、永遠の新鮮である。実在には不断の新創 Novelty がある。実在は不死である（ベルクソンは彼の持続 Duration の考えにおいて時間に新しい理解を与えた。彼の哲学的先進であったジェームスは彼の哲学を新創 Novelty の観念の上に築いた）。

実在は自然の意味である。彼は物の形によって表明せられ、または心の名によって代表せられるべきものではない。実在はいっさいの名辞をすら許さない無辺の自由である。彼は時間方所の約束をすら滅してこの宇宙のいっさいに飽和し浸透する。もしここに理学的言葉を許すならば、実在の本性は可入性 Penetrability である。彼は至るところに在りすべての時にある。彼はいっさいの固形を離れた絶対の流動である、韻律である、音波である。余は神は音楽的であると想う。

余は美わしい音楽を聞くときしばしば死の本能を感じる。神は音楽に託して余を迎えるであろう。神の故郷は必ずや美わしい音楽または美わしい花園そのものである（余は信徒が愛する楽園、浄土の思想にもその根底には至当の理由があるべきを想う）。

もし余に形容を許すならば神は透明 Transparent であると思う。静穏な水はすべての姿を映じている。そこには底知れない深さがある。澄む水はすべての汚瀆《おとく》を洗浄する。神は彼の透明にすべてを映じすべてを浄くするのである（余は洗礼の起源について何事をも知らぬ。しかし透明な水はおのずから神の心の象徴であると思う。ただにキリスト教のみならず。清水が神前に使用せられることは普通事である）。透明はすべての説明を不可能にする。そはすべて無にしてすべて有であるからである。無垢と聖浄と自由との神は彼を透明の血と肉と衣とに被いつつあると思う。実在の世界である。かの守銭奴すら花を美わしいと感じるとき、我を忘れている。我を忘れるのとき我は透明の世に活きている。物心の融合、思慕の喜びはこの透明の悦びである。愛は最も純一な感情である。透明な愛においてわれわれは透明な神に一致する。余は余の愛するエマソンの句をここに引用したいと思う。自然の美に至悦を感じるとき、「余は透明の眼球となり、余は無有になり、万有を見、普遍的実体の大流は余の裡《うち》を貫流し、余は神の一部またはその一分子となるのである」。彼はまたさらに鋭い言葉をもって言っている。「我が地球は神の眼より見れば透明な一個の法則であって事実の集団ではない。法は事実を融解してこれを流動的たらしめる」

実在はすでに対象たり得べきものである。人が彼を理解したとするとき、人は彼に内生しつつあるのである。人は神を味わうのである。彼について語るのではない。すべての説明は神において中止せられねばならぬ。神に没入する刹那われわれの呼吸はすでに奪われつつある。最も深い雄弁を告げるために神はつねに沈黙に現れるのである。カーライルはこの沈黙の秘密を解いていた思想家である。われわれは何の名によって神を呼ぼうとするのであろうか。「神は無名である」とエックハルトは叫んでいる。余はこの叫びが神に対する最良の名であることを感じている。聖オーガスティンもまた「神について言い得べき最良なことは彼の前に沈黙することである」と言っている。神は前に語られるべきではない、内に愛されるべきである。知の終局は愛である。人は恋人になぜ愛するかを問うであろうか。接吻は説明を否む。いわんや神の抱擁においてすべては沈黙する。愛は宗教である、愛は科学ではない（恋は人を盲目にすると言われている。このことは恋の罪過とみなされている。しかしすべての美感理智を絶滅し我を忘れしめることにおいて盲目的である。盲目的は必ずしも無目的ではない。かえって目的それみずからに合一する場合がある。人はしばしば恋によって神に近づいている）。最も深い知はつねに愛であり、愛はつねに鋭い理解である。真理とは理知と直観との合一する状態である。最も偉大な主観は最も広汎な客観に一致する。神は愛の状態にあって知と情と、主と客とを融合する。知の完了は説明の沈黙であり、沈黙は内生の開発である。神は黙して味わわれることによって深く知られるのである。神は理を絶するがゆえにいっさいの理を抱くのである。余は無有たり得るもののみ真の有であると想う。寂滅は復活である。涅槃は救済である（余は認識論における合理論と経験論とがその終局において矛盾するとは思わぬ。知と愛とは最後の合一を要求する)。

もし強いて神の姿を画けよと言う者があるなら、余はジョットとともにただ円を画こうと思う。もしあたうべくば球を刻みたい。いっさいの平衡を持して円融の相を示すものは球体である。彼には無限の適応があり自由がある。微細な接触も彼の心を動かすに足りる。しかもすべての点は彼を支える柱である。いかに切断するも示されるものは円形である。周囲には絶対の平滑があり、しかも構造には無限の平衡がある。人は円球に一点の変化をも犯し得ない。余はその形の豊饒と温暖とを絶愛する。神は正しくこの十全の相を示すのである。何者もその神聖を犯し得る力はない。彼は彼みずからにおいて無限に自由であり、無限に堅固である。余は神の幻像がこの円かな姿に宿ると思う。ヴォーンの歌に、

'I saw Eternity the other night
Like a great Ring of pure and endless light
All calm, as it was bright.'——Vaughan

さらに余に神の意味を求める者があるなら、余はただ一の字を書こうと思う。神は渾一体Oneness である。いっさいの多様を摂取してひとつに流れしめる。神においてつねに多はひとつであり、差別は平等である。彼においていっさいの事物は同胞の歓喜に遷るのである。一なる神

にすべてはその源泉を発している。余は実在なき自然を想像することはできぬ。渾一の否定は擾乱の承認である。原素的第一義的究竟の事実を措いては、自然の多様は不可解である。一は統一である。愛である。一 One は神を象徴する。ブレイクは山も河も森も石もひとつに結ばれた人であると言った。

神は無限の光明である。余は多くの神秘家が神を光に譬《たと》えた心を知っている。いかに実在に活きるとき、事物が輝き照らされるかを感じている。恍惚 Illumination または覚照 Enlightenment は神の心を示すべき温かい辞句である。神の頭には背光がある。信仰は照らされた心である。神は暗い影にその姿を映さない。人は熱烈な多くの信徒が光の力、太陽を讃美する心の感激を理解せねばならぬ。すべての光には信仰の影像がある。幾多の詩人は晴夜星を仰いで神の心を読んだのである。青白く輝く月光にも人間の限りない訴えがある。光は神の姿である。

余は伝説が仏陀の体に八荒《はっこう》の輝きがあったと告げるのを自然であると想う。余をしてキリストの相貌を画かしめるなら希《こいねが》わくは彼の周囲に燦爛たる光を放たしめたい。かつてシェリーが歌ったように永遠は白光に輝くのである。

'The One remains, the many change and pass;
Heaven's light forever shines, Earth's shadows fly;
Life like a dome of many-coloured glass,

Stains the white radiance of Eternity.'——Shelley

光は法光である。これ心に活きるとき、人はいかに無上の至悦を感じるであろう。余はさらにまた神秘的経験に伴う恍憬 Rapture 法悦 Ecstasy または歓喜 Joy の心を歌わねばならぬ。余は神の面貌に絶えず微笑みのあるのを知っている。ウパニシャッドが告げるようにすべての事物は永遠の歓喜にその誕生を発したのである。「我は幸なり、喜びは我が名なり」とブレイクは歌っている。なぜキリストが嬰児に天国の俤《おもかげ》を認めたかは明らかに理解せられねばならぬ。人はつねに神の嬰児である。

'Sweet Infancy!
O fire of heaven! O sacred Light!
How fair and bright!
How great am I,
Whom all the world doth magnify!'——Traherne

祝福 Blessedness 福祉 Felicity 幸福 Hapiness これらの言葉はまた哲学者の愛を受けねばならぬ。彼の筆が哲理を語るとき、彼は実在の讃歌を綴りつつあるのである。哲学は真理を美としてもまた幸いとしても示さねばならぬ。

五　実在の世界

われわれはかかる実在の福祉がいかにしてこの世界に現れるかを見ねばならぬ。栄光とみなされるすべての人文はこの実在の光華によって永遠の生命を捕えている。われわれが崇仰するいっさいの偉人は例外なく神の選民である。われわれが愛慕するいっさいの事業はことごとく神の頌歌《しょうか》である。余は自然の進化には必ずや神の進化が伴うと想う。この刻一刻は実在の拍節 Tact である。この絶大な真理に悦びあふれたときホイットマンは歌っている。

'I hear and behold God in every object……
I see something of God each hour of the twenty-four, and each moment then,
In the faces of men and women I see God, and in my own face in the glass,
I find letters from God dropt in the street, and every one is sign'd by God's name.'

余はかかる至悦のほとばしりが字義的にも真理であると思う。実在は喜ばしくもその姿を至るところに示すのである。何人にも楽しく現れるのは芸術によって表現せられる実在の世界である。われわれは多くの芸術家によって自然がいかに夥しい美を示したるかを知らねばならぬ。貧しい一静物すら山嶽の荘厳を内に潜めている。森も河もわれわれに語るではないか、何人も彼らがさしのべる手を握らずして過ぎゆくことは忍び得ない。余は芸術は愛の会堂であると想う。すべての信徒がそこに神を讃え幸いの一日を送るように、芸術はすべての人々を悦びのうちに集めている。何人も美の前には争いの鋒を収めている。芸術において人は楽しむのである。彼は彼の悦ぶ故郷をそこに見出すのである。彼は神に帰りつつあるのである。

偉大な芸術家は彼らの心血の異常な働きによって広汎な未知の世界を彼らの前に見つめている。彼らはほかの彼らを対象の中に見出している。事物は彼らの姿を映す鏡である。彼らはそのすべてを自然の内部に浸している。彼らはその呼吸の高さを自然のうちに聞いている。彼らの身は画く花の床に横たわっている、心は画く森の精に遷っている。彼らと自然とのあいだには何らの障壁すらない。「帳《とばり》にしては自然はあまりに薄い。上帝の栄光は至るところに破れ出る」とエマソンは書いた。自然はその高調においてすでに対象ではない。自然の美は外に見られるのではなく内に味わわれるのである。美はすべてを融解する。すべての事物には人の心を容れるべき室房がある。愛とはこの房中に自己を見出した喜びである。偉大な芸術はすべてこの結合の芸術である。芸術はその至純においてつねに実在の芸術である。哲学も実在の思想においてすべての人を一体に結ばねばならぬ。

天も地も人の愛を招いている。人々はなぜ自然が美の衣で装うかを理解せねばならぬ。事物はわれわれの前に横たわっている。彼らの美の装いは実在の世に活きようとする本能の発現である。自然の原素的力は活きようとする意志である。実在に甦ろうとする抑圧し得ない本能の力は彼らの中にあふれている。年々歳々春花の微笑むのはこの飢えを癒やすためである。彼らはその凋落《ちょうらく》の葉にすら色を染めるために秋の紅《くれない》を装うのである。余はラスキンとともに種子は花のためにあるべきを想う。かかることは無益な妄想ではない。自然の心は彼女の美に読まれ得ると想う。そこにも荘厳な神への響動がある。かつてカントは天の星を仰いで崇仰の想いにひざまずくと言った。余はこの一句にカントの偉大が最も美しく暗示せられていると思う。万巻の哲学がその最後の頁《ページ》を終えるとき人は遂に黙して祈りにひざまずくであろう。余は可憐な一枝の花にもすべての哲理は含まれていると思う。彼らは人の訪れを待ちわびている。虫の訪れにすら花には悦びの笑いがある。彼女は人の一瞥《いちべつ》にすら愛の満足を感じるであろう。ゲーテの詩「菫《すみれ》」にこの情を歌った句がある。おそらく詩人が綴ったように野に咲く菫は牧童の足に踏まれるときにも愛の飢えを満たすであろう。いわんや愛せんとする意志は人類が保有する永遠の至宝である。人はなぜにしかく長き躊《ため》らいを愛に加えるのであろう。意志は愛に活きようとする意志である。すべてのものは愛されるべきためにあるのである。すべては互いに語りたがっている。

'Stranger! if you, passing, meet me, and desire to speak to me, why should you not speak to me?

And why should I not speak to you?——Whitman

愛の世界はただ芸術家のみの世界ではない。かの冷やかとみなされている科学者にすら天啓は降ると思う。一物体の落下すらニュートンの眼の愛に、永遠の真理を産み得たではないか。科学者が暗夜、天に星を仰ぐとき、彼らは冷かな星に対しているのではない。彼らがその運行の探求に余念ないとき、彼らは星にその心を宿しているのである。彼らがアトムの微に心を注ぐとき、彼らはその小微物に情人を迎えているのである。法則とは科学者と自然とのあいだに結ばれた愛の記念である。彼が理知によって法則を知るとき、彼らは法則を味わいつつあるのである。おそらく科学者とは法則の招きに誘われる芸術家であろう。芸術家が美の招きによって自然の懐に入るように、科学者は法則の愛に招かれて自然のうちに活きるのである。冷やかな彼らもすでに間隔を絶して対象中に自己を見出している。発見とは対照との合一である。自然と彼らとの最後の融合が法則であり真理である。余は科学者もその探求の高調において甚だ芸術的であると思う。余はポアンカレとともに科学の研究にも直観の力が鋭く働いていると思う。科学者は活きた実在を図形の上に構成しつつあるのである。かつてコールリッジは「詩文の対辞は科学である」と言ったことがある。しかし余は彼らがその終局において友愛の手を握ることを知っている。かつてホイットマンは「一枚の葉は星の万年の働きにも劣らぬ」と言ったことがある。この言葉はかのケルビン卿がミニオネットの花を顧みて「天の星よりも多くの神秘を宿す」と言ったのと同一ではないか。「ひとつの花にも神の存在を理解する者には、その一微物は全世界よりもなお貴いであろう」とエックハルトは言った。余は最高の科学は最高の詩歌と一致すると想う。詩人の鋭い直観がいつか科学的にも理解せられることを余は確信する。真は遂に美であり、美は遂に真である。

余は善という考えも等しくこの実在を離れては思惟し得べきものでないと想う。道徳は至上事実としての善を肯定せねばならぬ。善は一言にしていえば個人の客観化である。道徳は個人と個人との抱擁に起こる。彼らの密着を措いて善はすべての意味を失わねばならぬ。個人が他人のうちに活きるとき善は最後の祝福を受けるのである。人のあいだに結ばれた愛の帯を破る者は、悪の罪を犯すのである。分離、隔絶は人間の嘗《な》める悲哀であり恥辱である。善は人を人に結ぶ愛の力である。われわれが他人を憐れむときわれわれは他人に自己を移しているのである。これは善であり美である。なぜならそこには主客の対峙は消失して両者の関係は渾一的実在の状を示すからである。善は実在に一致する。善はそれみずからにおいて絶対である。人はよく善に報酬を求めている。しかし善は善においていっさいの価値と意味とを内意するのである。最初にして最後の報酬は善それ自身のうちに内在する。もしここに報償の念を入れ得るなら、善為とその報償とは同時的である。神に対する祈禱《きとう》は報酬の予想ではない。善は絶対自全の力である。善行為は実在内生である。このとき個性と個性とは至純な愛に神の福祉を受けているのである。善には荘厳な無上事実がある。カントがかの星に対するとともに崇仰の念に打たれたのは人間に潜む道徳律であった。余は彼のいわゆる無上命令（Der Kategorische Imperativ）に基づく道徳説に永遠の真理があるのを是認する。善はまた人間の厳粛な至上要求である（近世の人文において、この荘厳な真理を、生活の上に実現した巨大な人はトルストイである。余は彼の一生を繙《ひもと》くごとにカントの言葉を想い出し、また人間に潜む「道徳律」に厳かな感じを抱かざるを得ぬ、彼の思想は批評を免れぬとしても、彼の一生はすべての批評を無価値にする）。善為には神の意志の完了がある。善において人は人を抱きまた神を抱くのである。善は愛である。善は美である（しばしば道徳と芸術とは反目の争論を重ねている。しかし余は善と美とが矛盾するものとは思わぬ）。

信仰とは何を意味するであろうか。個人が絶対者を抱こうとする無限の本能である。実在に対する思慕、神に対する崇念は彼らの抑え得ない熱情である。宗教とは人間と神との逢接である。無辺の帰依は無辺の昇天である。そのとき一小自我は宇宙の根底に融合するのである。すでに事物が在るのではない。ただ神なる実在があらゆる荘厳をもって顕現せられるのである。自我も自然も渾一に遷って永遠の意味が漂茫として流れるごとく万有を浸すのである。光華の境である、至楽の状である。余は必ずやいっさいの人間生活がその究竟において宗教に面接すると想う。美の感激も、真の闡明も、善の行為もともにその終局において神の内生を表示する。人文の栄光はその宗教であらねばならぬ。人間の誇りは彼の神であらねばならぬ。万有はすでに神前にある。

'Each is not its own sake,

I say the whole earth and all the stars in the sky are for religion's sake.'——Whitman

実在はその顕現に必ず温かく親しい過程を選んでいる。この至楽の刹那を形容すべき言葉を数え得るなら、おそらくは恋句に終わるであろう。抱擁 Embrace である。接触 Contact である。思慕 Eros である。親交 Intimacy である。愛着 Attachment である。情愛 Affection である。和絃 Accord である。結合 Union である。献身 Devotion である。共鳴 Resonance である。応答 Response である。内感 Empathy である。同情 Sympathy である（この最後の字をベルクソンは好んでいる）。一言にしていえば神と人との婚姻である。神としての実在はつねに愛そのものである。

これに反して人間が経験するすべての悲哀はこの結合の破壊に基づいている。関係の断絶は自己の破滅であり自然に対し神に対する汚瀆である。人間の罪業はすべて分離から起こる悲惨な結果である。反目争闘は自然の意志に対する愚昧な反逆である。人文の擾乱は知と情との反目にある、肉と心との隔離にある、天と地との区分にある。自然と人間との疎遠にある。すべての噪音《そうおん》は和絃の美を破るからである。自然は愛せよとの教えの許に対立の性を得たのである。二つのものは反《そむ》くためではない、ひとつに結ばれるためである。人が人を屠るのはあまりに惨憺《さんたん》である、自然の意志に悖《もと》る罪を犯すからである。肉体の苦行は背理を想わせる、心霊を傷つけるの矛盾を犯すからである。自己を偽ることは醜くある、自己を幽閉するの愚に終わるからである。天才を誹謗する者は貧弱である、彼は非難に自己の空虚を表白するからである。自然に愛を感じない者は白痴である、彼は美の招きを棄てるからである。自己を愛さない者は卑しく見える、貧しい個性をもって他人に近づくからである。神に冷やかな心には死の相がある、人にして木石に近いからである。人は神意の愛を充たさねばならぬ。神は別離の悲哀を知っている。神はすべてを彼に招くのである。明日爐《ろ》に投げ入れられる草にすら彼は愛を注いでいる。東洋の聖者は神の前に殺生を謹んでいる。彼らは神の悲しみを知るからである。

'A robin redbreast in a cage
Puts all Heaven in a rage.'
'A skylark wounded in the wing
Doth make a cherubim cease to sing.'――Blake

哲学者は彼が実在を忘れるとき、神の眉に顰《ひそ》みがあるのを知らねばならぬ。かつて詩人が歌ったように地の花を傷めるとき、天の星をも傷めつつあるのである。

われわれは神にさらに深い心を捧げるために我が個性の拡充を志さねばならぬ。神はその偉大を示現するために偉大な個性を選んでいる。十全な実在は十全な個性によって味わわれることを待っている。われわれは個性を広汎な自然に活かすために自己に無辺な昇揚を与えねばならぬ。個性を閉塞するいっさいの行動は神の名の許に切り棄てられねばならぬ。個性の隠匿は神の幽閉である。無辺な自然を抱こうとする者は、自己に無辺な開放を与えねばならぬ。個性の自由な表現は神の広大な抱擁である。表現とは自己を外界に露出し、個性を対象に活かすのである。そのとき主観は客観化され、全個性は全自然に一致するのである。神に没入する状態である。裏面よりすれば自己滅寂である、忘我である。表面よりすれば自己拡充である、永生である。最大な主観はつねに最大な客観であり、最大な個人性はつねに最大な社会性である。高貴なアリストクラシーは広大なデモクラシーである。ニーチェはホイットマンである（余は個人主義と社会主義とは同一な理想を他面より見つつあるのであると思う。真の個人主義は真の利他主義である。自己を拡大するとき、彼は他人を拡大しつつあるのである。今日客観的真理とみなされているものも、かつては一個人の主観的真理であった。偉大な人間は、万民の人間である）。

個性の無辺な拡充において、我は自然そのものを抱いている。かくて一小自我は宇宙のいっさいに飽和するのである。宇宙意識 Cosmic consciousness はかかるとき悦ばしくも我に照り輝いてくる。我は至るところにほかの我を見出すのである。すべてのものは我にとって同胞である。ホイットマンはこの友愛の心に活きた詩人である。彼はいっさいの人にいっさいの物に愛を感じたのである。聖フランシスが鳥に向かって「我が姉妹」と言った心もここに了解されるのである。彼の有名な「太陽の頌歌」はかつて謳われた最も深い自然の讃歌である。太陽も月も水も火もまたは地も彼にとっては慈母であり兄弟であり姉妹であった。キリストも神を「我が父」と呼びみずからを「神の子」と呼んだ。この天の幕屋に憩うすべてのものは神の血において同胞である。

すべては実在の子である。古インドの宗教はこの心にあふれ漲《みなぎ》っている。彼にとっては行く雲にも、流れる川にも人の言葉があった。かつて雷鳴に神の忿怒《ふんぬ》を感じた人間の恐れは、ただ意味ない妄想であろうか、余は彼らの思想にも犯し難い神聖があると想う。画家が樹木を画くとき、彼はその枝に幹に人間の gesture を感じるのではあるまいか。余は人間を自然に見出すとき、美感の高調が与えられるのであると思う。最高の芸術は何らかの点において象徴的である。それがいかなる題目を選ぶにせよ、彼らにはいつも人間そのものの深い象徴がある（例えばかの溌溂《はつらつ》としたいっさいの原始的芸術は甚だしく象徴的である。また近くゴッホの作品のごとき何ら理想画的分子はないが、著しく象徴的である。彼が画く焔の自然には焔の画家みずからが活きている）。

自然に愛を感じる者は、自然に人間を見出しているのである。自然には親しげな相貌があり、応答がある。笑いと怒りと喜びと悲しみとはただ人の世に限られるのではない。自然には人の心がある。実在には人の霊がある。神は人間に屯するのである。

'………for Cities
Are Men, fathers of multitudes, and Rivers and Mountains
Are also Men; every thing is Human, mighty! sublime!'——Blake

想うに自然は愛に漲りあふれている。愛は神に帰る心である。人は神の故郷をどこに求めるであろうか、エルサレムは彼らみずからのうちにある。思慕は美わしい円周を画いている。愛の旅路は神への旅路である。人は悦ばしくも彼の誕生を神に発したことを悟らねばならぬ。創生は神意である。余は愛に飢える。自然も愛に飢えるがごとく見える。余は何をもってこの飢えを人に充たし得ないであろう。

'I am he that aches with amorous love;
Does the earth gravitate? Does not all matter, aching, attract all matter?
So the Body of me, to all I meet, or know.'——Whitman

いっさいの事物並びにいっさいの人間は生まれながらにしてプラトニストである。

（一九一五年一月稿）

神に関する知識

序

およそ人が思念し得る最高の問題こそは今諸君の前に提供するこの問題である。実際いかなる論題もこの究竟《くきょう》題材に比してはなお部分に過ぎぬ。またいかなる解答もこの巨大な疑問に対してはなお貧弱である。がしかしこの題目こそはわれわれの理知にとってまた生命にとって至大の栄誉である。何人《なんぴと》もいつかこの問題に触れずしては世の真諦《しんたい》に達することはできぬ。いつかまたいずれかの道を踏んでこの第一義の事実を体験することはわれわれの心に漲《みなぎ》る力強い要求である。

すべての河がいつか太洋に注ぐように、いっさいの事項は求心的に神の焦点に集中する。いかなる流れを選ぶにせよ、われわれは自然の厳かな意志のもとにいつか神の太洋に乗り出でねばならぬ。事は至難である。しかしわれわれにとりこれほどの祝福はない。余は望みを抱いてこの栄誉ある題目に漸次肉迫していこうと思う。しかしこの最高の問題に対してわれわれは相応《ふさわ》しい用意と決意とを持たねばならぬ。何人か神を語ることに名誉の感激を覚えない者があろう、同時に何人か彼の答えに傲慢を感じ得るであろう。しょせんは神を語る者は、その偉大に対する感激と、それを表明する言葉の不敏《ふびん》とに終わらねばならぬ。この講演はむしろ余の思索の懺悔であって、何ら十全な解答を諸君に与えようとして志したものではない。ある生理学者は彼の知識をもって生物の人造を夢みた。しかし生物に関するいかなる精密な科学的研究も、与え得るのはそれに関する知識であって、生物そのものではない。同じようにいかに深遠な神に関する知識も、われわれの内に神そのものを示現し得るのではない。神についての知識は畢竟《ひっきょう》神についての知識である。余は諸君に神を示すがごとき夢想を抱くものではない。ただ人性に関する理解に対して生理学が必要であるように、神に対する理解には神学もまた緊要であろう。ここに神学とは広い意味ですべて神に関する知識を指したのである。ただハラーがハラーの生理学を残したように、余もまた余の所有する神学以外のものを諸君に与えることはできぬ。すべての動作、言語も畢竟はその人の以上をもまた以下をも示すものではない。いわんや神を語るとき人は彼みずからを最も露骨に告白するのである。余はひとつには望みを抱いてひとつには謙遜の心をもって、この講演を神の審判に委ねようと思う。後日おそらく余はその内容の幼稚を正すであろう。否、諸君とともにさらに一歩を進めたいために今余の現在の哲学的信仰を披瀝するのである。現在は未来の母である、嬰児《えいじ》こそは人の父であろう。われわれはわれわれの貧しさに盲目であってはならぬ、しかしそれがために希望をも失うべきではない。

所論を進める前に論者のなすべき義務としてまず論題の内容範囲と、次には論歩が選ぶべき方法とを簡明にしておきたいと思う。正しくいえばこの講演が取り扱う内容は「神の理解に関する論理的知識の限界」と題すべきである。いかにして神は知られるか、彼を知るとする論理的知識はいかなる内容であるか。その限界は如何、これらを論じて神の本性を分明にしその理解を全くしたいのが余の意志である。

神の内容が無辺であるにつれてそれに近づく途程もおそらく無数である。花を譬《たと》えにその要旨を歌うこともできよう、また色彩も音響も、神を示すに足りる道であろう、余がここに選んだ道は究理の一途である。誰が神を宗教の専有物と言うであろう。哲学の帰趣もまた神の内に在る。多くの宗教家は感情の上にのみ神を見出している。しかし誰が究理の心と感情とを離婚せしめたのであろう。かかる分離はただ人為的であって、むしろ神への無数の道をただ一面に局限した思想に過ぎぬ。究理もまた生活である。哲学者は彼の究理心に神を生活せしめているのである。

その性質上余はこの道を踏んで進む一人である。必然余がここに神を説く色調は哲学的である。しかし余はいわゆる哲学の正統派に属する者ではない。余はむしろ大胆にもその根本義において哲学の孤立を否定するのである。しかしこれは哲学に対する侮辱ではない、むしろ哲学の名誉のためにである。余は哲学と宗教と芸術と、さらにまた科学をも含めた一者の学を明らかに樹立させたい志にかられている。これら四者の分離は人文の方程としては是認すべきであるが、帰結としては許すべきことではない。余はこの統一的学の存在を新たにもたらそうと考えている。この学の基礎として余は宗教もしくは哲学に現れた神秘説 Mysticism の立場を採っている。したがってこの立論も神秘説に立脚する認識論的見解である。例えばロイスのような哲学者は哲学として神秘説は不可能であると言っているが、余はこれに反して哲学の根本的基礎はかえって神秘説の上にのみ見出されると信じている。これによって哲学が宗教または芸術に対していかなる関係に立つかを理解し得ると思っている。しかしこのことは別に論ぜねばならぬ。余は直接諸君の心に訴えて余の本論に今入ろうと思う。

一

夥《おびただ》しい寺院または教会とこれに帰依すると称する人類はその数において幾千万あるか分からない。しかし不思議にも神に関して明晰な理解を持つ者をどれだけ見出し得よう。彼らの信仰は単純に伝習的であって、その内容を意識する者の数は微弱な率に終わっている。多少批判的に思い惑う者の声は何であるか、信徒からは卑しいとされる神の存在についての疑惑である。しかしこの懐疑的態度は伝習的信仰よりは遙かに進んでいる。信徒に向かってすらも多少鋭く詰問するならば、その答えには躊躇が見える。しかしこの躊躇は神に関するいっそう優れた理解の発端である。習慣の信仰に満足し得ない多くの人類が神に思い惑うとき、何事よりも第一に神の存在について知ろうと企てている。この企てはたしかに伝習からの離脱であり、また神に近づく第一歩である。がしかし余の見地によればかかる態度もなお不徹底である。彼らの欲するところは何であるか、信仰は神の存在の確立においてはじめて可能であるというのである。これは一見思考の正当な要求のように思える。最も精密な知識を与えるという科学はすべて実験という方法に依っている。物質不滅則は最初から信じられたのではない。われわれは誤りのない実験と数測とによってその事実を知るのである。知るゆえにこの法則を信じるのである。実際科学的信仰に対してこの実験的知識が重要な根拠であることは争われない。同じように事実を尊ぶわれわれの習性は、まず神の存在を知らねばならぬと考えている。したがってその存在の論理的また科学的証明が彼らの要求である。しかしかかる態度は正当であろうか。余は簡潔に批判の鋒をこれに向けようと思う。

人は神がいるならそれを信じようというような態度をとっている。彼らが信仰問題に対して逢《ほう》着《ちゃく》する最も困難な題目は何であるか、「神は存在するか否か」ということに帰着する。しかしその結果はどうであろうか、残るのはただ二途よりほかにはない。ひとつは存在を証明し得るなら信ずるというのである。ひとつには証明し得ないなら信じ得ぬというのである。彼らが当面の努力はその存在如何の問題に集中する。一面から見れば神の存在はその証明の可能に依頼されることになる。これは一見奇異に見える、しかしこれが神に対する人類の最も普通な態度である。

時として彼らはその存在の証明に向かって精細な断定をさえ下す、しかしかかることが証明し得たと仮定してもその結果はどうであるか。彼らは証明し得たゆえに神を信仰すると言うだろうか、それならそれは条件付き信仰と呼ぶことができよう。証明の可能を条件として現れる信仰だからである。諸君はかかる信仰のみが絶対信仰であると思惟するだろうか、事実はこれと正反対である。すべてある条件のもとに立つ事実は相対的である。一方が破れるなら必然他方も破れねばならぬ。いかなる客観的理由が諸君の証明をして条件でないと言わしめるだろう。かかる信仰は相対的信仰たるに過ぎぬ。ただ絶対的事実においてのみ満足せられる宗教は、かかる条件付きの信仰の上に樹立されるわけがない。彼らの態度に従うとしたら証明の不可能は宗教の否定という単純なしかも浅薄な結論に終わってくる。証明できなければさらにまたその証明を理解し得ないならわれわれは信仰を放棄するまでである。しかしこれが果たして信仰の面目であろうか。神の存在は立証の有無にかかるのであろうか。甚だ哀れな事実がここに起こってくる。仮に諸君が精密な立論の許に現今われわれに満足し得る証明を為し得たとする。しかしこの事実すらも不幸な運命に終わることは必然である。事実によればわれわれの理知はなお発展の階梯《かいてい》にあるではないか。おそらくわれわれはなお持つべき多くの真理をまだ開かずにいる。知性に訴えて証明の確立に努力するとしても、それは何ら絶対不変の信仰を産むものではあるまい、さらに理知が発達して前の証明の不足を知るに至れば、在来の信仰は夢のように過ぎねばならぬ。これは余の想像ではない、しばしば歴史が嘗《な》めた悲惨な傷であった。それは事実である。例えば科学が急速の発展を遂げた十九世紀には著しい信仰の動揺があった、すべてが実験によって提供され世界がいっそう物質的に批判されたとき、多くの伝習的信仰は打破せられたではないか。彼らは新しく得た理知をもって証明し得ない幾つかの問題に逢着した。彼らの問うところは依然として「神は存在するだろうか」という疑問の反覆であった。

しかし神の信仰はかかる問いをもって始まりその答えによって定まるものであろうか。神は存在を証明の可能不可能に託しているだろうか。それは甚だ危険である、なぜならわれわれは実際証明できないかもしれないからである。かかる不可能が可能でないことをどうして保し得よう。諸君古来何人が神の存在に不変的証明を与えた者があろう。もしかの聖アウグスティヌス以降中世の熱心な宗教哲学者の立論、もしくはかのデカルトの有名な神の存在に関する新証明が十全な立証であるならば、われわれはそのままにそれを信ずればよいではないか。もしすでに証明し得ているなら、われわれの義務はその証明の繰り返しにとどまればよいわけである。そうすれば神はすでに存在することになるからである。しかし人類が今なお神の存在を想い煩うのは何がためであろうか、未だこの世には万民不変の共有なしかも永遠な証明がないからである。誰が果たして十全不二の証明を与え得るであろう。多くの人が信仰を得ていないのも訝《いぶか》るに足らない。彼らの不信仰は哀れにも証明が未だできていないからである。

しかし不幸な結果はこれのみではない。仮に何人かが理性を満足させるほどの証明をなし得たとしたならその結果、果たして信仰は湧きあふれるだろうか。ここに最も都合の悪い一事が絶えずわれわれに付きまとっている。それはほかでもない。各人その個性テンペラメントを異にするという動かし難い一事実である。その容貌の異質とともにわれわれの感情、または理知すらもその色彩は異なっている。他人は証明し得たと言ってもわれわれには不足である場合がある。他人の信仰がどうしてわれわれの信仰になろう。よしその信仰を条理的であると想像しても精細に同一に理解し得ぬときもあろう。他人の理解はただちにわれわれの理解とはならぬ。われわれは全然みずから「神は実際存在するのであるか」と自己の理知に訴えねばならぬ。他人の証明はわれわれにとって何ら絶対の力を持つものではあるまい。しょせんは各々この難関を切りぬけねばならぬ。必然証明は多岐多様となるではないか。唯一不二の証拠とはただ人類の妄夢であろう。諸君がその信仰を存在の証明の上におこうとする限り、かかる障害は踵《くびす》をついで亡霊のように諸君を追うであろう。

ここに問題を複雑にすることがさらにひとつある。これは互いの個性気質の相違から来るのではない。今度は知識そのものの性質に起因する障害である。知識は必ず二種の対立的内容を包含する。それは何であろうか、定律、不定律という論理に現れる互いに矛盾した二項である。論理的断案が一種なら事は容易である。しかし断案にはいつも「然」「否」という肯定否定の二面がある。「有る」という断案はただ「無い」という反律に対してのみ意味がある。肯定とはいつも否定の対立としての肯定である。純粋に反律ということなくして正律は存在しない。裏のない表ということがそれ自身背理であるように「然」は「否」なくしては有り得ぬ「然」である。肯定は畢竟否定の否定である。「有」と「無」とのあいだには相対的関係がある。この二面的事実は単に理論上然るのみではない。人文史上に絶えず相反の二潮流を起こしたのもこの事実に源を発している。ひとつの真理を肯定する者があれば、われわれはほとんど安全にそれを否定する者の出ることを予想していい。一定不二の思想というようなものは永続し難い。人はこの二つの潮流のいずれかに加わっている。論争は避け難いその結果に過ぎぬ。理知を尊ぶ唯理論があれば必ずこれに反して直観を愛する経験論が起こってくる。唯心論といえば唯物論をただちに連想するくらいである。天国に対して地獄を恐れ、善に対して悪を思い、美の傍に醜を避けようとする。正を慕う者は必ず他方の邪を棄てねばならぬ。この対立はいつも不可分離である。「神はある」とある者が証明したとき、「有」の対峙として「無」という反論がすでに予想されるではないか。したがってかかる「有」は相対的な「有」ではないか。諸君が神の存在を証明したとするとき、その証明こそは「不証明」ということとの対峙に過ぎないではないか。求めて得たその解答は何らそれ自身絶対な断案ではあるまい。われわれは反対名辞をすら許さぬいっさいの相対性を絶した神をこそ求めるのではないか。諸君の努力は諸君を欺くとも、霊の救いにはなるまい。「神は存在するか」という第一質問はむしろ徒労である。「神は存在する」というその解答も不満である。「神は存在せぬ」という否定も浅薄である。

証明し得ると否とにかかわらず諸君の努力に対する酬《むく》いは貧しい。それは態度の誤謬《ごびゅう》から起こる悲劇である。諸君の願望は甚だ不当であり、その信仰は条件付きであり、その証明は相対的である。さらに優秀な内容に対しては、たやすく瓦解する貧寒な思想に過ぎぬ。諸君は「神がいるなら信仰する」というような幼稚な下級な態度を一刻も早く放棄せねばならぬ。

しかもかかる万難を排して諸君が神の存在に関する知識を得たとしてみよう。しかしそれでも満足は得られまい。不幸にも諸君が得たのは神に関する知識であって神そのものではない。これは実際余自身が親しく嘗めた苦悶であった。この事実はわれわれをほとんど失望の淵に陥らしめるではないか。神は果たして不可解であろうか、余はそうは思わぬ。

まず収穫を急ぐ前にわれわれは土塊に鋤《すき》を加えねばならぬ。余は諸君の態度を解剖し開拓しつつ漸次に諸君と収穫の悦びをともにしたいと思う。

諸君の目下の要求は神が存在するか否かを知ろうとするのである。それならまず諸君の理知詳しくいえば論理的知識は果たして神を知る能力があるか。また知り得るならいかなる点まで知り得るのであるか、まずこれを究めねばならぬ。さて問題は吾人の知力は無限の可能性を有するか、すなわちそれは絶対者としての神を知り得る力を有するか、もしそれに限界があるならば奈辺に存するのであるか、哲学上かかる知識的認識の可能性及び性質を研究する部門を認識論と呼ぶのである、さて余のとるべき道は今諸君の立脚地を認識論的に批判することにある。

二

すべて知識と名づくべきほどのものは、それが必然的且《か》つ普遍的真理たるためには論理的正確性を保有せねばならぬ。非論理的でありまた無論理的である知識はわれわれの信頼すべき真理とはならぬ。諸君が神の存在に関して十全な証明を得ようとするなら、われわれはまずその知識から論理的正確性を要求せねばならぬ。ただ一個人にのみまたはただ一条件のもとにのみ意味を保つ知識であるなら、さらにまたそれが何らの法則秩序を踏まない知識であるなら、それは万民の共有財産たる価もなくまた万年の真理たる力もない。すべて論理の閾《いき》を下る知識は躊躇なく切り棄てねばならぬ。さて余がこれから取り扱おうとする問題は諸君が仮に得たとする論理的知識の内容に関する批判である。もし諸君が神の存在の証明を十全な論理的根拠に依託したならば、それからわれわれが何を導き得るかを考えねばならぬ。諸君の抱負は必ずやそれによって神の存在を確立し示現せしめようとするのであろう。諸君は誇りをもってその論理的内容を指示して、神の実在が動かすべからざる事実であることを喧伝するであろう。しかし余の観察は諸君の主張よりもいっそう緻密であることを要求する。問題は論理的知識の性質についてである。言い換えればいかなる点まで論理的知識は実在を知り得るかという一点である。果たしてその力は神を示現し得るほど無辺であるか。しからずばその限界は如何。しょせん論理的知識の可能性に関する問題が起こってくる。今われわれが哲学的に興味ある問題は、知識が論理的であるか否かということよりも、論理性そのものの内容である。諸君が神の存在を論理的知識に依拠させようとする限り、われわれはまず知識そのものの内容性質に関して知るところがあらねばならぬ。一言で問うなら諸君の知識は果たして神そのものを知り得る力があるかということに帰着する。われわれはまずこの問題に肉薄せねばならぬ。なぜならこの認識の問題はすべての学の出発だからである。問題は微妙である、しかし専門的難渋に染まることなく、容易に諸君の理解を招こうと思う。理論はいつも乾燥に響くがそれも熱情を充たす一途と知らねばならぬ。

およそ真理への道は二つある。真理を対象としてこれを外部から観察しようとするのはその一途である。これは間接知とも言い得よう。すべての概念はこの知識を代表する。しかし知識はこれに尽きるのではない、知識が直接真理そのものの体認である場合がある、これは真理そのものの内面に入る謂《いい》である。この一途は前者に対して直接知と名づけ得よう。例えば直観的事実はこの知識の紛うことない表明である。ある者は一方を記述的知識 Knowledge of Description と言い他方を体得的知識 Knowledge of Acquaintance と呼んでいる。普通知識といえば前者を指すのであって、後者はこれに対して味識とも言い得よう。この真理への二途はしたがってわれわれの態度に二様の著しき色調を染めている。一方は純粋に理知の法則を踏んで実在に至ろうとするのである、理性を信頼する者が概念の道を辿って巡礼の旅を続けるのは自然である。

哲学史上合理論 Rationalism 特に唯理論 Intellectualism と名づけられるものはこのテンペラメン

トを代表する著しい思想潮流である。彼らは理論的である。理知に対する絶対信頼とそれによる理論の正確が彼らの抱負であり、ひいては彼らが信じる不変の獲得である。彼らはその動かし難い証明によって、実在を指摘するのに憚《はばか》らない。すべて理論の正確なく、いわば合理を欠くいっさいの断案は彼らが厭い嫌う知識である、彼らはまず知ろうとする要求にかられている。次にはその十全な知をもって実在を捕えようと志している。もとよりその道の可能であることを彼らは疑っていない。

実際この一途はただに哲学の専有のみではない。むしろ広く一般の事項に対して好んで適応される方法である。特にそれが何らかの依頼に関する場合には人々はいつもその経路を要求する。理に合えるか否かは信頼の有無に関わってくる。今われわれが論じる神の存在についても諸君がとる態度は合理法である。まず要するものはその存在に対する合理的証明である。信仰はその解答による結果に過ぎない。諸君は多くの場合実証論者（Positivist）に近い、その信仰の基礎をでき得べくんば、科学的実証の上におこうとするからである。かかる実証は諸君がもって最も合理的とみなす知識だからである。よし科学に傾かずとも理知を愛することにおいてこれはもとより合理論者または唯理論者が好んで選ぶ真理への一途である。

しかし知識は理知の支配にのみあるのではない。また理論をのみその正確な出発とするのでもない。知識が鮮やかな事実を基礎として成立する場合がある。これは飛躍的でありいっそう直観的である。この場合われわれは実在を前に取り扱うのでなくして実在を内に味わうのである。知識は対象に関する知識ではなくして対象を絶した第一者の知識である。実在の知識ではなくしてすでに実在の体得である。われわれは岸に立って流れを見る行人ではない、流れに掉《さお》さす舟人である。

しかし諸君の態度は一途ではない。少なくとも諸君の信仰は神の存在の証明の後に来るのであるから直接的直観的理解ではない。いっそう理知的である所以《ゆえん》は諸君が信仰に先立ってまず神の存在について知りまたそれを論理的秩序のもとに証明しようと企てているからである。しかもこの企ての成功において、はじめて諸君は神を信じるという態度をとっている。もしこの理論的知識が人間の最後の知であり、且つその機能が究竟的であるなら、諸君の態度は唯一道であり、したがってこれに挟むべき疑問の余地を見ない。しかしこの点が今余の批評の標的である。われわれはわれわれの論理的知識を全然信頼する前に、まずその内容機能分域について考察するところがなければならぬ。余は今簡明にこの問題を解脱しようと思う。

論理的知識または記述的知識とは何事かに関する知識である。この関係を離れてはもとよりかかる知識は不可能である。なぜなら対象のない知識というがごときはそれ自身背理である。したがって論理的知識は必ず何らかの論ぜられるべき対象の存在を予想する。約言すればかかる知識は対象の是認においてのみ可能である。対象の絶無はひいて知識成立の不可能を内意する。

如上《じょじょう》の要件からわれわれが容易に演繹し得るひとつの事実がこの対象的知識の性質として付きまとっている。すなわちかかる知識の成立は二個の世界、すなわち立論する主体と論議される客体との存在である。われわれは何事かに関して立論するのである、この「関して」という関係はただちに主客の対立を指示している。したがってわれわれは対象に関して得たわれわれの知識と、対象そのものとを同一視すべきではない。論理的内容は永遠に関係の世界にとどまるのであって、第一者としての対象そのものの内容ではない。単に記述的間接的知識であって、対象自体を表現する体得的知識ではない。論理的知識と実在とのあいだには渡り得ない間隔がある。われわれはこの事実を理解することによって、かかる知識が相対的知識であることに気づくのである。何事かに関する知識であるゆえに対立的であって、何ら絶対的知識を表示するものではない。知識はこの場合遂に相対域を越えない二元的関係にある。われわれの知識と実在そのものとは同一物ではなく、すでに一元を離れて二元界に遷っている。論理的判断の可能はかくて相対界にとどまっている。

右の反省によって理解し得るように、知識はかかる場合実在そのものの内面的味識ではなく、それを抽象しきった外面的知識である。

われわれが要するものは絶対者としての神である。しかもそれに対する信仰はただちに絶対者の第一者的把握であらねばならぬ。絶対者をすでに相対的知識において理解するならば、それはすでに第二義の神である。その理解もまた第二義の複写に過ぎぬ。われわれは神を神そのものとして体認せねばならぬ。神に関する間接知はわれわれの要求の糧たるにしてはあまりに貧しい。われわれの切に欲するところは神を第一者として体認するにある。言い換えれば神と我との対立的関係を絶せねばならぬ。真の神はわれわれの対象たるべきものではない。直下の経験というがごとき具象的事実はすでに対象に関する知ではない。第一者としての味識であるゆえに、それは対立的関係においてのみ可能である論理的知識の圏内に入ることはできぬ。もし知識がそれを取り扱うなら、それはすでに直下の経験からは遠く離れて、その表象を対象としているのである。物自体の知識とは内面的理解を指すのであるから対象知識とは区分されねばならぬ。論理的知識はものの「前」にあるのであって「内」にあるのではない。内よりの理解とはものそれ自体との合一によってはじめて体得せられるのであって、外面よりの考察はただわれわれに対象に関する知識を与えるに過ぎぬ。批判はすでに後のことに属する。真の味識には批判もまた言葉すらも表れぬであろう。花を見て美わしいと感じるその直下の経験時には「美わし」という批判すら起こっていない、花はわれわれの前にあるのでなくして心の内に活きているのである。花と我とには何らの間隔もない。両者は未分の境地にあってただ美の流れに流れつつあるのである。「美わしい」というのはすでに花を前においての考察である。美感の刹那こそ活き活きした直接知である。かかる感激の瞬時と反省的考察とは区画されねばならぬ。前者は味識であり、後者は記識である。

すべてかかる記述的知識の起源は対象から自己を分離させることに基づいている。ものに自己を対立せしめて起こる知識である。両者が渾一体に流動する未分の境地はここに分割され二分されるのである。自己の分離は知識を産む、しかし実在を現し得ない。個性は真理の批判を産む、しかし個性と外囲との渾一においてのみ真理の体現がある。諸君の論理的知識こそは実際精密な神の存在に関する批判を産むであろう、しかしそれは批判であって神そのものの体得とはならぬ。諸君がもし神そのものを内に抱こうとするならば、諸君の理知的努力はいつか諸君を欺くであろう。それは神に関する合理的知識であるとしても、神そのものの内面的理解ではあるまい。かかる知識は外面的であり、対象を前に許しての知識である。畢竟相対二元の関係においてのみ可能なるにとどまっている。得るものは間接知であって直接知ではない。第二知識であって第一知識ではない。いかにしてかかる相対的知識が絶対者としての神を理解し得よう。

三

われわれは論理的知識の価値を云為《うんい》する前に、まずその性質について明断な知識を持たねばならぬ。真理を論理的体系の上に築く者が、いつも誇りとするところはその正確性である。論理的知識の正確とは思惟に潜む一定の自然法の運行によって獲得される。正当な知的判断及びその内容によってわれわれはその知識を論理的とみなすのである。したがって論理的とは一定不変の形式のもとに成立する知識を言うのである。われわれの思惟もまたかの万象の生命と同じように一定の自然法を踏んでいる。古くアリストテレスによって闡明《せんめい》されたこの論理的判断の根拠は次の三法則に基づいている。

第一は自同律 Law of Identity.‘A is A.’である。思惟の運行に際してその名辞に内容上の動揺を付加するならば、われわれは一定の結論に達することはできぬ。物はそれみずからと同一であらねばならぬ。人はつねに人である約束のもとにのみ人に関する立論は行われるのである。第二は矛盾律 Law of Contradiction.‘A is not not-A.’である。ある物を肯定するならばそれを同一事情のもとにおいて否定することを許さぬ。人間が動物であるならばそれは同時に植物たることはできぬ。いったん肯定された事実を同一状態のもとにさらに否定することはすでに背理である。もしこれらを認許するならば断案は到底矛盾錯誤の圏内を脱することはできぬ。第三の法則はいわゆる排中律 Law of Excluded Middle.‘A or not-A.’であって、ある者を肯定するか然らざれば否定するかの二者いずれかであって、そのいずれにも属さない第三位の間容を許さぬ意である。例えば河は流れるか流れないかいずれかであって両者をともに肯定しもしくはともに否定することはできぬ。すなわち中間位の状態を許さぬ謂である。「然」に非ずば必ず「否」であり、「是」であるか「彼」であるか必ずそのひとつである。

如上の三法則すなわち自同律、矛盾律、排中律は思惟の根本的三原則であって、対象の如何を問わず推論の根底とならねばならぬ。もとよりわれわれの知識が論理的正確性を保有しようとする限り厳密にこれらの法則は履行されねばならぬ。余は今この簡単な序説を過ぎてさらに当面の問題に入ろうと思う。余が先に明らかにしようと努めたことは論理的知識の可能性が間接知を脱し得ないことであった。ゆえにすでに余が問うところは諸君の神に関する知識が論理的であるか否かということではない、非論理的であることにもとよりわれわれの満足があるはずがない。しかし論理的たることにも余は満足し得なかったのである。余はさらにこの意味を明らかにするために論理の法則を閲《けみ》して、論理性そのものの性質を分明にしようと思う。余が神の問題に対して諸君の内心に要求するものはもとより矛盾の所説ではない。しかし同時にその論理的整頓でもない。諸君からさらにいっそう深い神の直接知を要求するために、論理そのものの価値をまず批判しようとするのである。余が神の存在に関する論理的証明を信頼し得ないのは、実に論理そのものの性質に起因する。

もしこれら三法則から導き得る結果について多少の思慮を与えるならば、われわれは論理的知識の限界についてなお明瞭な概念を捕えることができる。これらの三律が明らかに示すように論理的思惟は必ず二個の対立し矛盾する事実の存在を予想する。すなわち甲が甲であるためには、それが同時に非甲であってはならぬ。また甲は甲であるかあるいは非甲であるかそのいずれかである。この場合甲はいつも非甲に対しての甲である。甲と非甲とは二者相対し矛盾し一致することを許さぬ。ゆえに論理的真はいつも偽に対しての真である。われわれは論理の圏内においては裏面を考えることなくして表面を考えることはできぬ。一方の是認はこれに対当する他方の否定においてのみ可能である。われわれはここに二個の対立界を持つのみならず、それが互いに矛盾界であることをも知るのである。しかも一判断を得ようとするわれわれは真理の名のもとに一方の確立のためにはこれに矛盾する他方を破棄せねばならぬ。矛盾律が示すように「然」は同時に「否」たることはできぬ。排中律が示すように答えは「然」であるか、「否」であるか必ずそのいずれかである。また自同律が示すように「然」は「然」であり「否」はいつも「否」である。約言すれば「然」は永遠に「然」であって「否」は不変に「否」である。両者を同時に肯定しもしくは否定することはできぬ。これらは互いに矛盾し一致せぬ判断であってわれわれは必ずそのいずれかを選択せねばならぬ。論理は畢竟真偽の取捨に対する律法にほかならぬ。

さて諸君が今これらの律法を遵奉して、神に関する正確な論理的断案を得たと仮定したい。もとよりそれが神の存在に関する肯定的解答であってもまた否定的決議であってもいずれでもい い。余の目途とするところはその断案の論理的内容にあるよりも、諸君が信頼しきった論理的過程そのものにあるのである。諸君は神を知ろうとするに当たってまず知識の論理性を要求しそこに根拠をおこうと企てている。しかし余はこの根拠について二三の反省を諸君に要求したい。果たしてその根拠は一身の信仰を依頼するほど安定な基礎を保有するものであろうか、もし然らずば諸君は全然別種の永遠な根底を求めねばなるまい。問題が問題である、われわれは至上の神についてて確固とした信仰を捕えようと欲しているのである。皮浅な根底からわれわれは一日も早く脱せねばならぬ。

今述べたように論理的判断はその成立に際して甲乙二個の対比を予想する。いわゆる定律Thesis 不定律 Anti-thesis の対比によってわれわれは是否の判断に進むのである。われわれは真を確立すると同時にそれが偽の対立であることを知らねばならぬ。悪に対しての善であり醜に対しての美である論理的法則が、つねに相対律を与件とすることは明晰な事実である。「然」は自律としての絶対的「然」ではない、「否」に対比しての相対的「然」である。一方の肯定は他方の否定によって決定せらるるのである。独立自全の真というがごときは論理の圏内で取り扱い得ない真である。論理の世界は二面的である。われわれは偽を心に画くことなくして真を思惟することはできぬ。この無限な二面の羅列が事象の無限なるとともに始終し、論理の運行とともに追随する。「然」「否」はこの論理的二元性を象徴する代表語である。論理がわれわれに与えるものは実に是か彼かである。右か然らずば左である。

論理がわれわれの眼前に表示するものはこの相対立した二個の異なる世界である。しかもこの二面の指摘に論理の使命が終わるのではない。さらにそのいずれかの選択によって結果を与えるのである。二個の世界とは論理上の意味においては矛盾する世界との謂である。甲と非甲とは一致し得ない矛盾であって、論理はそのあいだに画然とした区別を立てている。これらの調和はむしろ論理的思惟の運行停止であって、それはすでに知識の構成的要素たり得ないのである。甲は永遠に同一の甲であらねばならぬ。その自由な変換は甲の破壊である。したがって甲の意義を保有しようとする限り、われわれはこれに反するいっさいの矛盾性を駆逐せねばならぬ。必然甲の前にはあらゆる乙（非甲）を排斥する。われわれは論理においてひとつには対立し矛盾する二個の世界を予想するとともに、ひとつにはその一方の否定によってのみ他方の確立を得るのである。対立し矛盾する二者が同時に肯定されもしくは否定されることは論理上の不可能事である。われわれは「然」を得るに際して必ず「否」を棄てねばならぬ。論理は徹底的に矛盾の並在を排斥する。実際この論理上の要求に基づいてわれわれは画然とした判断を下すことに躊躇しないでいる。多くの宗教家が楽園浄土の前に地獄を恐れたのはこれゆえであった。またかの道徳家が善を愛するために悪を忌み嫌ったのはこのためであった。精神の王国を慕った人々が肉体を矯《た》め苦しめたのも、二個の矛盾する世界を並存せしめ得ない彼らの論理的要求によるのである。世界は二面的である、そうしてその一方の真を確立するために他方の偽を切断せねばならぬのが論理的人類の仕事であった。

ゆえに論理の世界は二面的であり、その判断は一面的である。二面的であるというのは「然」はその対比としてこれに矛盾する「否」の概念を呼び起こすからである。判断が一面的であるというのは「然」を肯定するためには必ず他方の「否」を排斥するからである。畢竟論理は「然」「否」の対比に起こり、そのいずれかの排斥に終わるのである。如上の事実からわれわれは明らかに二つからなる結論に到着する。すなわち第一は論理の世界は対立的世界であって、自律絶対の世界ではないという事実である。もしもその世界がはじめから一元絶対であるならば、対比によって可能である論理の成立は最初から不可能である。なぜなら絶対とはいっさいの対比を絶した謂だからである。神を絶対者とみなすならば、何の権威をもってその絶対な神を論理的対象となし得るであろう。もしこれを許すなら迷誤はすでにその出発にある。われわれはすでに絶対者としての神を忘れて、神を相対域において取り扱っているのである。しかし誤謬はこれのみに限るのではない。第二に論理的判断は対立する二者から真を得るために必ずいずれかを選択せねばならぬ。論理が与えるものは是であるか彼であるかである。両者をともに肯定しもしくは否定することは論理的法則の許し得ない罪過である。しょせんは一方の排斥である。矛盾の調和というがごときは論理の関わり得ない領域である。論理的真の世界は一面に極限された世界である。その色彩はつねに単色に終わっている。

　しかしもしここに矛盾をもともに摂受包含する一事実があったならば、論理はいかなる態度をこれに加えるであろう。法則に従うその結果は、単に論理の沈黙ということに終わるではないか。実際かかることがないことをどうして保し得よう。絶対なるものに真偽の別はないであろう。「夫《レ》道《ハ》未《ダ》三始《ヨリ》有《ラ》二是非一也」と荘子は言っている。しかし論理が裁断するものは真か偽かである、善か悪かである。しかし「善悪の彼岸」を仰望する者にとってこれらの解答は不満足ではないか。「是非之彰也、道之所二以虧一也」と言った荘子の言葉は深遠である。論理はいつまで煩雑な選択を営もうとするのであろうか。すでに取捨をすら許さぬ絶対事に対してわれわれは何の権利を頼りに論理の刃を加えようとするのであろう。実際対立を与件とする論理は統一者に対して無力を表白するに過ぎないではないか。よしその絶対事を対象としてこれを論理的秩序においたとしても、それは絶対本来の統一的面目を支持することはできまい。示し得るものはその分析的結果である。論理は矛盾を排斥する、しかし矛盾がかえって真理の面目である場合には、論理は再び沈黙せねばなるまい。かかる場合は単にわれわれの妄想ではない。多くの神秘家が彼らの最も深い経験を伝えた言葉はむしろ論理的矛盾の言葉であった。多少禅に親しむ者は、かかる矛盾の驚くべき場合がしかも夥しく呈出されているのを知るであろう。人々はそれらを単に論理的誤謬として棄て去るであろうか。しかし論理を絶したある境地を認め得る者には矛盾の言葉も尽きない霊の光に輝くであろう。

諸君が欲するものは絶対者としての神であろう。然るに諸君が探索しつつあるものは論理的神である。しかし「神は存在する」という諸君の勝ち誇る断案も、また「神は存在せぬ」という否定的詠嘆もともに「存在せぬ」「存在する」ということの対立語に過ぎない。これは単に反面の状態を認許した上の条件的対当的信仰である。われわれが欲するものは神の「絶対的有」であって、無の否定として相対的有ではない。論理判断は何を諸君に酬いるであろう。それは多大の努力の結果であるにしても、その知識にはいっさいの矛盾をすら抱擁する洋々とした面目はない。それは単に「否」の否定としての「然」を与えるのみであって、その「然」の声には絶対の響きがない。われわれが欲するものはあらゆる相対性を絶した絶対的神である。われわれが信仰に価する真の神の存在は単に「存在せぬ」ことの否定としての「存在」ではない。自律自全の神の存在である。絶対的存在である。論理が証明し得るものは相対的存在に過ぎぬ。

四

論理的知識がよし正確な規定を厳守したとしても、遂に神そのものの知識たり得ないというのは、それが何ら直接知すなわち絶対知を意味しないからである。換言すればかかる論理的知識は単に神の複写知たる範囲を出ない。それは畢竟神の知ではなく、神に関する知である。もしわれわれがいっそう明らかにその性質を研《きわ》めるなら、それがいかばかり実在の真景から離れているかを知り得よう。われわれは論理的知識の限界をさらに明瞭にするためにここにその性質ともみなすべき三つの大きな特色を挙げねばならぬ。第一かかる知識は分析的である、次には抽象的である、第三には静的である。もし神が綜合であり具像であり且つ動的であるならばこれらの性質が神そのものの内容を示すにしては甚だしく欠如することがあるのを知らねばならぬ。

論理的判断は与えられた資料を前においてこれを分析し比較し、一定の正当な形式の許に整頓して一個の秩序ある観念に導くのである。しかしかかる知識は畢竟資料を対象としてこれを外面より観察し研鑽してはじめて得る知識の構成に過ぎぬ。これをただちに実在の正当な知識とみなすのは、われわれの企図の超過である。分析の総和は単に単位の器械的結合ということであって、何ら具体的綜合を意味するものではない。立論に一定の秩序配列を加えるのであるからまた一種の綜合知であるとみなすかもしれぬが、かかる論理的知識の綜合は分析されたものの器械的結合というまでであって、有機的という意ではない。かかる知識はわれわれに単位要素を明らかにし且つ相互の関係を示し得るではあろうが、それは統体の分割化及びこれらの再度の結合に過ぎないのであって、その具象的面目ではない。実在を分析し反省の助力によって再び原形を築造しようとするこの論理的理解は遂に複写に過ぎぬ。これを譬えれば花ではなく造花である。花弁と枝葉とまたは蕊《しべ》と幹との部分的資料の結合によってはじめて得る造花である。分析の結果による各単位またはそれらの相互関係はこれによって分明であろうが、造花は遂に造花である。あるいは一個の建築美はこれに伴うであろうがいかにしても花そのものたることはできぬ。彼らがわれわれに与えるものは単位の結合であって有機的綜合ではない。それは機械的総和であって活きた統体ではない。論理的理解は数理的理解とみなすこともできよう。諸君が高価な論理によって購《あがな》い得たものはかかる造花である。それも美わしくはあろう。しかし心ある花に比べては、死の冷たさを感ぜねばならぬ。

次にかかる理知の働きが概念的であることも否定できまい。われわれは個々の事実をあるがままに経験し内感するのではない。事実を対象としてこれを分析し比較し、それから導ききった一般的性質を取り扱うのである。経験の活きた姿ではなくそれを概念化した形である。実にわれわれは概念することなしに比較判断を行うことはできぬ。概念はそれ自身抽象性をおびている。抽象はここに具象の対辞であるが、必然論理的知識が抽象的概念であることによって、具象的有機的事実そのものの真景とは遠く離れねばならぬ。いわんやかかる対立を絶した絶対者としての神そのものが、論理的理解の容喙《ようかい》を許さぬことは自然の数に過ぎぬ。ゆえに論理的知識がわれわれの唯一の正当な知識であるならば、われわれが最後に購い得るものは神の分析的抽象的概念であって、決して至上の絶対者彼自身ではない（カントが認識論の限界を現象界に限ったのもこれゆえであろう。彼が実在そのものの認識は不可能であると言った意見には満足し得ないが、彼のように認識機能を悟性の概念的範疇に限るなら、その結論は不自然ではない）。実に諸君は何の要求にかられて神を体験する前にその存在に論理的証明を与えようとするのであろうか。諸君が易からぬ努力によって把《とら》え得た概念の報酬が、ただちに具像の神そのものであると夢みるのであろうか。諸君の前に立つ影像は神を語るに足りる結構の大と美とを持つことはあろう、しかしそれは遂に冷やかな黄銅に刻まれた神像である。彼は黙して語らいもせぬ、口は親しく開かず足は歩みを許すまい。われわれが真に欲するものは神である、神の複写ではない。満足するに足りるものは実有であろう、仮想ではあるまい。概念にはそれ自身の美も用もあろう。しかし概念にとどまるわれわれの心は醜であり破滅である。われわれはこの概念にさらに高い何者かに高揚する意志を投ぜねばならぬ。概念をして概念に死なしめるのはわれわれ自身の罪過である。

しかし局限せられた論理的知識の性質はなおこれにとどまるのではない。概念的判断の主要性ともみなすべきものはその静止性である。具体的事実の動的活作を部分に切断しこれを静止的状態に還元せしめるのがかかる知識の働きである。実際静止せしめずしては何事をもなし得ないのである。もし真に動き生長し活きる統体それ自身に移るならば、われわれはすでに観察批判等もろもろの知識作用を離れ、第一者として事実そのものの内面に入っているのである。われわれはすでに立論すべき対象を失し比較すべき部分を持たないのである。ゆえに知識成立の必然な内意としてわれわれは事実を動性から静止へと導き、これを分割し比較しはじめて一個の観察判断を成し遂げ得るのである。前にも言ったように真の花は活き育ち栄えるが造花は永遠に静かである。それは弁と葉と幹との部分的結合であって、そのあいだに有機的関係はない。われわれの論理的知識もそうである。神の存在に関するいわゆる証明もまたこの定限を破り得ない。諸君が得るものは静止的神であって活体としての神ではない。真の実在は純に動的である。それに関するわれわれの反省的知識はただ分析的静止的たるに過ぎぬ。このことに関するベルクソンの考えは甚だ徹底的である。「真に活動する変化的活動は絶対的に不可分離である」と言ったが、これをあえて静的状態に還元し、それを部分に分離し比較したのがわれわれの持つ神に関する知識である。しかしこの場合有機的連続はすでに遮断されて新たに部分の結合からなる概念が起こるのである。ゆえに論理の世界は静止の世界であって、動律としての実在界なるものを表明することはできぬ（ヘーゲルが彼の弁証法で論理の前進を讃えたが、それは論理的概念そのものが動的という意ではない。判断を行う意識の統一作用の前進と解さねばならぬ。彼のいわゆる綜合は単純な論理的意味ではない）。

しかし論理もまた一種の要求であるから、われわれはその価値について盲目たるべきではない。しかし同時にその分野に関しても明晰である必要がある。われわれは今その限界について語っているのである。しかし人はその論理の内容のいかなるものかを詳らかにする前に、それが受けるに足りるよりも至大な信任をそれに与えている。諸君の多くは信仰の基礎をすら論理的知識の上におこうと企てている。しかも証明に対する諸君の要求はただにこれにとどまるのではない。立証が単に論理的であるばかりではなく、さらにそれに科学的根拠を与えようとするのが新たな要求である。一般科学の発達に促されたこの要求が果たしてどこまで効果を収め得るであろうか、等しく分析と比較とに基づく観察と実験とによって、一般的抽象的概念の世界を構成する科学が、ただかかる純粋科学にとどまるならその企ても失敗に終わるであろう。科学の限界の破壊によって思想超過の重荷に苦しまねばならぬからである。神の存在が「証明」というがごときものに依拠するとはあまりに貧弱ではないか。信仰に足りる神とは純粋に自律神であらねばならぬ。「神は実にその存在を証明し得ない」という場合においてもなお存在する神であらねばならぬ。われわれの論理的科学的証明に依拠するがごとき神であるなら、「証明し得た」という場合にもなお信ずるに足らぬ神である。諸君が理知によって求める神は神たり得ない神である。

今まで言ったことで明らかなように論理的知識は活きた事実を静止状態に還元してこれを分割し対照して得たのであるから、事実の内面的体験もしくは実相の把捉を意味するのではない。したがって何らその価値内容に触れることなくただ外郭を画いて事実に符合するように形式化したものに過ぎぬ。活きた生命ある生物に対して生物学生理学が示すところは、その解剖的分析と部分の相互関係の機械的説明とである。それは生命の意義価値という第一義の問題に対する解答ではない。単に外相の記述、原形の複写再現である。しかもその活動を一定の形式のもとに表明しようとする要求から、立論は思惟の法則により、内容は自然法の範疇に正すのである。しかもわわれわれはそれを表明するために表現法として言語の符牒に拠らねばならぬ。われわれの知識はここに二重の複写によって伝えられる。人は日常のこととして甚だ冷やかであるが、この言語の問題は一般の予想よりもわれわれの思索の上に重要な関係を占めている。

言語はわれわれの有する思想の象徴的記号である。この記号の媒介なくしては知識の表明は不完了である。われわれは何事かに関して知識を持つのみならずまたそれを語らねばならぬ。知識はその構成においてまず論理の制約を受け次にその表明において言語の約束を受ける。われわれはここに再度の複写を思想に加えるのである。これが論理的知識の内容をいっそうに錯雑にする。具象的経験は純一であるが、これを表明する言葉は複雑である。古来議論といえばほとんど言葉の意味に対する議論ではないか。便宜のために設けられた言語が、われわれの思想に錯雑と遅滞とを与えて、永い争闘の歴史を今なお続けるに至ったことは著しい事実である。思惟反省は覚醒の第一歩ではあるが同時に実在からの第一の隔絶である。言語表現は第二の発展であるが同時に再度の追放である。自由たるべき内心の事実は、その論理的知識において定限を受け、言語の表明においてさらに束縛を与えられる。

論理的知識は反省に反省を加えた知識である。いわんやその表明である言語が印象的直接的色調から離れることは必然な数である。冷静な理論は詩歌たり難い。よく二三の語に深い秘密を含めた詩歌の簡勁に対比して、理論的言語が迂遠に響くことは止み難い傾向である。それは遂に反省された思惟の符号であって、内面的直下の知識ではない。言語の末枝に没頭する人間は神から遠く放たれている。言語で言い表し得べきものは単に対辞に過ぎぬ。「白」といえば白ならざるものの対辞である。絶対的白色というがごときものは言語で言い表すべき術はない。言語はそれが表明する字義の内容によってすでに束縛を受けるのであって、絶対自由をそこに見出すことはできぬ。流水はつねに流水であり、緑葉はいつも緑葉である。それ以外に自由な内容を包摂する力はない。「橋は流れて水流れず」というがごとき禅語は字義よりすれば全然矛盾である。しかしかかる矛盾がかえって実在の真面目である場合には字義は遂に沈黙せねばならぬ。禅はみずから「不立文字」と言っている。老子は彼の教えを目して「不言之教」と言った。言語は単に外相を伝え得るに過ぎぬ。荘子も「辯也者有ㇾ不ㇾ見也」と言っている。人は実在の真相を言語に伝えようとするが、その極致に至るごとに筆を擲《なげう》つのである。それは単に相対の力であって絶対事を叙し得ないからである。自然の美を写そうとするとき人は「筆の短きを喞《かこ》つ」のである。「名状し難い」のである。それは「言語を絶する」からである。数万言も神を示現するにしては力あまりに貧弱である。

これは実際日常われわれが経験する事実ではないか。もし実在の内面的知覚すなわち知的直観なる事実があるならばそれは必ずや言語符号の束縛を超越したものと言わねばならぬ。もし形而上学が実在の思想にその帰趣を果たすなら、それはまた言語の範疇を脱した直下の事実に安泰な基礎をおかねばならぬ（カントは形而上学を現象界の学に限ったから、在来の形而上学を学としては否定するに至ったのである。ベルクソンが「真の形而上学は符号を必要とせぬ」と言ったのは深い洞察である。が形而上学の極致は符号を容れぬと言った方がさらに穏当でもあり理解し易くもあろうかと思う）。

実際便宜のために設けた言語符牒のためにかえって便宜を破った実例は甚だ多い。論争は無益にも言語上の出来事であって、よく事実の内意を汲む者は少ない。彼らは字句に拘泥することによって本末を覆している。言語は単に便宜上の約束的方法に過ぎぬ。しかしこの単な符牒手段のために、目的をすら犠牲にした場合は少なくない。甚だしい思想の誤解は、この手段方法をただちに目的と考えて、言葉の表明を事実そのものとみなすことが甚だ多い。「開く花」と言えば人はこの字句以外に何らの内容をももたらし得ないでいる。これを絶対的内容とみなしてそれがただちに事実そのものであると考えている。しかし言葉は単に符号であって花の事実そのものと同一たるのでない。開くというも凋《しお》れるというも花を前においての符牒である。花の内に感じる事実ではない。禅家が蓮花を見て「荷葉」と言ったというが、言語上には矛盾でありながら、事実上にはいっそう鋭い答えと言わねばならぬ。われわれは「花」という言語によって、一定の約束された内容を固守するが、禅家は「花」に対してこの限界を遥かに脱している。彼らが体験するものは花の心である、一定の花ではない、自由の花である。神は神という言葉によって定限された神ではあるまい。いわんや「神は在る」「神は無い」という言葉によっていっそう定限され改縮された神ではあるまい。在るというも無いというもすべて神においては無関係である。真の神は神という名称をすら許さぬ神なのである。この秘事を知りぬいた東洋の偉大な多くの瞑想家が神を「無名」「無住」「無」と言ったのは深い考えと言わねばならぬ。ただ彼らの意を徹すれば希《こいねが》わくば「無」という一字をすら用いたくないのである。多くの神秘家が彼らの至上経験を語るに当たって否定的字句を用いたのにも深い意味を見出さねばならぬ。特に東洋の思想家はこの一事において遙かに鋭い経験がある。しかしいわゆる Via Negativa はすべての神秘家の愛した道であった。しかし彼らの思想を単に否定的という批評をもって難ずるなら、それは批評の貧弱を語るに過ぎぬ。否定は彼らにおいて単純な否定ではない。「おお沈黙よ」とエックハルトは讃えた。沈黙こそは万言にも優る言語である。真の宗教は言語を許さぬ宗教である。禅宗はこの真理に対して特に著しい発達を果たした一派とも目し得よう。

真に神を味わうとするなら、「神」「存在」「非存在」等という言葉を根本的に覆す必要がある。われわれは何らの束縛なく、純に自由な至上者の核と一体とならねばならぬ。理論に束せられず言語に約されず、ありのままな姿を捕えるとき、神ははじめて内に味わわれるのである。

五

余は如上の立論が論理的知識に対する否定的見解というゆえをもって、諸君の容易な反駁《はんばく》を招くかと思う。余が諸君の前に指示するものは遂に神の不合理性ということに過ぎぬと難ずるかもしれぬ。しかしこの非難は余の真意の誤解に基づくのであって、余の見地の罪過に依るのではない。もしかかる疑惑が余の立論につれて想起せられるなら、それはおそらく余の言語の不足に拠るのである。余はこれを補足するために論理に対するわれわれの態度のさまざまを画いて余のとる一途を希わくは示し得たいと思う。

実在または神が論理的内容を超えるというのは、その限界を脱するという意であって決してそれが不合理的であるという謂ではない。不合理なる神がどうしてわれわれに満足を与え得よう。神に絶対性を要求するわれわれがかかる不完成の神を認許し得るはずはない。さて余が言う論理的にも非ずまた不合理にも非ざる神とはすでに矛盾であろうか。少なくとも言葉には矛盾を含むが、事実においては決してかかる撞着《どうちゃく》がない。余は以下にこの意味を解説して、言語上の矛盾をもでき得るなら拭い去らねばならぬ。

論理的性質に関するわれわれの態度にもさまざまな様調がある。まず第一は無論理的 Non-Logical 態度である。諸君は容易にこれが余の選ぶ態度ではないことを知るであろう。知識に何らの構成的連絡もなく、または秩序階段を欠くものがわれわれにとって有意義であるわけがない。少なくともわれわれの知識は狂人の錯誤を正当のものとして受け容れることはできぬ。かかる態度はすでにわれわれが論ずべき圏内にすら入ることはできぬ。余が言う神を解する真の知識が、かかる無論理的性質のものでないことは諸君も容許せらるることと思う。余は論理的限界に満足することはできぬと言ったが、それは何ら無論理的態度を迎合する謂ではない。実際論理的内容にすら達し得ぬものが、論理的性質を卑下することはできぬ。論理性の皆無というがごときは知識そのものの不可能にほかならぬのであって余の論ずる範囲ではない。

しかし諸君は余をして非論理的 Illogical 態度をとるものとみなすだろうか。これも誤っている。非論理的神を余が画くならば、かかる神こそは単に不合理ということの裏書であり、ひいては論理的内容にすら達し得ぬものであろう。論理的性質にすら満足し得なかった余が非論理的内容としての神に満足し得る理由がない。余が目途とするところは知識の完了にこそあれ、その破壊ではない。かかる完了が非論理的意義において成立するとはもとより矛盾である。余は何ら非論理的態度において模糊とした暗夜に神を封じようとするのではない。神の幽玄は不明にあるがゆえではない、明晰をすら超えるからである。非論理的知識は単に不明に基づく思惟の錯誤に過ぎぬ。

さてもとより非論理的内容に満足し得ずしかも且つ論理的限界を離脱しようとする余の思惟要求は、いっそう諸君の理解を混迷に導くかもしれぬ。諸君がおそらく余の立脚地について次に想い起こすことは余の反論理的 Anti-Logical 態度ということであろう。しかし不幸にも諸君のこの判断は何ら余の本旨を捕らえ得たものではない。余の明らかにしようと努めたことは論理性の限界であって、その排斥ではない。その価値を無視しまたは反抗する立場をもって無益な刃をそれに加えるのは余が採る立場ではない。否、余はかえってそれが受けるべき、正当の価値について判断を加えたつもりである。限界の確認は決してそれに対する反目を意味するものではない。反目こそは未だ相対域を脱し得ぬ態度である。絶対を求める者にとって反目の立場が何らの糧をも産まないことは自明である。われわれが欲するものは排斥的否定的態度よりもいっそう能動的積極的立場である。論理的価値内容を否定することによって、論理的内容は決して拡大されるものではない。余の立論は論理性への非難もしくは反対を意味するのではなく、かえってその正当な領域の認許にあったのである。その限界の錯乱を避けるがために論理性の内容に関する批判は必要である。論理以下のあらゆる事項は余のすでに顧みるところではない。無論理、非論理、反論理はわれわれの批評にすら達し得ない。余が希望の標的は少なくとも論理の準線を出でねばならぬ。余は実際論理以下を語らずさらにまた論理そのものに帰結を見出そうとしたのでもない。論理以上の分野について語っているのである。それは決して論理の皆無の主張でもなく、不合理の承認でもない。さらにまた反抗の気運に乗じてその卑下に終わるのでもない。これらよりも遙かに優秀な階段についての真理を披瀝しているのである。

諸君はこれによって余の真意にいっそう近づかれたことと思う。余がまず語るものは、否、語り得るものは少なくとも余の主題に関する論理的知識である。否、さらに余はこれ以上のものを諸君に語る使命を持つにしても、これ以下の暗黒を提供しようとする者ではない。余は神秘という名のもとに不合理を説くのでもなく、幽玄という形容を付して不分明を深しとするのでもない。否、余は諸君が明晰をもって信頼する論理的内容にすら、不明な個所を見出しているのである。余の切に求めるものは、最も鮮明な神にこそあれ暗黒の神ではない。

さて神の存在を知ろうとし、これに論理的証明または科学的立証を与えようとするのが諸君の不断な抱負であり企図である。したがってその努力の色調は疑いもなく論理的 Logical である。さらにまたいっさいをかかる論理的立証のもとに導いてそこに安泰な信仰を見出そうとするのであるから、これを汎論理的 Pan-Logical 態度とも名づけ得よう。実に諸君が安定なものとして信頼するのはこの論理主義である。しかし理性が最後に満足すると予想するこの主義が、いっそう高い見地から批判される時は遂にわれわれの前に到来した。実際われわれの要求はこの階梯に満足し得なくなったのである。余の如上の立論はかかる要求に基づいた批判の陳述である。然らば余の立脚地はいかなる名の許に呼ばれるべきであろうか。前述のようにそれが無論理的でもなく、非論理的でもまたは反論理的でもないことはすでに分明であろうと思う、しかし同時に余の要求が論理的にも満足し得なかったことも事実である。

おそらく諸君は余の態度を超論理的 Trans-Logical とでも呼ぶであろう。これは「超越」という字義の内容によるが、余にとってはなお不幸な字句と言わざるを得ない。すべてであるものが超越的であるとみなす場合人々はいつもそれを分離された独立体と観じている。現象と実在とまたは論理と超論理とは永遠に渾一し得ない間隔をもって割かれている。この思想は超越者に高遠な意味を与える力はあっても、なぜかかる独立者が万有と関係するかを説き得ない。超越が隔離の意であるならば、それは各自に寂寥を残すのみであって世界は二元に帰すのである。しかしかかる状態が少なくともわれわれの要求でないことはたしかである。より優れたものを内に宿すことはわれわれの喜悦であっても、それを達し得ない彼岸に眺めることは悲哀である。超越に何ら内在の意味がないならばそれはわれわれに無関与な名目に過ぎない。単に論理的内容を超える知識はまたわれわれの実有となり得ない知識である。われわれが真に欲する知は、少なくとも論理性を離れたものであってはならぬ。がしかしこれに制限せられるものであってもならぬ。いっさいの論理的内容をも包含ししかもその局限に制せられない無限の知であらねばならぬ。かかる知のみはじめてわれわれに満足を与え得るのである。

さて余が認めて神の知識とみなすものは少なくとも論理的内容の全般を摂受してしかもその限界を離脱することにおいてのみ現れる知識である。われわれはそれを知的直観と呼ぶことができよう。この究竟の経験においてすでに論理の批判は許されぬのである。この直下の知識は何ら論理的対象たり得ないからである。これはすでに一個の規範的絶対的知識である。余はかかる知識を絶論理的 Hyper-Logical と呼ぼうと思う。絶は離脱 Emancipation の意であって、否定、排除もしくは空無の謂ではない。われわれはこの境地においてすでに論理的間接知から離脱して直接知への没入を達しているのである。余が神の名のもとに要求しようとする知識はこの論理性の脱絶である。この脱絶においてのみ知識の完了は果たされるのである。しかしこれは論理の卑下によって、強いて知識を幽玄に導くためではない。むしろ論理的知識の最後の栄誉のためにである。「夫大道不㆑称」と荘子は言っている。称とは対立の謂である。真理の内には区分は許されぬ。実在の前に分別知は必ずや沈黙する。沈黙はここに消滅の意ではなくむしろ復活とみなさねばならぬ。論理はその任務を終えてさらに優越な階梯に甦るからである。これは論理的知識、実験的科学の亡滅ではない。否。むしろその育揚を内意するのである。対象的知識は目的それみずからに入り、分析は綜合に、抽象は具象に、静止は動律にへと甦るのである。

神の理解は必ずや絶論理的である。純に論理的である理解は第一者としての神そのものの理解ではない。それは単に神を対象にもたらしての批判的知識である。それはわれわれが神についで持ち得る理解の補助たるに過ぎぬ。単に論理的内容がなお神の理解において欠くところがあるならば、われわれはすでにその閾下のいっさいの知識に満足し得べきはずがない。神は真に合理的である。それは遂に論理の批判をすら許さぬほどに合理的であり明白な実在である。神の理解が絶論理的な所以は、それが論理の規矩によって決定されるよりもいっそう深く合理的だからである（ヘーゲルが「世界は合理的である」と言ったのはかかる意味において理解されねばならぬ。彼の合理性は論理性と同一ではない）。

論理性 Logicality は単に合理性 Rationality の一初期に過ぎぬ。真の神の理解はもとより非論理的ではない、しかし論理的にも決して終わっていない。神はつねに絶論理的である。これが神の合理性の最も深い一面を暗示する。これはその模糊とした形貌の裏書ではない。否、それが論理性に終わればこそ模糊である。人々は明確な事実は論理的内容にあると思惟している。しかしさらにいっそう明確な事実が絶論理的内容であることを理解し得る者は少ない。メーテルリンクは「神秘でないものは永久たり得ない」と言ったが、神秘という事実にこそ永遠なものの万年の根底が横たわっているのである。

（一九一五年十二月稿）

（この章の第四節の初めの部分は今からすれば不満足であるが、最近の余の思想は「宗教的時間」の内に訂正されてあるからそのままにおいた）

※一九一五年十月、少数の学習院学生の前においてなしたる講演の一部

六号追記

（『白樺』第九巻第七号）――「『中』について」に寄せて

一

今度書いた「中」に対する自分の考えに対しておそらく次のような二つの批評があるであろう。それは仏教の「中」と儒教の「中」とは異なる考えであって、これを同一のものとして論ずることはできぬという評である。他のひとつは特に子思の「中庸」をただ高遠な哲理として取り扱うのはその主旨に悖《もと》るという評である。

龍樹らの中道が主として哲学的本体論であり子思の「中庸」が主として道徳的実践論であるのは誰も気づくところであろう。しかし後者が四書の中最も哲学的に深いということは何人《なんぴと》も認めるところであってむしろ道徳律の根底を確固とした哲理の上に建設するが彼の主眼であった。それゆえ本体論にともに触れていることにおいて両者の思想を近接せしめて見ることはただに自然であるばかりでなく、東洋思想の大系を理解する上に最も緊要であると信じる。ともに「中」という字を用いたのが偶然でないということの内面的論証を与えたいのが余のひとつの望みであった。

次に子思の「中庸」を道徳律として多く見なかったのは、もともと余の目的が実在に関する思想のひとつとして「中」を取り扱うにあったからである。しかも余の考えによれば在来の理解はあまりに道徳に傾いてその哲学的本旨を知らない傾向がある。「中庸」といえば中位というような考えをすぐ起こすようにさえなっているのは、まったくその哲学的意味を知らないからである。「中」をあまりに実践に遠い高遠な哲学とみなしていると評するかもしれぬが、実際「中」は深い哲理であり、またそれが子思の思索の永遠の価値だと言いたい。高遠な哲理のない実践が子思の思想だとする評こそ妄評であろう。余は彼が儒者としての道徳論を否定するのではない、かえってこれに確固とした根拠を与えたいために「中」の真意を反省したのである。またこれが子思の書の本旨であったと信じる。

二　土田杏村氏に答う

「白樺の森」に出した自分のものに対する同氏の短評を見た（雄辯九ノ八）。自分は同氏の思想をこれまでよく知らないので充分答えることができないしまた同氏が多少自分の書いたものに好意を持たれているように見えるので、なお充分答えにくいが、ただ簡単に悪く言われた個所だけお答えする。

自分は今の日本には多少哲学の学者はあっても哲学者は非常に少ないと思っている。自己の内心の要求からしぼり出た感激に満ちた哲学がないということを不満に感じている。余は独創的な哲学の出発は学問ではなくして心の要求だと信じている。学問や論理的反省はただそれを系統に導く力に過ぎないと思っている。余は論理よりもテンペラメントが哲学の動力であると信じている。よし最近の哲学がカントの誤謬《ごびゅう》を正したとしても、またそれよりも進歩しているとしても、カントは論理的訂正によって破られない偉大性を持っている。これは彼が論理を超えたテンペラメントを持っているからである。余はテンペラメントの少ないただの学究を貧弱だと考えている。論理を卑しむのは誤っているが、論理を恐れるのはなお誤った態度だと思っている。論理はテンペラメントを活かすためであって、論理でテンペラメントを殺すべきではないと思っている。いわんや論理だけに満足するのは学者の致命傷であろう。いわゆる正統な学者と任じている者は皆この論理主義に終わっている。内に何らのテンペラメントがなくただ論理的正確に哲学を建設しようとするのは本末の転倒に過ぎない。

余は論理を棄てよとは言わない、ただそれにのみ終わることがかえって哲学への侮辱だと明に言いたいのである。余は実に「論理を棄却」したことはない。実際「究理的要求と詩味とを併せ保つ」ことを試みたのである。余は論理的冷静にのみ筆を終えることをすでにありあまった学究の方法だと考えているのである。

土田氏は「論理的冷静の思索に不満を訴えるのは三十代の青年のなすべきことではない」と言われるが、余よりすれば僅か三十歳にしてすでに論理的冷静に満足するのが恐るべきことだと言いたいのである。論理を棄却し等閑《とうかん》にするのは不満足な態度だ、しかし論理に満足してしまうのはいっそう不満足な態度だと余は信じている。詩情の豊かなテンペラメントの明晰な二十代三十代においてすでに論理的冷静に満足しているならば、彼の四十代五十代六十代においていつ詩情が湧くであろう。事実によればほとんどすべての偉大な独創ある哲学者は彼の哲学の泉を二十代三十代の想像に豊かなテンペラメントに発しているのである。

六号追記

（『白樺』第九巻第十号）――「種々なる宗教的否定」に寄せて

余は宗教的に「否定」という意味を深く考えてみたいと志したのである。考えるにつれて「否定」の意味の深さがますます明らかになるようになった。余は最初個々の否定的教えを反省してみた（老子の「無為」、フランチェスコの「聖貧」についての余の論文はその結果に書いたのである）。しかし余はいっそう組織だってこの問題を考えることによって種々な宗教を内面から理解し、また互いを近づけることができ得ると考えたのである。余はしばしば明言したように最高の宗教をいわゆる神秘道のうちに認めている。またこれが種々な宗教や芸術を内面から理解する鍵であるのを信じている。したがって神秘道のひとつとして否定道を深く考えることによってまた種々な宗教に矛盾なく親しい理解を加え得ると考えたのである。余は三つのことを企てはじめた。ひとつは否定道の意味と価値とを闡明《せんめい》し、二つには東洋の宗教に現れた否定道を解説し、三つにはキリスト教に現れた同じ道を叙述し、否定のゆえに仏教や道教を誹《そし》る愚を破ろうと思ったのである。

余の「種々なる宗教的否定」は第三の目的のために書かれたのである。最初にこれを書いたのはこの部分が人々によってまったく忘却されているからである。しかもキリスト教の否定道はかえって東洋の人々によって深く理解され得るのを余は信じるからである。しかしこれを歴史的に詳しく述べるが余の主旨ではない。ただ余を引きつけた偉大なキリスト教徒の思想を略述してまた人々の心をこの問題に引きつけたいのである。しかしこれをただ客観的に叙述したのではなくむしろ偉大な思想家を紹介しつつ余の否定道に対する思索を述べたのである。

おそらく多くのキリスト教徒はそれらの思想がキリスト教の本流でないと言うかもしれぬ。しかし最も深く鋭い神学者は必ず彼らの思索の最後においてこの神秘に帰ったのである。否定の道を卑下するのはただ旧套《きゅうとう》を脱しない実有の念にとどまる伝統的批評に過ぎぬ。キリスト教に対する自由な根本的な理解は往々かえってその信徒でない者の所有である。

余は仏耶両教の反目を不自由な態度であると思うのである。余はこれをともに内面から理解したい要求に迫られている。人々が夢みる東西の結合はまず宗教的真理に基づかねばならぬ。余は仏教からキリスト教を温かく理解し得、またその反対も真であるのを確信する。

宗教的自由

しばしば反復せられた自由意志の問題の圏内から余が認めて宗教的と言われるべきほどの「自由」を求めて、それが内容上いかなることを意味するやをここに叙述しようと思う。言うまでもなく余が取り扱う問題は自由論の最終の部分でありまたその結語である。すべてかかる究竟《くきょう》的真理の一般としておのずからそれは「宗教的」と呼ばねばならぬ。

一

決定的法則の発見者であり遵奉者である科学者の機械論は、自由意志の問題に対しても論拠ある立場に立っている。起源のない結果を考えられない彼らは、いっさいの世界を因果律の範疇に入れて、すべての事象をその原因に基づく決定的結果とみなしている。現象はひとつとして法則の表現でないものはないというのが彼らの確信である。現在説明のできない事項は単に未知の法則によるまでであって、自由の是認は彼らにとってはむしろ秩序の破壊に過ぎぬ。いっさいが決定的であればこそ世界は現存するのである。かかる機械的決定論が自由意志を否定して、哲学者または宗教家の主張を夢想であると評し去ったのは、あながち独断的とは言えぬ。彼らには拠るべき多くの論証と事実とがあった。

　この機械論に拮抗して自由意志を肯定したのは少なくとも宗教的信仰の必然な抱負であった。一見科学的立証を欠く彼らの信仰もまた独断であると言い去るわけにはゆかぬ。彼らには何事よりも動かし難い内心直下の事実があった。無限を追い求める切実な要求は、決して定限的世界に彼らを満足させる術を知らなかった。この要求それ自身の内面にこそ自由の世界は確立されていると彼らは信じている。これはただに熱心な信仰の所産のみではない。冷静な哲学的思考もまたしばしばこの是認に向かって有力な論拠を与えている。彼らのある者は機械的に説明し得ない事実の存在を指摘して明らかに生気論的立脚地を選んでいる。さもなくとも決定論の必然の帰結が責任の放棄または希望の絶無に終わることを論じてその厭世的思想の一掃を志した者もある。意志の本性から機械的命数を取り去ったのがすべて彼らの解剖の有望な結果であった。決定論者が自由を法則の名のもとに否定したように、自由論者は決定論を自由の名のもとに棄て去ったのである。古来この二潮流が反目を重ねて今日になお及んでいる。したがって人々は今決定論者であるか自由論者であるか、そのいずれかに属さねばならぬと考えている。

二

しかし余は自由問題を論じる前にまずこの区画の真偽を論じ去りたいと思う。是であるか彼であるかを選ぶ前に二者の関係を論じ、しかもかかる二分がすでに自然的であるか否かを顧みねばならぬ。この区分すらもわれわれの問題の一部である。もしもその区分が単に人為的であるならばわれわれはそのいずれにも属すべきではない、あるいはそのいずれをも矛盾なくして容れねばならぬ。

普通唯心論と唯物論とが反対論であるという同じ意味で、われわれは決定論と自由論とを相対峙して互いに容れない学説であると考えている。自由論の信奉はただちに機械論の破壊を意味し、機械論の是認は必然自由の否定であらねばならぬと信じている。しかしこの対辞は果たして真であろうか。この両説を互いに容れぬ矛盾として批判する場合にわれわれは必ず一方を他方の否定とみなしている。すなわち自由は決定の否定の意義にとられている。したがって一方が真であるならば他方は必ず偽であるとはその結論である。両説はまったくここに対峙する学説とみなされている。

しかし何人《なんぴと》も容易に気づくように、もし自由が決定の否定としての自由であるならば、その自由は決定に対立する自由であるゆえに相対的自由である。もしもわれわれが絶対的自由を求めるなら、われわれは決定の対辞としての自由に満足すべきではない。決定論の対辞としての自由論は未だ徹底した自由論とは言えぬ。もしも自由論が決定論の反律であるならば両者は永遠に容れることない争闘の学説であろう。否もしも科学的立脚地が強固であるならば決定論は自由論に対して永遠の凱歌を挙げ得るであろう。しかし彼が破り得るのはその対辞としての相対的自由論であって絶対的自由論ではない。後者はその性質上決定論の対説ではない。

この無益な争闘の第二の誤謬《ごびゅう》は、彼らがその限界を詳《つまび》らかにしないところに基づいている。おそらく決定論の限界に自由論を適応したならば拭い得ない撞着《どうちゃく》が起こるであろう。それと同じように自由界に決定的説明を加えたなら問題は遂に不可解に終わるであろう。両者はそれ自身独特の世界を持つことによって互いに犯し得ない分域を持つからである。分野限界を混同することによって彼らのあいだには反目が起こってくる。しかし各々がその範囲内容を明らかにするなら調和はおのずから可能である。われわれは決定的世界に自由を許すべきではない、また自由の世界に機械的説明を加えるべきではない。しかしこの両者の存在は反目のためではない、調和のためである。おそらく各々の論者がこの分界、この双立の意味を解するならわれわれは両説を矛盾なくしてともに容れる道を見出し得るのである。余はなぜ決定論と自由論とが対説たり得ないかを明らかにする前に、さらにまた両者の調和を不可能とする思想を拭い去る前に、自由そのもののの性質を尋究せねばならぬ。

三

普通自由論といえば、意志の自由とかあるいは選択の自由とかいうことが問題になっている。しかし余の見解によればかかる事実の証明を目途にする自由論は未だ徹底した見解とは言えぬ。われわれの意志は微細な血球の運動をすらも左右することはできぬ。「不可能」という字句を辞典から棄て去ろうとした企ても、偉大な意力の示現ではあるが、万般に適応せられる事実とはならぬ。われわれは明日をも明晰に察知することはできぬ。自然の威圧に対してはわれわれはほとんど受動的である。風雨または塞暖の変換はわれわれの意志には許されぬ事実である。自然法を打破しようとするいっさいの企てはただ避け得ない厳罰を身に受けるに過ぎない。われわれはいかなることとの選択に自由を得るであろう。貧も醜も、また損失も悲嘆もわれわれの選択によって迫るのではない。抗し得ない避け難い命数はわれわれの生涯を囲っている。われわれの選択はわれわれが愛する者に対してさえ力弱い。愛人の死も決定せられた結果のひとつである。病疾も黴《ばい》菌《きん》に対しては順従であるがわれわれの選択に対しては傲慢である。時として順風は船路を早めるであろうが颶風《ぐふう》は沈滅の原因である。われわれはほとんど自然の活動の前には永遠の服従を強いられている。われわれはどこに自由なものを求め得るであろう。読書も散策も、嗜好も思索もわれわれが自由意志の表明ではあろうが、それはある条件のもとに許された自由に過ぎぬ。最も自由を要求する思想すらも、多くは伝習的教義の束縛に悩んでいる。言論も自由たるべきではあるがすでに固有言語の風調に染まっている。われわれは純粋に自由を見出す時と所との乏しいのに苦しまねばならぬ。

さらにまた意志選択の自由を絶対であると仮定してもその結果はわれわれが夢想するよりも障害が多い。かかる自由はおそらく秩序の破壊を購《あがな》うのみであって、遂には自由そのものの不可能に終わらねばならぬ。自由性の是認も一定の方向なくしては破滅である。自由は喜悦を伴うであろうが、同時に正邪真偽のいずれの方向へも自由たるに至るであろう。かかる自由はむしろ盲目的ではあるまいか、さらにまた無目的でもあろう。自由の是認はわれわれを喜ばすかもしれぬが同時に悲哀をも与え得るのである。かかる自由は果たして真の自由であろうか。その自由には奔放の勇みはあろうが、自然法への無益な叛逆《ほんぎゃく》と道徳法への愚昧な紛乱とを伴っている。かかる自由意志は宗教的にどれだけ深くわれわれを満足させるであろうか。それらはもとより宗教的自由と名づけらるべきほどのものではない。かかる自由は小児が夢想する万能の小槌《こづち》に類するであろうが、かの有名な噺伽譚が告げるように黄金の小槌は遂にわれわれの肉体をもその金属に化さねば止まないであろう。かかる自由はわれわれにとって束縛たるに過ぎぬ。

われわれは実際科学者が主張する機械的世界において、どこにも自由を許す術を知らない。因果律に始終するいっさいの現象は決定論の分野である。自由はそこにおいては毀損であり決定はそこにおいては獲得である。われわれはむしろ法則の永遠のためにまたはその名誉のために、みだりにこのあいだに自由性を介在せしむべきではない。ひとつとして計画でないものはない自然の現象はわれわれの束縛ではない、われわれが生存の一根拠である。余は機械論も決定論もその分野においては絶対に打破し得ない真理であると信じている。しかしこの信仰がただちに自由論の破滅を内意すると思うならば、それは永遠の誤謬である。われわれは決定論がその機械的分野においてのみ真理であることを忘れてはならぬ。分野にはもとより限界がある。因果律の範疇を出ない現象界は彼らの限界である。この限界を超えては彼らは一歩も適応することはできぬ。絶対自律の実在界はその性質上同じ範疇に属すべきものではない。科学者は何の権利をもって実在界に現象の尺度をあて得るであろう。長さと重さとの計量は単位の性質を異にせねばならぬ。決定的因果関係は実在計量の標準単位にはならぬ。われわれは決定論を現象界に承認するとともになぜ自由論を実在界に承認し得ぬであろう。両者は矛盾ではない。特質の相違はすでに対比をなさぬ。もし世界が現象に終わるならば決定論は唯一の学説であろう。

純粋な意味において自由意志ということはただ一事においてのみ可能たるべきだと思う。諸々の現象間に自由の潜在を認めたとしてもそれはある定限のもとに行われる相対的自由たるに過ぎぬ。しかもかかる自由の確証につれて必ずしも宗教的意義はこれに伴うものではない。われわれは独立自全の絶対自由においてこそ宗教的自由の真面目を見るのである。

四

さて真に自由でもあり、ひいてはわれわれの内生命に究竟的満足を与え得る自由は実際存すべきものであるか。もしこれが事実であるなら性質上それはいかなる内容を含むものであるか、これらを論ずるのが余の主旨である。

この複雑な内容をでき得る限り簡明にいえば余の真意はまず次の第一義務をもって始まらねばならぬ。すなわち自由なる観念は実在なる観念から分離して考えられるべきでないという一点である。ただ絶対域においてかの宗教の母国が可能であるならば、絶対性なくしては宗教的自由は不可能である。余はかかる自由の絶対性を実在から分離して思惟する術を知らぬ。厳密な意味においで実在との接触をおいてどこに絶対性が現れるであろう。実在があって自由があり、実在に一致して自由があるのである。真の自由は実在そのものの趨勢を離れることはない。否、実在そのものに則るとき絶対実在の権威を具有する自由が体現せられるのである。これ以外の自由は畢《ひっ》竟《きょう》制限的自由であって何ら宗教的満足を与え得るものではない。いっさいをして実在そのものの心たらしめるとき自由は油然《ゆうぜん》として湧きあふれるのである。すべての自由観念をして実在の心に高揚せしめるとき、はじめて真の自由観念は認知せられるのである。自由は法則の破壊にあるのではない、しかも実在の意志の反抗にあるのでもない、法則の内にあってしかもそれに束せられず、実在の心に宿ってそれとともに活きるところに真の自由はあるのである。余が愛するエックハルトは「完全な霊は神の欲する以外のことを欲せぬ」と言った。彼は付言して「これは束縛ではない、真の自由である」と言った。宗教的自由すなわち絶対自由は神命に身を託するときにおいてのみ可能である。信仰的にいえば神の御心のままなるとき純な自由があるのである。禅家は入禅の境に徹したとき身心脱落と言った。禅境は実在域である。脱落は身心に降った無限の自由感である。この実在との調音においてのみ自由の喜悦が在るのである。自由は実在を必ず要求する、彼は一時をもそこを離れては生命を失わねばならぬ。

ある者はかくては実在の支配にあるゆえまた一個の桎梏《しっこく》に過ぎぬ。自由とは命令拘束の絶無を言うのであると評するかもしれぬ。しかし少しく微細に問題を捕らえ得るならかかる批評こそ迷誤であろう。その非難の著しい欠点は、神と我とを分離して見る思想に基づいている。余が神においてのみ自由があると言ったのは、神そのものの自由に一致することの意である。神に限界せられる謂《いい》ではない。また神意の支配のもとにあるという意でもない。神意そのものに則る謂である。実在に付随するのではない、実在に拡充する謂である。かかるとき実在としての絶対自由が体認せられるのである。これ以外の自由は必然神から別離された状態に遷らねばならぬ。絶対自由の観念が神もしくは実在という観念と不可分離であると言ったのはこの意味である。したがって真の自由の経験とはただ宗教的高調に達したときにのみ味わい得る法悦である。多くの神秘家が味わい得た法美はこの自由の呼吸であった。現実の世に自由を欲して矛盾撞着に苦しむのは真の自由の見出されるべき個所を知らない愚に負うのである。われわれが分離された個性に立つ限り未だ真の自由は体認されぬ。ただ神意のままに我が動くとき無辺の自由は味わわれるのである。これ以外の自由は相対的自由に終わらねばならぬ。われわれの生命が帰趣を見出すべき地はかかる限界ある自由域ではない。神意に自由を託するとき、神意の自由は我に活きるのである。御心のままになしたまえとの祈りにおいてわれわれはいっさいの桎梏を脱し得るのである。神命のもとにあるとは神命そのものに化身することである。神と我とに一条の距隙をすら許さぬときに神の自由が我に降るのである。「我」は「神においての我」であらねばならぬ。それ以外の「我」は畢竟不純な「我」と言わねばならぬ。エックハルトは「真に我ありと言い得るものはただ神のみ」と叫んだが、われわれは神ならぬ我のために幾度かひざついたであろう。我をして神のものたらしめるときに、我においてはじめて神意の荘厳が体得されるのである。自由はこの一機を離れてはその至純調を失わねばならぬ。自由の正当な意義はこれ以外には不可能であり不許である。

哲学または宗教的見地を去って芸術的にこの自由を解こうとするならば、実在もしくは神という代わりに自然という言葉が最もこれに適当するであろう。ここに自然とはもとより現象に終わる形体自然を指すのではない。万象の内裡《だいり》に流れる自然そのものの心を言うのである。いっさいの自然性の泉を示すのである。かつてある怜悧な批評家が「自然を征服しようと思うならば自然に服従するよりほかに道はない」と言った。もし服従の二字がわれわれにとって厭うべき言葉であるなら、それを同化という言葉に変換すればいい。余が力説しようとする自由の思想はこれによって容易に導かれると思う。芸術的自由とは自然の心のままに活きるときに体得される。自然の自然性に叛逆して自然を征服しようとする企ては全然不可能である。かかる企図に基づく自由の欲求は暴逆でありひいては破滅である。さながら神意の叛逆が無益の労作であるように、自然性を傷つけるいっさいの行動は自由ならずして束縛である。人は征服を反抗争闘圧迫の賜物と思うかもしらぬ。しかし奇異なことにはもしかかることが真に成功したとしてもそれはやはり自然の道を通過したという形跡に過ぎぬ。もしそれが不成功であるとしたなら、その理由はただ自然の道に叛《そむ》いたという罪に負ったのである。いずれの道を選ぶにせよ最後の帰結は自然の意志の審判に託されている。自然の心に則らずして自然は征服し得るものではない。自然の荘厳はあらゆる人為より優秀である。自然の優秀を我に体現しようと欲するならば、われわれはみずから自然そのものに甦らねばならぬ。自然に活きずして自然を征服し得るものではない。自然の心のままなるときにのみ自然の理解があるのである。自然の心のままなるとは自然に身みずからを没入してその流れとともに流れる謂である。これは服従ではあるまい、これのみが自然を支配 Master する不二の一途である。自然と階調を形造るとき、我に自然の美があり権威がある。自然への同化は自然との共鳴を言うのである。自然を破壊して芸術は生まれ出ない。あらゆる二義三義の芸術は人為の横暴によるのである。いっさいの一義の傑作は自然性の体認である、自然そのままの表現である。芸術家と自然とのあいだからすべての隔たりを拉《らっ》し去ったとき永遠の芸術は生まれ出ずるのである。ロダンが自らの芸術を目して「自然の忠実な模倣」と言ったのはこの敬虔な信仰を言ったのである。服従、模倣は彼においては真の支配創造に甦っている。彼は模倣の唯一の真義を捕えているからである。「自然はありのままにおいて完全に美《うる》わしい」とは彼の信仰であった。この信仰を失ってわれわれはどうして自然を芸術に表現しようとするのだろうか。自然の把捉は自然への同化によるのである。同化は我の喪失ではない、永遠の獲得である。神の体験とは神命の遂行によって味わわれるのである。自然の表現とは自然性の実現によって果たされるのである。これらの従順は「服従」「模倣」は何らの束縛をも恥辱をも意味せぬ。傲然とした近代の思想家は神の征服をさえ叫んでいる。みずからの神を造ろうとは彼らの抱負であった。この傲慢によって成し遂げた勇敢な結果は何であろうか。その最も純な代表者とみなされるニーチェこそは、やはり神意によって与えられ神意に活きた偉大な思想家であった。彼の叛逆の的は神ではない。偽りの神である。自然ではない、人為である。叛逆が有意義であるときは、それが神または自然みずからが行う叛逆である場合に限る。人文を高揚せしめたあらゆる革命はひとつとして神意自然性の表現でないものはない。かかる叛逆こそは神命への忠実な服従に過ぎぬ。かかるとき誰か神意の権威が我に貫くことを忘れ得よう。

芸術的自由は自然そのものの自由と一体であらねばならぬ。すべて偉大な芸術的作品はこの自然的の発露である。「自然を深く掘れよ」とカーライルは言った、「そこには至るところに音楽がある」と。かのセザンヌの画布一枚をだに思えばいかばかりわれわれの真理は活き活きするであろう。彼の筆は自然へ自然へと迫っていった。素朴なその画面には躍如として自然そのものが動くではないか。深く掘り尽くした彼は、かくて自然をありのままに打ち開いたのである。音楽的律動がその芸術には鳴り響いている。彼はいっさいを自由に放ったのである。それは自然の讃歌である。すべて偉大な芸術家は開放者であり自由者である。例外なく神の信仰者であり自然の讃美者である。

自然そのものの自由に我が自由を見出すとき、またよくいっさいのものに自由の真性を見ぬき得るのである。すべてのものは同胞の愛を示して我がために微笑むのである。万有これ仏性であるとは真の宗教的経験である。ただ自由を体認した者のみよく万有の自由を知るのである。神の御心のままに我を託すとき、死もまたその自由を破り得ぬ。十字架上のキリストはかくていっさいを征服したのである。彼にはそのときいっさいの対敵を征服する権威があった。死をすら絶する自由の光が彼に輝いていたのである。絶対自由とは神意そのものである、自然そのものである。

五

唯一の純な自由とはしたがって実在そのもの神そのものの自由の表明であらねばならぬ。これ以外の自由は畢竟ある約束のもとに限られる相対的自由たるに過ぎぬ。したがってこの第二義の自由はわれわれの宗教的要求に対しては不足である。しかしここにまた自由の方向性に関する問題が残っている。何人も自由を是認する場合にはその方向が必ず目的的（Teleological）であらねばならぬと考えている。もしこれを許さないならばちょうど御する者を失った馬のようにその方向を放逸不規の選択に委ねねばならぬ。自由はこの場合秩序の紛乱に過ぎなくなる。もとよりかかる自由はわれわれの道徳的要求を充たし得るものではない。したがって自由論は必ず目的論と提携する。決定論の対辞として取り扱われるこの目的論は自由を愛する者が一般に選ぶところの論拠である。しかしかかる要求は果たして究竟的のものであろうか。余は先に自由が盲目的たり無目的たるときの危期を指摘した。しかし余は自由が有目的たることにも満足し得ぬのである。盲目的ならず、無目的ならず、しかも有目的ならずとする要求は矛盾でありまた不可能であろうか、またかかる自由は単に不可解に終わるであろうか。しかし余が満足する自由とは性質上この二者のいずれにも属すべきではない。余はそれが唯一の宗教的自由の本性であることをさらに闡《せん》明《めい》せねばならぬ。

もし自由が盲目的であるならば自由は邪悪に対しても自由である。しかしかかる自由がわれわれに満足を与えぬのは自然である。さらにまた無目的であるならばその方向は絶えず不定である。しかしかかる自由がわれわれの要求に一致しないことは事実である。さらにまた自由とは目的的であってはならぬ。目的論と決定論とは対峙する学説とみなされているが、一定の目的のための自由であるならばそれはさらに一種の決定論である。目的を自由に容許するならば目的的たることにおいてさらに新しい限界を承認する矛盾に陥ってくる。自由はここに一定の約束ある自由に過ぎぬからである。批評家はこの三者のいずれにも属さない自由を見出すことに苦しんでいる。在来の思想は自由を必ずこの三つのいずれかの範疇に入れて批判を下している。しかし余はこれらの三範疇を離脱したなお一個の絶対自由界をこそここに示そうと思う。それは余の究竟的要求を満たし得る唯一の自由である。余はここに「目的そのものとしての自由」の存在を指摘して目的論にも不満の意を表そうと思う。

余が目的論に満足し得ない第一の理由はそれがなお自由に対する相対的見解に終わるからである。一定の目的なくしてはあり得ぬ自由であるなら、すでに独立自全の自由ではない。何らかの要件のもとに是認し得る自由である。したがってかかる自由はすでに絶対の境地を離れて相対の域に沈んでいる。目的論の第二の誤謬は自由と目的とのあいだに距隙を挿《はさ》んだことにある。この二元的見解から導かれたる必要の結果は両者の悲しむべき離婚である。すでに有目的、目的的自由であるゆえに、かかる自由には目的そのもの（実在、神）の権威は存在せぬ。目的的たるものと目的とは同一ではない。目的論は遂に一種の相対論であって吾人に絶対者の面目を示すことはできぬ。真に絶対でありひいては吾人の至上要求に該当し得る自由は、目的との合一さらに切実に言わば目的そのものすなわち実在または神そのものの権威を具有せねばならぬ。それはすでに目的的ではない。目的みずからである。自由の絶対的究竟地はこれ以外に吾人の思念し得るものではない。「御心のまま」とは神意そのものの儘《まま》なるままとの謂である。そこには目的を考える刹那すらない。目的的とはすでに第二次であり相対的である。すべての主義、流派 isms は畢竟態度の問題に終わって絶対者そのものを示現することはできぬ。神の内に派別の関係は存せぬ。絶対的自由は目的的ではない。いわんや盲目的、無目的ではない。目的そのものを言うのである。

（目的論に反対した近代の著しい哲学者はベルクソンである。彼はただに決定論に反対したのみならず目的論をも退けた。批評家はこの点を難じて彼の哲学の帰結はショーペンハウアー流の厭世主義と同一に終わる命数にあると言っているが、余はかえってベルクソンの時間的持続に基づく自由論に深い点があると思う。彼の言う目的性の否定とはむしろ目的そのものと合一した自由という余の意味に解すべきと思う。目的それ自身なるゆえ目的的たることを要せぬとの意であろう。彼の自由論は実在の本性としての時間的持続に基づく自由論なのである。彼の主張する自由は実在または生命そのものと分離して考えることはできぬ）

余はここに自由という観念を厳密に実在なる観念に結ぶことによってその絶対性を理解し、ひいては他のいっさいの自由を不純なりと断じ去るのである。もし実在としての絶対的境地から画離して自由を考えるなら、その結果はいかなるものであろう。例えば選択の自由、または意志の自由を認めたとしても、それが盲目的たり無目的たることを防ぐためにはいずれも目的的たらしめねばなるまい。しかしその結果かかる自由は遂に目的的たるの範囲を出まい。目的的とはすでに対立的である。われわれの宗教的至上要求はいっさいの対立を去って実在そのもの神そのものの内裡に突き入ろうとするのである。目的的自由は何ら絶対自由ではない。実に目的を是認してのみ可能なる相対的自由である。余がかかる自由をもって二次的と言い宗教的満足から遠いことを指摘するのも厳密に自由の絶対性を捕えたいからである。

人々は目的的といえば最後の満足するに足りる真理だと考えている。しかし目的それ自身に比して目的的なるものはすでに第二義であることは自明である。余は目的的たることの価《あたい》を無視するものではない、ただ不満の意を表するのである。目的そのものの合致しようとする宗教的至上要求は目的的程度に停止する術を知らぬ。目的的たるあいだは自由もなお幼稚である。真の自由は目的そのものの内面に安在する。目的的な自由はむしろ苦闘的努力とみなすべきである。それは多くの矛盾撞着に遭遇して目的を模索する道程に過ぎぬ。道徳的自由感はいつもこの目的的態度の賜物である。この二次的目的的自由において道徳的選択が働くのである。絶対的自由の境地に入っては道徳的努力はすでにその鋒を収めている。それは目的的ではない。目的との合一である。自由感はかかる刹那において充実されるのである。

六

余は終わりに自由意志の問題に関してさらに二三の最も普通な謬見をも正そうと思う。もしわれわれが神とともにひとつであって絶対の自由境に入るならば、その結果われわれはわれわれの欲する何事を行ってでも誤りがないと言うかもしれぬ。実際かかる態度をもってむしろ奇異と思われることをさえあえてした人々があった。いわゆる背律派 Antinomianism に属する一団の思想家はかかる行為をすべて正しいとした。しかしかかる思想態度は最も悪性の決定論に近づくのみであって自由の破壊者である。自由はこの場合無目的な神意に盲目的に支配されるという異常な結果に陥っている。第一には神意を決定的に見、第二にはその自由を無目的に解し、第三には遂に自我をして神から分離した自由者とみなす矛盾に陥っている。彼らが欲したものは自由であったが、捕え得たものは新しい束縛である。目的それ自身と階調に響く自由は、もとよりかかる無謀な目的の欠如に終わるべきではない。背律派においては自由は無方向に過ぎぬ。無方向はすでに自然を偽り実在から隔離し神から追放された貧境である。かかる自由は目的そのものの表現でない、目的の破壊である。すべて自然そのものに根底を有せぬ自由は単に放逸であって無目的である、いわんや目的的でもなく、まして目的それ自身ではない。かかる無謀にはただ撞着があって調音がない。自然主義者の陥りやすい謬見もここにあった、彼らは自然性を讃美することにおいては正しい。しかしそれを無目的にすることにおいて誤っている。いわんや目的それ自身の自然性は彼らから離れている。享楽主義が新しい矛盾をみずからに醗《かも》したのも等しい錯誤に基づいている。彼らの行為は目的そのものとしての権威を具有せぬ。単に責任を除去した自由に終わっている。それは自然のままな美ではない。美を標榜する彼らは美から遠く放たれている。

背律者の最後の結果は責任の放棄である。無責任が決定論の避け難い誤謬であるように、彼らは神意の遂行を名として責任を自身から取り去ろうとするかもしれぬ。しかし自由はいつも責任の母である。自由がその至純性を鮮やかにすればするほど、その自由が内包する責任は強大である。神意とは最も深い責任の表明である。自由は責任である。なぜにわれわれは万有の運命を負って立つかの荘厳な神意に責任を否み得るであろう、自由とは任意ではない、責任である。

七

決定的法則があっても自由は可能である。自由とは束縛の否定ではない。自由は決定の対辞ではない。真の絶対自由はその本性上何らの対辞をも有せぬ自律の自由である。かかる絶対自由と、束縛の否定としての自由とは区画されねばならぬ。したがって決定論はかかる絶対自律に対してすでに批判の尺度たることはできぬ。決定論が反対し得るものは、決定の否定としての自由である。絶対自由は束縛し得ぬ自由ではない、すでに束縛をすら許さぬ自由である。すべて絶対なるものにはかかる規範的意味がある。規範的自由はその性質上束縛しあたわぬ自由というよりも、束縛を許さぬ自由と言うべきである、したがってかかる自由は束縛の否定としての自由ではない。すなわち決定と自由とは対辞ではない、ゆえにこの絶対自由の前に決定的法則は妨げにならぬ。決定論と自由論とはすでに対立すべき学説ではない。われわれは機械的原理に立つ現象界を理解することによって、決定論を容れるとともに、独立自全の実在界を理解することによって自由論を容れねばならぬ。すでに対辞でない両説は反律ではない。互いに提携し互いに手を握るべき愛を示さねばならぬ。法則の道を踏んで自由の歩行を進めることがなぜ矛盾であろう。道を失うとき人はまたエルサレムを失うのである。

（一九一六年一月一九日稿）

解説――宗教哲学者・柳宗悦の地平

若松英輔（批評家）

雑誌『白樺』を核にして集まった人々を白樺派と呼ぶ。志賀直哉、武者小路実篤、有島武郎などが代表的な作家として知られているが、『白樺』は、いわゆる文学雑誌ではなかった。岸田劉生や高村光太郎といった芸術家たちもそこに連なっていた。しかし、総合芸術雑誌という呼称も十分ではない。なぜなら、本書に収められた柳宗悦による宗教哲学の論考も寄稿されていたからである。この雑誌の意味は文学史や芸術史からだけでは十分に語り得ない。むしろ、精神史という射程のなかでこそ、その真意が問われ得る。

『宗教とその真理』が刊行されたのは、一九一九（大正八）年の二月だった。柳にとっては三冊目の著作だった。柳の生涯を顧みるとき、重要な論考はいくつもある。「朝鮮の友に贈る書」をはじめとした平和の使徒でもあった柳を見過ごすことができないし、「木喰上人発見の縁起」、「雑器の美」、あるいは戦後に記された「美の法門」も見過ごせない。沖縄における民藝の歴史を記した「琉球の富」や沖縄の言葉をめぐる発言は今も古びることがない。

しかし、主著となると別な視座から考えることが求められる。『宗教とその真理』は、その最初の一冊として数えられるべきものだと思われる。この一冊に宗教哲学者としての彼の力量と可能性はいかんなく表現されている。

それに続く主著は、民藝運動の核となった『工藝の道』、そして、法然、親鸞、一遍の霊性の淵源を探った『南無阿弥陀仏』である。三つの主著を軸に柳の生涯を捉えると、彼にとっての宗教哲学の重みが分かってくる。

柳自身、民藝運動を高次な宗教哲学的実践であると捉えていた。つまり、美は人間を救い得るかという問題がその中心にあったのである。

『宗教とその真理』において読者は、そうした柳宗悦の悲願の原型をつぶさに見ることになる。それが照らし出されるのは言語の上でではない。柳は読む者も言葉の奥、言葉の彼方へと導こうとする。本書の最初に置かれた「宗教的『無』」では、その理《ことわり》が次のような表現で端的に語られる。

真理の深さは文字を超える。教外別伝である。禅は無字をもって悟道の関門とする。ただ心をもって心に伝え得るに過ぎぬ。宗教的真理とは証明を要しない真理である。

ここで述べられている「禅」は、禅仏教というときの「禅」である。しかし。この本全体においては必ずしもそうとは限らない。柳の師であった鈴木大拙が語っているように「禅」は宗教的、というよりも霊性的な深み、ある境地を示す言葉で、本義からいえば、仏教に限定されない。事実、大拙は「キリスト教禅」(『禅の第一義』)という表現を用いることもある。柳は「禅」は、英語でいうcontemplationと同義だという。「観照」あるいは「観想」と訳されることの多いこの一語に柳は「静慮」という言葉を添え、次のように語った。

沈黙は宗教を語る。静慮(Contemplation禅)が法悦である。無為こそは帰趣である。この帰趣においてすべては自然の命に動くのである。

contemplationという英語は、「観照/観想」という営みの意味を的確に捉えている。conは、何かと共にあることを示す接頭辞である。「観照/観想」はtemple、すなわち内なる神殿において「神」と共にあること、「神」とだけともにあることを指す。そこでは特殊なことは何も行われない。ただ、「神」とともに在ることだけで充足している。そうした状態を柳は「無為」と呼称し、そこにある究極点であり究極の目的、すなわち「帰趣」を見る。

「禅」が仏教に限定されないのに似て、「神」という言葉も柳は特定の宗派に限定して用いることをしない。それはさまざまな宗派に分化する以前の場所を人間に告げ知らせる存在として描かれる。柳が「神」と書くとき、そこに含意されるのは真の意味における「普遍者」である。次の一節は、先に引いた文章にそのまま続くものである。

余が休止するとき余は神とともに多忙である。静かな力を破り得る力はない。静けさが深さである、強さである。レオナルドの絵画はこの秘事を告げている。余は彼の創作を限りなく好む。彼の芸術は未分の芸術である。定義を告げない芸術である。不言の作である。近くにはセザンヌがこの力を示した。黙する彼の一静物には山嶽の荘厳がある。余は彼の絵を飽くことなく眺める。余は沈黙の芸術を愛する。

柳にとっての宗教哲学の射程は、レオナルド・ダ・ヴィンチやセザンヌの作品に秘められたものにまで及ぶ。真善美は、一なるものの三つの呼称に過ぎない、それが柳の核心だった。事実柳は、宗教哲学者としては「真」を、平和運動においては「善」を、そして民藝運動において「美」を探求した。私たちはその原点をこの本につぶさに目撃するのである。

二〇一五年だったと記憶しているが、はじめてイタリアのミラノを訪れたとき、偶然にレオナルド・ダ・ヴィンチの大規模な作品展が行われていた。ミラノはこの天才画家――レオナルドを「画家」と言い切るには大いに問題があるが――にゆかりの深い場所でもある。もっとも成熟した仕事をした時期、彼はミラノを本拠地にしていた。

ミラノの人には近しい人物でもあるからなのだろうが、展覧会は驚くほど空いていた。日本で彼の作品を観ようとしたときなど、一時間ほど並んで数十秒しか見られなかったが、同じ絵の前に十分佇んでいても誰の迷惑にもならなかった。

レオナルドも同時代の画家と同じく、宗教的な事象、人物をモチーフにした作品を多く描いている。現在レオナルドの真作として認められているのは、十数点だが、その半数以上がキリスト教上の人物、あるいは出来事に由来するものである。しかし、先の一節を読むと、柳の念頭にあるのは、「受胎告知」や「最後の晩餐」を描いたレオナルドではないように思われる。沈黙と静けさを告げるレオナルドの作品とはおそらく、背景が漆黒に塗られた作品であったように思われる。「洗礼者ヨハネ」「白貂を抱く貴婦人」あるいは「ミラノの貴婦人」(「ラ・ベル・フェロニエール」)と呼ばれるいずれかではなかったか。

展覧会で「ミラノの貴婦人」を見たとき、文字通りの意味で動けなくなった。そのときの経験は感動という言葉では捉えられない。それは畏怖というべき経験だった。「余が休止するとき余は神とともに多忙である」と柳はいう。人が神のはたらきの場となるとき、そこに人の意思を超えた何かが表現される。あらゆる多弁を超えた沈黙のコトバ――哲学者の井筒俊彦は言語を超える意味の顕現を「コトバ」と書いた――が躍動するのである。

没後だったが井筒俊彦の家を幾度か訪れたことがある。目的は遺稿の整理でもあったから、書斎や書架も、時間をかけてみることができた。書架には『宗教とその真理』をはじめとした宗教哲学者としての柳の著作があった。井筒が柳から学んだものは、別稿をもって論じるに値する問題をはらんでいる。私たちは井筒をイスラーム神秘主義の紹介者としても記憶しているが、柳はこの本ですでにイスラームの神秘家であるスーフィーに言及し、詩人ルーミー（本書では「ルーミ」と記されている）やジャーミーにまでその筆は及んでいるのである。

若き日の代表作『神秘哲学』で井筒は「神秘道」という特徴的な表現を用いている。真の意味における神秘主義は、言説の営みに留まらない実践を求める。それは「神秘道」と呼ぶべきものだという。この一語に向き合う態度は、神秘とは何かをめぐる本質的な姿勢の現われでもある。「神秘道」という表現は井筒の独創ではなかった。彼はそれをどこで学んだかを詳《つまび》らかにしないが、その重要な一人に柳宗悦がいることは十分に考え得る。一九一七年に記された「神秘道への弁明」には次のような一節がある。

われわれは宗教の純一を信じる。果たされるべき宗教の帰結は簡明であるはずである、これに加えられるあらゆる考想は純一の相を錯雑に表すに過ぎない。ものはその周囲に学説を集める、しかし我らの心には思弁よりもその核に直に入ろうとする要求がある。すべての面帛《めんばく》を脱いで赤裸々な真諦《しんたい》に触れ得たい心がある。千万の教義の疏註《そちゅう》よりも一体得にこそ宗教の閃きがある。これら神との直接な親交、至純なる経験を心とするのが神秘道の意味である。

ここでいう宗教の純一とは、あらゆる宗教が何か特定の宗派に統合されることを意味しない。むしろ、世に多くの宗派が存在しながら、分離分化以前の地平が同時に開かれることを指している。むしろ、それを実践するのが、柳の考えた宗教哲学だった。

「思弁よりもその核に直に入ろうとする要求がある」と柳はいう。また「千万の教義の疏註《そちゅう》よりも一体得にこそ宗教の閃きがある」ともいう。「疏註」は教典などの注解書である。哲学とは、知識を組み替えることではなく、全存在を賭して営まれなくてはならないものである。その経験はついに「至純」という境域に達する。

「至純」という言葉は、本書に散見される。「無垢な至純」（「『中』について」）という表現もある。真理は、言葉では十分に語り得ないものであったとしても、至純なものは、それに至る道を照らし出すことはできるかもしれない、という強い思いが柳にはある。平易な言葉、飾らない日常の言葉こそ、確かな道標たり得る。この姿勢はそのまま民藝運動にも生きている。先の論考から十年ほど経過して書かれた「下手ものの美」（のちに「雑器の美」と改題される）には次のような一節がある。

自らは美を知らざるもの、我れに無心なるもの、名に奢《おご》らないもの、自然のままに凡てを委ねるもの、必然に生れしもの、それ等のものから異常な美が出るとは、如何に深き教えであらう。凡てを神の御名においてのみ行う信徒の深さと、同じものがそこに潜むではないか。「心の貧しきもの」、「自らへり下るもの」、「雑具」と呼びなされたそれ等の器こそは、「幸あるもの」「光あるもの」と呼ばるべきであらう。天は、美は、既にそれ等のものの所有である。

この一節を玩味するだけでも、『宗教とその真理』と民藝運動のあいだには溝が存在しないことが分かるだろう。むしろ、民藝の発見は、飽くなき宗教哲学の探究の先に訪れた美の花だったのである。

柳は宗教哲学者として出発しただけではない。彼自身の自覚においては、民藝運動もまた、宗教哲学者としての実践にほかならなかった。柳にとって重要だったのは、民藝における美が、どのように人を癒し、慰めるかではなかった。美は、人間を救い得るかということだった。「種々なる宗教的否定」は、本書を象徴する作品であり、柳が真理の近くにあろうとしただけでなく、つねに美を傍らに感じていたことも示している。次に引く一節はアッシジの聖フランシスコをめぐって記されたものである。「彼は一時も衰えた貧を知らなかった。貧において彼は豊かであったからである」と書き、柳はこう続ける。

人々は彼の苦難の一生が喜悦の一生であったことを驚くであろう。貧しい彼にはすべてのものが神の労《ねぎら》いによる賜物であった。石も泉も「神の摂理による至宝」であった。彼は神に備えられたままに活きた。彼は神の欲する以外のことをひとつだに欲しなかった。聖貧は法悦であった。これに勝る豊有と福祉とは彼にはあり得ない事実であった。悦びとひとつでない貧しさは彼には醜い霊の墜落に見えた。聖貧は彼にはそれ自身悦びであった。美であった。彼の妻であった。

深き宗教的境地を一語で表し得るとしたら「美」になるのかもしれない、という直観が柳にはある。「多くの宗教はそれぞれの色調において美しさがある」とも彼は『宗教とその真理』の「序にかえて」に書いている。言葉を扉にした真理の探究は、さまざまな経験を経て、美の前に柳を導く。柳の仕事は、ここで終わったのではなかった。ここに始まったのである。そこに確かなものを見た彼は、ひとりでも多くの人を同じ地平に招こうとした。

本書の終わり近くに「哲学におけるテンペラメント」という論考がある。「テンペラメント」には、通常、「気質」という訳語が付されるが、柳が感じている語意はそれに留まらない。それは個性を決定する魂の焔《ほのお》のようなものだった。

「個性は哲学にとって永《とこし》えに絶えることのない神前の燈火である」と柳はいう。柳にとって「哲学」とは、彼のいう意味での「神」の前で営まれるものだった。哲学者が思索する。そこに焔となって生まれる何ものかこそ、「神」の供物になる、というのだろう。先の一節の後に柳はこう言葉を継いだ。

燃える焔の光によって彼が四囲は色彩に充ちて、その光景は明確に彼の視線に触れる。この衝動の燈火がその力と光とに燃え上がるとき、彼が世界は栄光を四囲に反映する。この個性の光を失うとき周囲にはただ暗黒と曚昧《もうまい》とが残されてくる。その焔の鮮やかな色彩こそは彼のテンペラメントである。

柳にとって哲学の言葉を読むとは、言語表現の解釈に終わるものではない。それは存在の深みから立ち現れる気焔のコトバと呼ぶべきものを認識することだった。むしろ、焔なきものは、どんなに体裁を整えていたとしても哲学と呼ぶに値しない、そう感じていたのである。

柳 宗悦　やなぎ・むねよし

1889年（明治22年）東京に生まれる。美術批評家、哲学思想家にして日本民藝運動の創始者。

学習院高等科在学中に志賀直哉、武者小路実篤らと雑誌「白樺」を創刊。この頃バーナード・リーチとの親交も深める。東京帝国大学哲学科を卒業後、宗教哲学者として論文等を発表。1914年（大正3年）、結婚を機に千葉・我孫子へ転居。以後、朝鮮陶磁器の美しさに魅了され朝鮮の人々に敬愛の心を寄せる一方で、無名の職人が作る民衆の日用品の美に着目し、日本各地の手仕事を調査・蒐集。25年（同14年）に民衆的工芸品の美を称揚するため「民藝」の新語を作り、民藝運動を本格的に始動させる。東洋大学、明治大学、同志社大学、関西学院大学、米国ハーバード大学などで教鞭をとり、31年（昭和6年）に機関誌「工藝」、39年（同14年）に同「月刊工藝」を創刊。36年（同11年）に日本民藝館を開設、館長に就任。61年（同36年）、脳出血のため同館で死去。

主な著書に『ヰリアム・ブレーク』『宗教とその真理』『宗教的奇蹟』『工藝の道』『朝鮮とその芸術』『朝鮮の美術』『陶磁器の美』『美と工藝』『手仕事の日本』『木喰上人の彫刻』『民藝とは何か』『民藝四十年』『南無阿弥陀仏』『柳宗悦全集』他多数。

若松英輔　わかまつ・えいすけ

1968年新潟県生まれ。批評家、随筆家。

2007年「越知保夫とその時代 求道の文学」にて第14回三田文学新人賞評論部門当選、2016年『叡知の詩学 小林秀雄と井筒俊彦』にて第２回西脇順三郎学術賞受賞、2018年『詩集 見えない涙』にて第33回詩歌文学館賞詩部門受賞、『小林秀雄 美しい花』にて第16回角川財団学芸賞、2019年に第16回蓮如賞受賞。近著に『詩集 美しいとき』『いのちの秘義――レイチェル・カーソン『センス・オブ・ワンダー』の教え』『霧の彼方 須賀敦子』など。

叡《えい》知《ち》の書《しょ》棚《だな》02

宗《しゅう》教《きょう》とその真《しん》理《り》

二〇二二年十月四日　第一版第一刷発行

著者　柳 宗悦
監修・解説　若松英輔
発行者　株式会社亜紀書房
〒一〇一-〇〇五一
東京都千代田区神田神保町一-三二
電話〇三（五二八〇）〇二六一（代表）
〇三（五二八〇）〇二六九（編集）
https://www.akishobo.com

装丁　たけなみゆうこ（コトモモ社）
装画　狩野岳朗
写真提供（P.6）　akg-images／アフロ
印刷・製本　株式会社トライ
https://www.try-sky.com

Printed in Japan
ISBN978-4-7505-1761-2 C0010

叡知の書棚

日本精神史の埋もれた鉱脈を掘り起こす復刊シリーズ、創刊。
監修・解説　若松英輔

シュタイナー教育入門

――現代日本の教育への提言

高橋巖

自己の存在の秘密を学ぼうとする人へ

古代ギリシア以来のヨーロッパの教育観・人間観に照らし、教育とは何かを考える。幻の講演録を増補した決定版。

二四〇〇円＋税／四六判上製／三一二頁